UNIVERSITÉ DE GRENOBLE — FACULTÉ DE DROIT

DE LA FAILLITE CIVILE

NÉCESSITÉ DE SON ORGANISATION

ÉTUDE DE DROIT COMPARÉ ET DE LÉGISLATION

THÈSE POUR LE DOCTORAT

Soutenue le Mardi 22 mai 1900

PAR

ANDRÉ DUPIN

Avocat à la Cour d'Appel de Grenoble

———— + × + ————

GRENOBLE

IMPRIMERIE TYPOGRAPHIQUE G. VILLARD

15, rue Champollion

—

1900

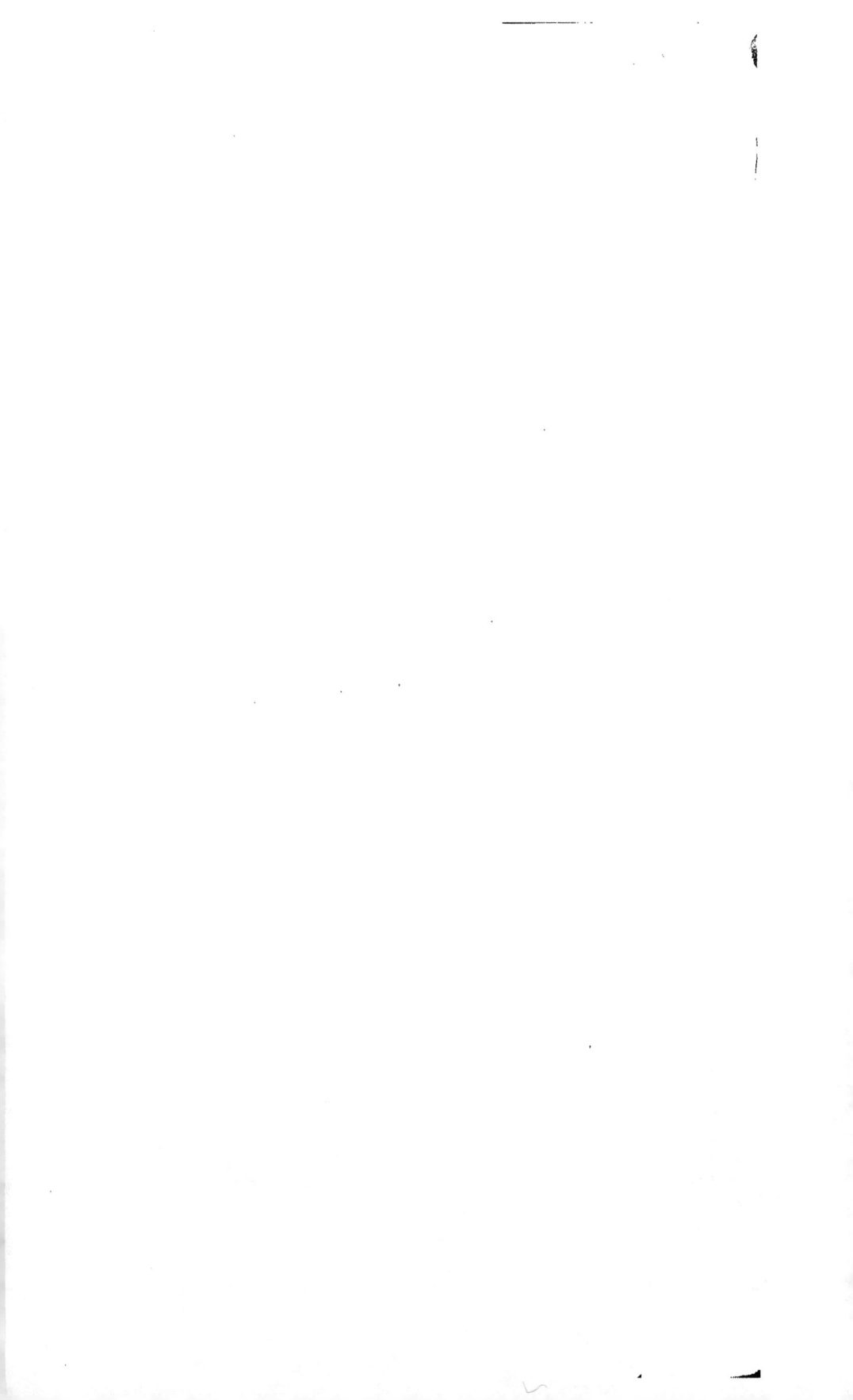

DE LA FAILLITE CIVILE

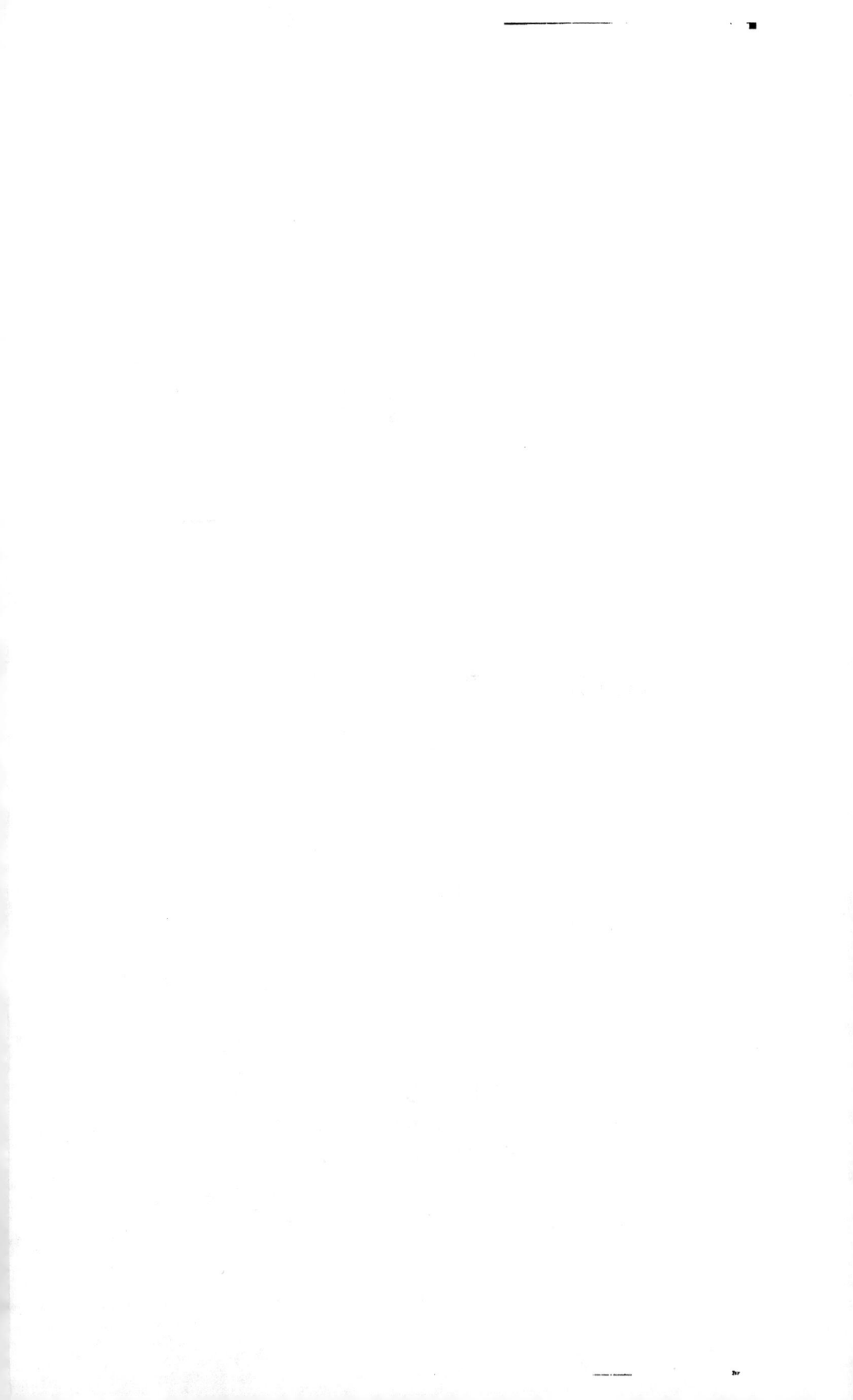

UNIVERSITÉ DE GRENOBLE — FACULTÉ DE DROIT

DE LA FAILLITE CIVILE

NÉCESSITÉ DE SON ORGANISATION

ÉTUDE DE DROIT COMPARÉ ET DE LÉGISLATION

THÈSE POUR LE DOCTORAT

Soutenue le Mardi 22 mai 1900

PAR

André DUPIN

Avocat à la Cour d'Appel de Grenoble

GRENOBLE

IMPRIMERIE TYPOGRAPHIQUE G. VILLARD

15, rue Champollion

1900

UNIVERSITÉ DE GRENOBLE — FACULTÉ DE DROIT

MM. Tartari ✼, ◉ I, doyen, professeur de Droit civil.

Gueymard ✼, ◉ I, doyen honoraire, professeur de droit commercial.

Testoud ✼, ◉ I, professeur de Droit civil, *en congé*.

Guétat, ◉ I, professeur de Législation criminelle.

Fournier, ◉ I, professeur de Droit romain.

Balleydier, ◉ I, professeur de Droit civil.

Michoud, ◉ I, professeur de Droit administratif.

Beudant, ◉ A, professeur de Droit constitutionnel.

Capitant, ◉ A, professeur de Procédure civile, chargé d'un cours de Droit civil.

Hitier, ◉ A, professeur adjoint.

Cuche, agrégé, chargé de cours.

Geouffre de Lapradelle, agrégé, chargé de cours.

Reboud, agrégé, chargé de cours.

Duquesne, agrégé, chargé de cours.

Royon, ◉ I, secrétaire.

JURY DE LA THÈSE

Président : M. Tartari, doyen.

Suffragants { MM. Balleydier, professeur.
Capitant, professeur.

BIBLIOGRAPHIE

Alexandresco. — Droit ancien et moderne de la Roumanie, 1898.

Allain. — De la déconfiture pendant la vie du débiteur, thèse 1879.

Asser. — Projet de loi néerlandais sur la faillite et les sursis de paiement, dans Revue de Droit international, 1887, p. 258 et suiv.

Beauchet. — Etude sur la faillite dans la législation dano-norwégienne, dans le Bulletin de la Société de Législation Comparée, 1885, p. 64 et suiv.

Boissonnade. — Projet de code civil pour l'empire du Japon, IIe vol. 1882.

Boucaud. — De la déconfiture et de l'insolvabilité, thèse 1876.

Breynat. — De la déconfiture, dans Revue Wolowski, 1846, p. 173.

Bufnoir. — Observations sur la législation de la faillite en Allemagne et en Autriche (Bul. S. Lég. Comp., 1888, p. 366). — Loi Hongroise dans le Journal des Faillites, 1883, p. 273 et 328.

Carle. — Dottrina Giuridica del fallimento nel diritto privato internazionale traduction Dubois, 1892.

Challamel. — Étude sur l'hypothèque judiciaire, 1881. — Notice sur les lois autrichiennes du 16 mars 1884, dans l'Annuaire de Législation Étrangère, 1885, p. 289 et 304.

Charmont. — Article dans la Revue Critique, 1891, p. 79 et suiv.

Courcelle-Seneuil. — Rapport sur le projet de loi de la liquidation judiciaire (J. des Faillites, 1882, p. 422 et 451).

Dareste. — Notice sur la loi suédoise des faillites (An. Lég. Étr., 1878, p. 666, et 1884, p. 681.)

Ducos de la Haille. — Étude des origines historiques de la déconfiture et de ses effets dans les législations modernes, thèse 1894.

Ellero. — Programma dell' Archivio Giuridico, 1868, p. 7.

Fitting. — Das Reichsconcursrecht und Concursverfahren.

Flaischlen. — La nouvelle législation roumaine sur les faillites (Rev. de Dr. Int., 1896, p. 177).

Fougerat. — Du droit de gage général des créanciers sur les biens de leur débiteur, thèse 1898.

Fourcade. — Des faillites non déclarées, thèse 1889.

Fournier-Verneuil. — Dissertation dans Sirey, 1811, II, 273.

Garraud. — De la déconfiture et des améliorations dont la législation sur cette matière est susceptible, 1880. — Des liquidations judiciaires, de leur pratique, de leur légalité. (J. des Faillites, 1882, p. 149 et suiv.).

Gauffre. — Essai sur une tendance actuelle à l'unification du droit civil et du droit commercial, thèse 1898.

Gérardin. — Traduction et notice sur la loi allemande de 1877. (An. Lég. Etr., 1878, p. 102).

Glasson. — Histoire du droit et des institutions de l'Angleterre, t. 5 et 6.

Grivet. — Commentaire de la loi fédérale suisse, 1892.

De la Grasserie. — Traduction du code civil allemand, 1898.

Hubert-Valleroux. Analyse d'une enquête sur la contrainte par corps en Angleterre (Bul. S. Lég. Comp. 1874, p. 202 et 252).

Jitta. — *Législation néerlandaise* dans les *Annales de Droit Com.*, 1896, p. 303.

Kohler. — *Lehrbuch des Concursrecht*, 1891. ⟨An. dr. com.⟩

— *Les faillites en Allemagne* (*An. Dr. Com.*, 1886-87, p. 98 et suiv.)

Labbé. — *Note au Sirey*, 92, I, 481.

Lalande de Calan. — *Le droit commercial chez les Romains*, thèse 1892.

Lambert. — *Examen critique et réforme de la liquidation judiciaire*, thèse 1898.

Langlois. — *Essai sur le crédit privé et les moyens de le constituer* dans *Rev. de Dr. fr. et étr.*, t. 1, p. 689 et t. 2, p. 760.

Laurent. — *Avant-projet de réforme du code civil belge*, t. IV, titre III, 1884.

Leclercq. — *Réforme de l'hypothèque judiciaire*, thèse 1898.

Legriel. — *Etude sur la faillite civile* (*J. des Faillites*, 1888, p. 46 et suiv.).

Lehr. — *Eléments de droit civil anglais*, 1885.

— *Eléments de droit civil espagnol*, 1891.

— *Notions élémentaires de droit civil germanique*, 1892.

— *Traduction et analyse du nouveau code de commerce portugais.*

Leroy. — *De la faillite dans l'empire allemand*, texte de la loi et commentaire. (*J. des Faillites*, 1882, p, 361, 503 et 566).

De la faillite dans les États autrichiens (*J. des Faillites*, 1883, p. 160 ; et 1884, p. 36, 167, 341 et 547).

Leroy-Baulieu (Paul). — *Les Syndics de faillite* dans *l'Economiste Français*, 1893, I, p. 321).

Levé. — *Traduction du nouveau code civil espagnol.*

Léveillé. — *De l'abolition de la contrainte par corps*, dans la *Revue pratique de droit*, tome XXII, p. 305.

Lyon-Caen. — *Loi anglaise sur la faillite.* Traduct. et introduct. historique.

— *Exposé de la législation anglaise des faillites* (*Bul. S. Lég. Comp.*, 1888, p. 292).

Martin. — *Législation suisse* (*Rev. de Dr. Int.*, 1886, p. 353 et suiv.).

Milone. — *Il concurso o fallimento*, studio di Legislazione comparata, dans *l'Archivio Giuridico*, 1876, tome XVI, p. 169, 200, 293 et 320.

De Molènes. — *Origines romaines de la distinction entre la faillite et la déconfiture*, thèse 1889.

Montaigu. — *De la liquidation des sociétés civiles en déconfiture*, thèse 1894.

De Montluc. — *De la déconfiture ou faillite des non-commerçants*, thèse 1869.

— *De la faillite en droit espagnol* (*Rev. de Dr. Int.*, 1869, p. 569.

Mulder. — *Projet de code néerlandais* (*Bul. S. Lég. Comp.*, 1891, p. 621).

Nessi. — *Le tribunal fédéral suisse* (*Rev. de Dr. Int.*. 1893, ¦p. 578).

— *Loi sur la poursuite pour dettes et la faillite* (*An. Dr. Com.*, 1892, p. 83, et 1893, p. 133).

Nicolet. — *Étude sur la déconfiture*, thèse 1870.

Oltramare. — *Loi fédérale sur la poursuite pour dettes et la faillite.* Commentaire explicatif, 1892.

D'Orelli. — *Du développement de la législation en Suisse depuis 1872* (*Rev. de Dr. Int.*, 1880, p. 479 et 621, et 1881, p. 146).

Pannier. — *Des conséquences juridiques de la déconfiture*, thèse 1875.

Pascaud. — *De la faillite et de la liquidation judiciaire des non-commerçants* dans la *Revue générale de Droit*, 1893, p. 481.

Pennati. — *Il fallimento dei non-commercianti* dans la *Rassegna di dritto commerciale*, 1885, p. 153.

Planiol. — *Note au Dalloz*, 92, I, 281.

— *Un effet oublié de l'acceptation bénéficiaire (Rev. crit.*, 1891, p. 486 et suiv.).

De la Porte. — *Communication sur le projet relatif aux faillites en Allemagne (Bul. S. Lég. Comp.*, 1875, p. 386).

Precerutti. — *Leçon d'ouverture (Arch. Giurid*, IV, p. 525).

Rauter, — *Procédure allemande de faillite et de déconfiture* dans *Rev. de Dr. fr. et étr.*, I, p. 577.

Riedmatten. — *Notice sur le mouvement législatif en Suisse (Bul. S. Lég. Comp.*, 1880, p. 445).

Rivier. — *De la contrainte par corps en Suisse (Rev. de Dr. Int.*, 1870, p. 42 et s.).

Sacerdoti. — *Le projet définitif du code de commerce pour le royaume d'Italie.* *(Rev. de Dr. Int.*, 1880, p. 70, 153, 439).

Sargnon. — *Du séquestre dans la pratique judiciaire*, thèse 1899.

Stelian. — *La faillite*, étude de droit international et de droit comparé, thèse 1889.

Tailleur. — *Article* dans *Rev. Prat.*, t. XVI, p. 197.

Tambour. — *Des voies d'exécution sur les biens des débiteurs dans le droit romain et dans l'ancien droit français*, 1856.

Thaller. — *Des faillites en droit comparé*, 2 vol. 1887.

— *De la place du commerce dans l'histoire générale (An. Dr. Com.*, 1892, p. 49),

Législation de la faillite en Belgique, en Italie et en Espagne (Bul. S. Lég. Comp., 1888, p. 536).

— *Notice sur la loi fédérale suisse (An. Lég. Etr.*, 1889. p. 666).

Thézard. — *Influence des relations commerciales sur le développement du droit privé. (Rev. crit.*, nouv. série IIᵉ, p. 103).

Valette. — *Mélanges de droit*, publiés par Hérold et Lyon-Caen, I, p. 355 et II, p. 553. *(Rev. de Dr. fr. et étr.*, p. 923 et suiv.).

De Vareilles Sommières. — *L'hypothèque judiciaire*, 1871.

Vidari. — *Corso di dritto commerciale*, tome VIII.

Vivante. — *Ancora per un codice unico delle Obligazioni*. Storica et polemica dans *Revista italiana per la scienze giuridique*, 1892, p. 378.

— *Un code unique des obligations*, traduction Yzeux *(An. Dr. Com.*, 1893, p. 20 et suiv.).

Weber. — *Etude critique et comparaison de l'exécution forcée en droit français et en droit allemand*, thèse 1899.

Et en outre, comme ouvrages généraux :

1º *Pour le droit civil :* Aubry et Rau ; Baudry-Lacantinerie; Capitant; Colmet de Santerre; Delvincourt; Demante; Demolombe; Duranton; Guillouard; Huc; Larombière; Laurent; Marcadé et Paul Pont; Troplong; Vigié.

2º *Pour le droit commercial :* Alauzet; Bédarrides; Bioche; Boistel, Bravard et Demangeat ; Delamarre et le Poitevin; Esnault; Laurin; Lyon-Caen et Renault; Massé; Pardessus; Renouard, Thaller.

3º *Pour la procédure civile :* Bonfils; Garsonnet.

4º *Pour la jurisprudence :* les recueils périodiques ou alphabétiques de Dalloz; Fuzier-Herman; Gazette du Palais; Gazette des Tribunaux; Journal de la Cour de Grenoble et de Chambéry; Journal du Palais; Pandectes Françaises; Sirey.

INTRODUCTION

Parmi les nombreuses questions que soulève l'insolvabilité, les unes se rattachent à la théorie des obligations, les autres trouvent leur place au code de procédure. A côté des règles de fond, il y a les détails d'organisation. La plus grande partie de cette étude sera consacrée à ces derniers ; peut-être ne sera-t-il pas inutile de rappeler dans ces premières pages les principes qui nous serviront de guides.

Lorsqu'un créancier n'est pas payé à l'échéance, il a, cela est certain, une action pour forcer son débiteur à s'exécuter ; mais où s'arrête ce droit de contrainte qui est de l'essence de l'obligation civile ? n'y a-t-il pas des limites qu'il ne peut dépasser ?

Il était dans les législations primitives d'une rigueur voisine de la barbarie, puisqu'il autorisait le créancier à supprimer la personne de son débiteur, en le mettant à mort ou en le vendant comme esclave (1). Une procédure aussi rude s'adoucit avec les mœurs. La notion de la personnalité humaine et de sa dignité se dégage peu à peu, et à mesure qu'elle se développe, le droit du créancier va se transformer ou plus exactement subir des restrictions successives.

_____

(1) Loi des XII Tables. — Voir sur ce point Ducos de la Haille. *De la Déconfiture*, thèse, page 37 et suiv.

Les biens les plus précieux de l'individu — son droit à la vie et à la condition d'homme libre — sont placés hors du commerce, à l'abri des aliénations du débiteur comme des poursuites du créancier. Le pouvoir de ce dernier se borne à mettre l'insolvable en prison et à l'y tenir enfermé, tant qu'il ne s'est pas libéré par le produit de son travail (1).

Cette obligation imposée au débiteur malheureux n'était-elle pas encore trop rigoureuse ? n'était-elle pas contraire à la dignité de l'individu ? On le pensa bientôt et l'exécution forcée ne put plus aller jusque-là.

Elle se limite à la personne *considérée dans ses rapports avec les objets extérieurs sur lesquels elle peut ou pourra avoir des droits,* c'est-à-dire au patrimoine de l'obligé (2). La contrainte par corps va, il est vrai, se maintenir quelque temps ; mais ce n'est plus qu'un moyen d'intimidation, destiné à inspirer de la prudence aux débiteurs trop aventureux ou à empêcher les malhonnêtes de soustraire impunément à leurs créanciers une partie de leur gage.

Tel est le principe posé par l'art. 2092 C. civil : *Quiconque s'est obligé personnellement est tenu de remplir son engagement sur tous ses biens mobiliers ou immobiliers, présents ou à venir.*

On dit souvent dans le même sens que les biens du débiteur sont le gage de ses créanciers. Formule exacte à condition d'être sainement comprise. S'il n'est pas payé à l'échéance, le créancier est autorisé à faire saisir et vendre les meubles et les immeubles de son débiteur ; mais, au jour de l'obligation, il n'acquiert sur eux aucun droit réel. Son action vise directement la personne de l'obligé ; elle n'atteint les biens que parce qu'ils sont la propriété de ce dernier.

---

(1) Assises de Jérusalem. *Haute Cour,* n° 188.
(2) H. Capitant. *Introduction à l'étude du droit,* pages 185 à 204.

Cette notion explique pourquoi, en sortant sans fraude du patrimoine du débiteur, ils échappent définitivement aux poursuites. Elle permet aussi de résoudre un second ordre de questions de nature à se présenter dans presque tous les cas d'insolvabilité. Le débiteur, en effet, a ordinairement un certain nombre de créanciers et il faut se demander comment vont se régler les rapports de ces derniers entre eux.

Mettons de côté ceux qui jouissent de sûretés particulières — véritables garanties stipulées ou accordées par la loi contre les risques de non paiement...

Nous nous occupons exclusivement des simples chirographaires, en présence d'un débiteur qui a plus de dettes que de biens. Il y a une perte à supporter : comment va-t-elle se répartir ?

En prenant à la lettre la formule citée plus haut : *Les biens du débiteur sont le gage de ses créanciers* on pourrait arriver à un système de classement assez analogue à celui des hypothèques. *Prior tempore, potior jure;* les créanciers, derniers en date, supporteraient seuls la perte, puisqu'à l'époque où ils le sont devenus, les biens qui devaient leur servir de gage étaient déjà épuisés.

L'explication que nous avons donnée de l'article 2092 impose une tout autre solution. Ce n'est pas, en effet, sur tel meuble ou tel immeuble du débiteur que le créancier acquiert un droit de gage, mais sur le patrimoine (1). S'il est seul, il en absorbe toute la valeur jusqu'à concurrence du montant de sa créance ; mais lorsqu'ils sont plusieurs à exercer des droits identiques, leur concours donne lieu à un partage auquel préside la loi de l'égalité. *Les biens d'un débiteur*, dit l'article 2093 C. civil, *sont le gage commun de ses créanciers et le prix se distribue entre eux par contribution*

---

(1) Aubry et Rau, VI. § 573 et suiv., p. 229.

à moins qu'il n'y ait entre les créanciers des causes légitimes de préférence.

Telles sont les règles juridiques qui dominent toute la matière. Il n'y a pas à distinguer suivant la profession du débiteur. Qu'il soit commerçant ou qu'il ne le soit pas, son patrimoine est le gage de ses créanciers et, dans les rapports de ces derniers entre eux, doit régner l'égalité la plus parfaite.

Ces principes reconnus, le devoir du législateur est d'organiser une procédure qui en assure le respect. Pour atteindre ce but on peut concevoir deux systèmes nettement opposés.

Le premier fait intervenir l'autorité. Voici un insolvable aux prises avec ses créanciers. Un jugement est rendu qui désarme les parties en présence et leur impose une sorte de trêve. Les créanciers ne peuvent plus poursuivre individuellement. Le débiteur est dépouillé de l'administration et de la disposition de ses biens. Seul un tiers représentant les intérêts communs a la direction de la liquidation. Il réalise les biens, vérifie les créances et distribue les deniers sous le contrôle de l'autorité...

Le second est, pourrions-nous dire, le système du *Laissez faire*... Le législateur n'intervient pas, si ce n'est pour édicter certaines déchéances, fondées sur la volonté présumée des parties. Tous les créanciers ont reçu de la loi des armes identiques et pour leur permettre d'arriver à un partage égal des biens de leur débiteur, il n'y a qu'à leur laisser leur liberté d'action. Que si l'un d'eux tire de son droit un parti plus avantageux, tant mieux pour lui ! il est récompensé de sa vigilance. Les autres n'ont pas à se plaindre car rien ne les empêchait d'en obtenir autant.

Les traits les plus saillants du système sont le maintien de l'insolvable à la tête de son patrimoine et la possibilité des poursuites individuelles des créanciers. Extérieurement, il se manifeste par l'absence de réglementation relative à l'insolvabilité ; il est inutile, en effet, de prévoir et d'organiser spécialement une situation qui laisse les parties sous l'empire du droit commun.

Voilà les deux modes de liquidation — liquidation collective et liquidation individuelle — entre lesquels le législateur doit choisir.

Le premier est adopté partout pour une classe particulière d'insolvables : les commerçants. Dans les diverses législations européennes sur ce point, on peut bien relever d'assez nombreuses différences ; mais elles portent sur des détails d'organisation et non sur le principe de la procédure collective qui est admis sans exception.

Des divergences profondes apparaissent, au contraire, dans les lois relatives aux non-commerçants. Les unes n'ont aucune disposition spéciale pour assurer la liquidation de leur patrimoine. De ce nombre est la loi française ; elle adopte bien le premier système pour les commerçants, mais elle se range au second en matière civile (1). A la faillite elle oppose la déconfiture ; et son exemple est

---

(1) Une question très controversée est celle de savoir depuis quelle époque la faillite est, en France, un mode de liquidation particulier aux commerçants.

1° Pour beaucoup d'auteurs, la distinction entre les insolvables remonterait à l'ordonnance de 1673 sur le commerce qui est la première loi générale organisant en France une procédure de faillite.

On dit dans ce sens : l'ordonnance n'a pas créé de toutes pièces un système nouveau, elle a seulement consacré une organisation déjà connue de la pratique commerciale.

De plus, cette procédure est établie dans une loi spéciale qu'on a souvent appelée le *Code Marchand*. — Enfin, si les termes de l'art. 1er ne sont pas aussi nets que ceux du code de commerce, s'ils parlent du *Detteur* et non du *Commerçant*, les commentateurs sont plus précis : Ferrière définit la faillite *la déroute d'un négociant arrivé par accident et sans fraude* (Ferrière. D. de Pratique. V° *Faillite*).

Bornier dit qu'il y a *banqueroute lorsqu'un négociant fait perdre malicieusement à ses créanciers ce qu'il leur doit...* (Bornier. *Conf. des nouvelles ordon-*

encore suivi en Europe par les législations italienne, grecque, belge, portugaise et roumaine.

D'autres, à l'inverse, appliquent à toutes les insolvabilités le principe de la liquidation collective. Ce sont les plus nombreuses : parmi elles, les lois anglaise, allemande et hollandaise ne distinguent pas suivant la profession du débiteur ; les autres organisent au civil une procédure analogue à celle du commerce ; c'est le système adopté en Espagne, en Autriche, en Hongrie, en Danemark, en Suède, en Norwège et en Russie, pour ne citer que les principaux Etats de l'Europe.

Ce très rapide aperçu de droit comparé était nécessaire pour indiquer d'une façon précise l'objet de ce travail. Nous ne suivrons pas la procédure contre l'insolvable dans son développement à travers les âges : historique plein d'intérêt mais qui exigerait à lui seul une étude plus considérable que celle-ci. Laissant aussi de côté les insolva-

---

nances. Ord. de 1673). Citons enfin la définition de Guyot, dans son *Répertoire. La faillite est l'état dans lequel se trouve un marchand, banquier ou négociant, dont les affaires sont tellement dérangées qu'il est dans l'impossibilité de tenir ses engagements...* Voilà bien des arguments qui paraissent décisifs dans le sens de la spécialité de la faillite.

2° Il est vrai que l'opinion contraire, enseignée par M. Thaller et MM. Lyon-Caen et Renault, invoque aussi des arguments très sérieux. — L'article 2 de l'ordonnance oblige *tous ceux qui auront fait faillite* à déposer leur bilan : puis l'art. 3 ajoute une obligation particulière pour certains d'entre-eux : *Les négociants, marchands et banquiers seront encore tenus de représenter leurs livres et registres.* N'est-ce pas dire très nettement qu'on peut être mis en faillite sans être commerçant ? — Les explications de quelques auteurs viennent confirmer cette déduction : *Il y a faillite,* écrit Jousse, lorsqu'un *négociant, banquier ou autre personne se trouve hors d'état de payer ses créanciers.* (Jousse, *Traité de la justice criminelle,* partie IV, livre III, titre 5). — Merlin, dans son *Répertoire,* cite divers arrêts qui ont puni comme banqueroutiers des individus non commerçants. — Enfin, la jurisprudence belge, dans un arrêt de Bruxelles du 7 février 1810, invoque l'ancienne doctrine tant belge que française *d'après laquelle le débiteur non commerçant peut être également en faillite, quoique cet état se manifeste plus facilement dans les commerçants.*

Tel est l'exposé de la controverse.

bilités commerciales, nous porterons exclusivement notre attention sur les principes qui président à la liquidation d'une insolvabilité civile.

On s'explique difficilement, en effet, les différences de fond qui existent sur ce point dans les diverses législations contemporaines. — La situation se présente avec les mêmes caractères, en France ou en Suède, en Italie comme en Allemagne. Le droit des créanciers repose sur des bases communes à tous les peuples civilisés et formulées chez nous dans les articles 2092 et 2093 C. civil ; enfin les besoins économiques qui peuvent exercer de l'influence sur la procédure sont sensiblement les mêmes dans toute l'Europe. — Certains pays cependant confient à un tiers la mission de réaliser les biens dans l'intérêt de tous ; en France, au contraire, le patrimoine d'un débiteur insolvable est liquidé par un créancier quelconque agissant individuellement et pour son compte. Voilà pour une situation identique deux

---

Nous croyons que la faillite était, dès l'ordonnance de 1673, une procédure de liquidation réservée aux commerçants. — Elle s'appliquait presque exclusivement en cas de non paiement de lettres de change. Bornier. *Conférence des nouvelles ordonnances. II. Faillites et banqueroutes*, et Ferrière, *Dict. de Pratique* V⁰ *Faillite*. — Si l'ordonnance de 1673 parle du *Detteur* et non du *Commerçant*, c'est que le mot *Commerçant* n'avait pas dans notre ancien droit le sens que nous lui donnons aujourd'hui. Il fallait alors, pour être commerçant, appartenir à une corporation. — Les corps des marchands étaient assez jaloux de leur monopole pour chercher par tous les moyens à en assurer le respect. On peut bien affirmer cependant qu'ils n'étaient pas les seuls à s'occuper du négoce. Il devait y avoir un certain nombre de commerçants irréguliers et c'était précisément pour eux que le besoin d'une procédure plus rigoureuse se faisait sentir. Si l'ord. de 1673 avait employé la formule de notre article 437, l'insolvable aurait eu un moyen trop commode de se soustraire à la faillite : il lui aurait suffi de prouver qu'il n'appartenait à aucune corporation de marchands. La formule générale a pour but, croyons-nous, de permettre l'application de la faillite à tous ceux qui s'occupent du commerce, qu'ils soient ou non membres d'une corporation. Nous comprenons alors les textes de certains auteurs et la confusion invoquée à l'appui de ses décisions par la jurisprudence belge au début du siècle. — Rien d'étonnant non plus à ce que des débiteurs civils, des prêtres par exemple, ou des

procédés absolument opposés ! Présentent-ils l'un et l'autre les mêmes garanties au point de vue juridique et sont-ils également favorables au développement des affaires ? Ou bien, au contraire, l'un des deux n'est-il pas manifestement inférieur à l'autre ? et ne devrait-on pas abandonner les règles de la déconfiture française pour étendre à tous les insolvables une procédure de liquidation collective ? — C'est à cette question que nous allons essayer de répondre.

Pour y parvenir, il nous faut d'abord étudier en détail les deux modes de liquidation entre lesquels nous voulons établir un parallèle : *la procédure individuelle du système français* dans une première partie — et dans une seconde, *l'organisation collective des législations étrangères citées plus haut*. Nous aurons ainsi tous les éléments nécessaires pour nous prononcer sur *leur valeur respective et formuler les réformes désirables* — ce sera l'objet de notre troisième et dernière partie.

---

auditeurs des comptes (*ce sont les exemples cités par Merlin. Rép.* V° *Faillite)* aient été quelquefois déclarés en faillite.

Enfin, notre explication permet seule de comprendre comment on est passé de la formule de l'ordonnance à celle du code de commerce, sans que la question ait même été discutée dans les travaux préparatoires.

Une seule raison empêchait dans l'ancien droit la limitation précise et formelle de la faillite à une catégorie déterminée d'insolvables; c'est que les commerçants constituaient une classe fermée et qu'il fallait atteindre sûrement tous ceux qui s'occupaient du négoce. Mais du jour où les corporations ont été abolies, le législateur a été amené, par la force des choses, à étendre la qualité de commerçant à tous ceux qui faisaient du commerce leur profession habituelle et à les soumettre à la faillite.

C'est précisément cette formule que nous trouvons dans une ordonnance du Châtelet de Paris rendue le 12 mars 1678. Le but de cette disposition est d'adoucir le sort des débiteurs qui tombent en faillite sans qu'il y ait de leur faute. Les personnes passibles de cette procédure rigoureuse et visées par conséquent dans l'ordonnance sont *tous marchands, négociants, banquiers et autres particuliers s'occupant du commerce*. (Document cité par Renouard, *Des faillites*, introduction historique).

Voilà consacrée, cinq ans après l'ordonnance de 1673, la formule que nous avons développée. Malgré une terminologie différente, la faillite était bien, alors comme aujourd'hui, une procédure spéciale aux *personnes s'occupant du commerce*.

Les mauvais résultats du système de la loi française et les expériences heureuses tentées chez la plupart des nations voisines nous font admettre la nécessité d'organiser pour tous les insolvables une liquidation collective.

Quelques auteurs vont plus loin et voudraient (1), à l'exemple de l'Allemagne ou de l'Angleterre, supprimer toute distinction suivant la profession des insolvables et les soumettre tous à un même régime. Nous n'irons pas jusque-là. Il suffirait, croyons-nous, de créer, au code de procédure, une déconfiture organisée, ou une faillite civile — peu importe le nom — empruntant à la faillite commerciale ses dispositions essentielles.

Ce fut le professeur Valette (2) qui, pour la première fois, en 1849, réclama cette réforme, comme conclusion de ses études sur l'hypothèque judiciaire. La suppression de cette hypothèque ne suffisait pas pour faire cesser les abus qu'il venait de signaler. Il fallait de plus organiser un état de déconfiture analogue à l'état de faillite. « Le débiteur, « ajoutait-il, déclaré insolvable par un jugement régulier « serait dessaisi de l'administration de ses biens et par « suite incapable de consentir des aliénations et des hypo- « thèques au préjudice de la masse de ses créanciers. Cette « masse elle-même serait représentée par des syndics dont « la gestion exercée dans l'intérêt commun serait substituée « à l'anarchie des mesures et des poursuites individuelles. »

A la même époque M. Langlois déposait sur le bureau de l'Assemblée Constituante une proposition de loi *sur la réforme des lois civiles relatives au crédit personnel consi- dérée comme une conséquence nécessaire de la réforme hypo-*

---

(1) Ce sytème a été développé par M. Thaller : *Des faillites en droit com- paré*. I. page 125 et suiv.

(2) Valette, dans *Mélanges de droit*. I. — *De l'hypothèque judiciaire*, p. 355.
      —   —   II. — *Discours sur la suppression de l'hy- pothèque judiciaire*, page 553.

thécaire et spécialement de la suppression de l'hypothèque judiciaire. (1) La proposition n'aboutit pas et pendant longtemps la question ne fut plus sérieusement étudiée.

Il faut arriver en 1880 pour trouver à la fin de l'excellent ouvrage de M. Garraud (2) *sur la Déconfiture* un projet de réforme s'inspirant des mêmes idées. Un jugement déclaratif produisant des effets à peu près identiques à ceux du jugement de faillite et recevant une publicité équivalente ; une organisation et des solutions analogues, sauf que le concordat ne serait possible qu'avec l'unanimité des créanciers ; enfin la qualification de la déconfiture par le tribunal sur rapport du syndic et du juge commissaire — et

---

(1) Cette proposition (rapportée dans la *Rev. de D. Fr. et Etr.*, 1850, 7ᵉ vol. p. 319), ajoutait au titre XIX, livre III, Cod. civ., les dispositions suivantes :

Art. 1ᵉʳ. — Un débiteur pourra sur la demande d'un ou de plusieurs de ses créanciers être déclaré en état de déconfiture :

1º *Lorsqu'il renonce, en fraude des droits de ses créanciers, aux droits ouverts en sa faveur ;*

2º *Lorsqu'une partie notable de ses biens sont mis en vente forcée et qu'ils sont insuffisants pour désintéresser tous ses créanciers ;*

3º *Lorsque le débiteur a disparu sans laisser de procuration pour administrer ses affaires, ou qu'il est mort sans laisser d'héritiers connus, à moins que dans ce dernier cas, il n'y ait pas insolvabilité notoire ;*

4º *Dans tous les cas d'insolvabilité notoire, à moins que l'actif du débiteur ne soit insuffisant pour désintéresser les créanciers privilégiés.*

Art. 2. — La déconfiture est déclarée par le tribunal civil du domicile du débiteur ; l'époque de l'ouverture en est fixée d'après les circonstances indiquées en l'article précédent.

Art. 3. — La déclaration de déconfiture dessaisit de plein droit le débiteur de l'administration de ses biens et les effets de la faillite sont relativement aux biens et aux droits respectifs des créanciers — entre eux seulement — applicables à la déconfiture.

Art. 4. — La demande sera formée sur requête ; elle précisera les faits ; le tribunal statuera après avoir entendu les parties ; il commettra un juge sous la surveillance duquel un liquidateur nommé par lui procédera, dans l'intérêt de la masse des créanciers et suivant les formes prescrites en matière de faillite, à la liquidation de l'actif et du passif du débiteur.

Une autre partie de la proposition traitait de la réorganisation du régime hypothécaire. (*Séance du 22 mai 1849. — Moniteur du 23 mai.*)

(2) Garraud. *De la Déconfiture,* pages 268 et suiv.

comme sanction, la possibilité d'une banqueroute simple ou frauduleuse ; telles étaient les principales réformes désirées par M. Garraud.

Elles se retrouvent, presque dans les mêmes termes, dans l'*avant-projet pour la refonte du code civil belge* rédigé par Laurent. (1) Le savant juriconsulte admet cependant la possibilité d'un concordat de majorité, mais celui-ci n'est pas libératoire.

Les juristes n'étaient pas les seuls à s'élever contre la procédure bien imparfaite de la déconfiture française. Le monde industriel et commercial s'occupait aussi de la question et réclamait de son côté la création d'une faillite civile (2). Les commerçants en gens pratiques, ne s'occupent pas des détails d'organisation de cet état. Ce qu'ils demandent avant tout, c'est une disposition qui remplace la « contrainte par corps, une loi qui garantisse les industriels

---

(1) Laurent. *Avant-projet pour la Refonte du C. C. Belge*, tome IV, titre III.

(2) Le Comité central des Chambres syndicales de Paris, adressait en 1883, une lettre au président de la Commission parlementaire des faillites : 1° Il proposait d'abord de soumettre les agriculteurs d'une façon régulière et correcte à la juridiction consulaire, en ajoutant au 2° § de l'art. 632, C. com., une disposition ainsi conçue : *Toute exploitation agricole, entreprise ou dirigée par le propriétaire ou le fermier, lorsqu'elle comporte des achats d'engrais, de machines, de bestiaux et la vente de divers produits en résultant.*

2° Pour les autres débiteurs civils, à l'égard desquels les commerçants fournisseurs se trouvent désarmés, il proposait d'ajouter à l'art. 590, C. com. une disposition qui pourrait être ainsi libellée : « *Pourra en outre être poursuivie comme banqueroutier simple et punie comme tel, toute personne autre que des commerçants qui se trouverait dans un des cas suivants :*

1° *Si ses dépenses personnelles sont jugées excessives à raison de ses ressources actuelles ou de ses espérances d'avenir sérieusement fondées ;*

2° *Si elle a consommé à des opérations de pur hasard la majeure partie de son actif ;*

3° *Si dans l'intention de se créer des ressources et pour dissimuler son état d'insolvabilité elle a fait des achats pour en revendre les objets à vil prix, ou si elle s'est livrée à des emprunts, circulations d'effets ou autres moyens ruineux de se procurer des fonds.*

Suivaient quelques détails relatifs à l'organisation de cette banqueroute. (*J. des faillites*, 1883, p. 281 et p. 226.)

« contre le manque de parole de clients très distingués, qui
« disparaissent un beau jour comme des météores après
« leur traînée lumineuse au firmament parisien ».

Ces protestations du *Comité central des Chambres syndicales de Paris* se renouvelèrent souvent, soit auprès de la
Commission parlementaire chargée de l'examen du projet
de loi sur les faillites, soit dans des conférences dont l'une
des dernières fut donnée en 1888 par M. Legriel. (1)

La même année, le 31 janvier M. Lacombe (2) proposait
au Sénat de régler la déconfiture si délaissée par le code
civil et de réorganiser la cession de biens. L'honorable
sénateur voyait dans cette réforme un moyen d'assurer du
crédit à l'agriculture.

Nous devons aussi signaler un *Mémoire* (3), lu au congrès
des Sociétés savantes tenu à Paris en 1893, dans lequel un
conseiller à la cour de Chambéry, M. Pascaud jette les
bases d'une organisation de la faillite des non-commerçants.
Elle serait, comme en Espagne, volontaire ou nécessaire.
Volontaire, elle correspondrait à la cession de biens ;
nécessaire, elle devrait être demandée par voie d'assignation par deux créanciers au moins et pour un ensemble
de 1500 francs de créances. Suivrait un jugement déclaratif
donnant ouverture à une liquidation organisée (4).

Tels sont les principaux projets tendant à créer à côté de

---

(1) Legriel. *Etude sur la faillite civile.* — *J. des Faillites* 1888, p. 46.

(2) Lacombe, au Sénat, le 31 janvier 1888. (*Déb. parl.* Sénat. Janvier 1888,
p. 66.)

(3) Pascaud. (*Mémoire publié dans la Revue générale de Droit,* 1893, p. 481.)

(4) On peut citer aussi, comme adoptant le même système , MM. Lyon-
Caen et Renault. « Il reste quand on admet cette extension, disent-ils dans
leur *Traité des faillites*, I, page 31, à prendre parti sur le point de savoir
si l'on doit admettre pour la faillite du non-commerçant, toutes les règles de
la faillite des commerçants, ou, si l'on doit au contraire, maintenir quelques
différences. C'est une question qui ne peut pas être examinée d'une façon
générale ; elle doit être posée et résolue à propos de chacune des parties de
la loi sur les faillites pour lesquelles elle s'élève. »

la faillite commerciale, une faillite civile. Ils ont toutes nos préférences.

Il faut, à notre avis, organiser une procédure collective pour tous les insolvables, parce que dans toutes ces liquidations il convient d'assurer le respect des principes posés par les articles 2092 et 2093 de notre code civil et qu'il n'y a pas d'autre moyen d'y parvenir.

Mais il n'est pas nécessaire de soumettre le commerçant et le non-commerçant à une procédure de liquidation identique. Aucun principe juridique n'est en jeu ici, et c'est une simple question d'opportunité. L'état actuel de nos mœurs nous oblige, croyons-nous, à tenir compte dans les détails d'organisation, de la profession du débiteur, de ses habitudes et de ses besoins.

En résumé, nous maintenons une distinction entre les divers insolvables, mais nous appliquons aux uns et aux autres « une théorie supposée commune qui répond aux « principes de toute justice et ne peut être limitée à une « classe de personnes. » (1)

Nous avons indiqué au début de cette étude les principaux auteurs qui se sont occupés de notre question. Nous devons citer tout particulièrement deux ouvrages auxquels nous avons fait de fréquents emprunts : le livre de M. Garraud *sur la Déconfiture* et celui de M. Thaller *sur les faillites en*

---

(1) Milone. *Il concorso o fallimento, studio di Legislazione comparata,* in *Archivio Giuridico,* 1876, tom. 16, p. 169, 200, 293 et 320. — Dans la distinction des commerçants et des non-commerçants, dit cet auteur, il faut faire la part de la vérité et celle de l'exagération... Je fais donc une distinction entre les divers insolvables, mais je ne la fais que pour les applications d'une théorie supposée commune. — Dans une insolvabilité, cette théorie commune est la procédure collective destinée à assurer l'égale répartition du patrimoine de l'obligé entre les ayants-droit.

Dans le même sens, Carle, *Dottrina Giuridica del fallimento nel diritto privato internazionale.* — *Traduction Dubois,* p. 30.

droit comparé. Nous avons aussi à exprimer notre reconnaissance à M. Ernest Roguin, professeur à Lausanne, qui a eu l'obligeance de nous communiquer plusieurs documents relatifs au droit comparé : nous le prions d'agréer nos remercîments les plus sincères.

PREMIÈRE PARTIE

DE LA DÉCONFITURE DANS LA LOI FRANÇAISE

Nous ne trouvons nulle part dans nos lois une théorie générale de la déconfiture. Quelques articles au Code civil, les principes généraux du droit et surtout les décisions de la jurisprudence sont les seuls renseignements que nous possédions sur la matière.

Nous rechercherons dans quatre chapitres :

1° *Les éléments constitutifs de cet état ;*
2° *Ses effets ;*
3° *La condition juridique du débiteur tombé en déconfiture ;*
4° *Enfin la manière de liquider le patrimoine de l'insolvable — les poursuites des créanciers ; la répartition des deniers.*

Un cinquième et dernier chapitre sera consacré *aux législations étrangères, qui, à l'exemple de la loi française n'organisent pas de procédure collective pour la liquidation de l'insolvabilité civile.*

CHAPITRE PREMIER

Eléments constitutifs de la Déconfiture

Tout commerçant qui cesse ses paiements est en état de faillite. Pour obtenir la mise en faillite d'un débiteur, il suffit donc, aux termes de l'art. 437, C. com., d'établir : 1° *sa qualité de commerçant*, et 2° *le fait de la cessation de ses paiements.* Puis à la requête d'un créancier, du débiteur ou même d'office, un jugement déclaratif est rendu, jugement entouré de mesures de publicité particulières (1) et produisant effet à l'égard de tout le monde.

Pour la déconfiture (2), nous chercherions vainement dans nos codes des règles aussi certaines. Nous connaissons assez bien son domaine ; elle peut frapper tous les débiteurs qui ne sont pas commerçants (3). Mais quand pour-

---

(1) Art. 442, C. com.

(2) L'expression *Déconfiture* vient de la basse latinité : Déconfiture signifiait alors ruine complète. — Peut-être ce mot vient-il de *Decoctio* qui a lui-même pour origine le verbe *decoquere, cuire.* — « *Decoctor*, dit Renouard, c'était, qu'on me pardonne la trivialité de l'expression, celui qui avait fricassé ses biens, qui avait fondu son patrimoine. » — Straccha donne la même étymologie : « *Decoctor a decoquo verbo descendit, quod paulatim diminuere significat et coquendo absumere. Unde decoctores conturbatores et bonorum consumptores dicuntur, quos recentiores jurisconsulti fallitos et cessantes vocant.* » Straccha. *De decoctoribus,* I., n° 1.

(3) On admet cependant à cette règle absolue une double exception.

D'une part, un commerçant peut se trouver en déconfiture pour ses dettes civiles, car la faillite est un événement de la vie commerciale et pourquoi la prononcer tant que celle-ci n'est pas troublée? (Lyon-Caen et Renault *Manuel,* p. 617).

D'autre part, peuvent être déclarés en faillite, des débiteurs se livrant habituellement au négoce, mais qui ne sont pas commerçants parce qu'ils exercent ostensiblement une profession incompatible. (Nombreux arrêts en ce sens. — Entre autres : Cass. Req., 10 mars 1845. S. 46, I., 601.)

rons-nous dire qu'un débiteur civil est en déconfiture ?
Quels sont les éléments constitutifs de cet état ? Un
jugement est-il nécessaire ? — et si une décision judiciaire
intervient, quels en sont les caractères ? — Autant de
questions sur lesquelles nos lois gardent un silence
complet : questions décisives cependant et qui, faute de
textes, demeurent assez flottantes et difficiles à préciser.

Pour combler cette lacune indiscutable on a proposé un
premier moyen : on a essayé d'emprunter la notion de la
faillite et de définir la déconfiture *l'état de toute personne
non commerçante qui cesse ses paiements* (1).

Cette opinion émise par Larombière, est depuis longtemps abandonnée. C'est bien à tort qu'elle donne à la
déconfiture et à la faillite la même cause d'ouverture. Elle
ne remarque pas que, si la suspension des paiements est
pour le commerçant un indice presque certain de son
insolvabilité, il n'en est pas de même pour le débiteur
civil. Le commerce vit d'exactitude et de ponctualité ; mais
dans les relations ordinaires de la vie règnent des habitudes incontestablement moins rigoureuses. Ce serait aller
contre elles que de déclarer en déconfiture le débiteur
négligent, par cela seul qu'il a laissé passer une échéance.

Cette définition écartée, comment suppléer au silence de
nos lois ? — Nous ne trouvons pas d'indication dans les
travaux préparatoires qui ne témoignent d'aucune discussion à ce sujet. Force est donc d'admettre qu'en
signalant certains effets de la déconfiture les législateurs de
1804 ont entendu se reporter à l'ancien droit et donner à
cette expression le sens usuel qu'elle avait alors.

Mais voici de nouvelles difficultés. Il suffit d'ouvrir nos

---

(1) Larombière. *Tr. des Obligations,* II, art. 1188, n° 4. « La loi nouvelle
ne définit nulle part l'état de déconfiture. Cependant le rapprochement
qu'elle établit incessamment entre cet état et celui de la faillite, nous autorise
à la définir : *l'état de toute personne non-commerçante qui cesse ses paiements.* »

anciens auteurs pour constater qu'ils n'emploient pas toujours le mot *Déconfiture* avec la même signification. Tantôt (1) il désigne *cet effet de l'insolvabilité du débiteur qui fait que ses biens sur lesquels les créanciers n'ont ni privilège, ni hypothèque se distribuent par contribution* (2).

---

(1) Domat. *Lois civiles*, livre IV, titre V.

(2) C'est ce sens restreint qui s'attache à la déconfiture dans les Coutumes et en particulier dans la Coutume de Paris (art. 178 et suiv.).

La déconfiture se rattache au privilège qui appartenait au premier saisissant sur les meubles saisis. — A l'origine, ce principe ne comportait pas d'exception : mais lorsqu'on se trouvait en présence d'un insolvable, son application aboutissait à des résultats dont l'iniquité ne devait pas tarder à apparaître.

Un événement important vint rendre plus évidents encore les vices de ce système ; l'introduction dans nos Coutumes de la cession de biens romaine. On trouve cette institution dans les Assises de Jérusalem (*Haute Cour*, ch. 116 et *Cour des Bourgeois*, ch. 58), dans les Etablissements de Saint-Louis (II-40), dans Beaumanoir (*Coutume de Beauvoisis*, ch. 54, § 6), « *Aucunes fois*, dit cet auteur, *il advient que aucun doit plus qu'il n'a vaillant et toutefois il veut payer ce qu'il peut ; par quoi il vient à justice et abandonne tout ce qu'il a pour payer. — En ce cas, la justice doit regarder la valeur de ce qu'il a et doit faire payer les créanciers selon ce que l'avoir se peut étendre, selon les biens et selon ce que les dettes sont grandes à la livre, car male chose serait que celui à qui 10 livres sont dues prît autant de biens que celui à qui 20 livres sont dues. — C'est pourquoi*, conclut Beaumanoir, *si celui à qui on doit 10 livres prend 40 sols, celui à qui 20 livres sont dues prend 4 livres.*

Pendant un certain temps les biens d'un insolvable se partagèrent d'après deux systèmes entièrement opposés suivant que la liquidation avait lieu à la requête des créanciers ou sur l'aveu du débiteur. — Différence évidemment injustifiable ! Le principe de la contribution à la livre devait l'emporter bientôt, non sans que la question ait donné lieu à de nombreux procès. (Voir Beaumanoir, *C. de Beauvoisis*, ch. 34, nᵒˢ 51 et 52).

La règle se trouve définitivement établie dans le Grand Coutumier (*II, ch. 17, p. 129. Ed. Laboulaye et Dareste*). Le droit du premier saisissant est supprimé « *quand aucun n'a nuls autres biens fors ceux qui sont mis à exécution ; dans ce cas tous sont reçus à venir à contribution et n'y doit avoir celui qui a requis ladite exécution ny advantage, ny prérogative.* ».

L'effet caractéristique de la déconfiture est, on le voit, de faire échec au privilège du premier saisissant sur les meubles et de donner ouverture à la distribution par contribution. Déconfiture et contribution vont devenir synonymes (Bouteiller. *Somme rurale, Ed Charondas le Caron*, I. 46).

La déconfiture garde cet aspect dans la Coutume de Paris. — Dans l'art. 178

Tantôt il est pris dans un sens plus large; il est alors synonyme de *Déroute, Naufrage, Rupture*, etc., métaphores qui
cachent toutes une situation identique (1) : l'insolvabilité.

---

nouvelle rédaction, la Coutume rappelle le privilège du premier saisissant :
« *Toutefois*, dit l'article suivant, *en cas de déconfiture, chaque créancier vient à
contribution au sol la livre sur les biens meubles du débiteur et n'y a point de
préférence et prérogative pour quelque cause que ce soit encore qu'aucun ait fait
premier saisir.* — Voilà la seule utilité de la déconfiture. — Quels sont les
éléments constitutifs de cet état ? L'article 180 répond à cette question : « *Le
cas de déconfiture est quand les biens du débiteur, tant meubles qu'immeubles,
ne suffisent aux créanciers apparents.*

La déconfiture étant un incident de la procédure d'éxécution, « *les créanciers apparents* » sont tous ceux qui se sont joints à cette procédure par des
saisies ou des oppositions. Et voici comment va se présenter la déconfiture.
— Des créanciers ont opéré des saisies successives ; ils vont être payés dans
l'ordre des dates... La situation change si l'un d'eux vient à établir que l'ensemble des biens du débiteur est insuffisant à les désintéresser tous. —
L'égalité proportionnelle remplace alors le privilège des premiers saisissants.
Pour arriver à cette preuve, le mode normal est la discussion du patrimoine
du débiteur.

En résumé, la déconfiture dans ce sens restreint a pour effet unique de
donner ouverture à une distribution par contribution. Elle suppose des
saisies déjà pratiquées et ne peut être prouvée que par la discussion des
biens du débiteur. — Dans le même sens. C. *d'Orléans, art. 447 et 448.* —
Reims, art. 396. — *Senlis, art. 291.* — *Cambrai, art. 39.* — *Clermont, art. 58.*

(1) Le mot *déconfiture* ne conserve pas toujours dans nos anciens auteurs
le sens précis et restreint qu'il a dans la Coutume de Paris. Très souvent il
est employé pour désigner l'insolvabilité manifeste d'une personne sans qu'il
soit besoin que des saisies aient été opérées, ni qu'il y ait eu discussion des
biens. — C'est dans ce sens que Loysel a pu dire « *Desconfiture est quand le
detteur fait rupture et faillite ou qu'il y a apparence notoire que ses biens, tant
meubles qu'immeubles, ne suffiront pas au paiement de ses dettes.* (Loysel, *Ins.
Coutumières*, règl. 685).

C'est dans le même sens que Brodeau, Pothier, Deispeisses et d'autres
auteurs parlent de la déconfiture et que des documents officiels comme la
Déclaration du 20 juin 1784 ou les *Lettres patentes du 11 avril 1786* la mention-
nent à côté de la faillite (Documents publiés par Renouard. *Des faillites.*
Introduction).

Des effets accessoires produits par l'insolvabilité nous dirons peu de chose.
— Ils sont presque tous indiqués par Pothier et se retrouvent dans nos
codes. Qu'il nous suffise de mentionner la déchéance du terme, le recours
anticipé accordé à la caution, enfin la dissolution de la société et du mandat.

Auquel de ces deux sens faut-il se référer? — L'accord n'est pas fait sur la question.

Ce qui mérite de retenir plus longtemps notre attention, ce sont les diverses solutions possibles, véritables organisations de l'insolvabilité.

1º *Atermoiement et abandonnement de biens.* — Voici un débiteur insolvable. Rien ne l'empêche de s'adresser à ses créanciers, de leur indiquer l'état de ses affaires et d'obtenir d'eux, soit des délais, soit une remise partielle de dette. Il peut aussi leur faire abandon de tous ses biens. — Consentis par la majorité des créanciers présents (3/4 en sommes), ces arrangements lient tous les créanciers, pourvu qu'ils soient homologués par la justice : ce sont de véritables concordats libérant l'insolvable (Ferrière, *Dictionnaire de droit et de pratique.* V° *Abandonnement de biens*).

2º *Cession de biens judiciaire.* — Elle se fait en justice et n'est pas libératoire. Les créanciers, n'ayant consenti aucune remise, peuvent toujours saisir les biens de l'insolvable si celui-ci en acquiert de nouveaux. Le seul avantage qu'elle offre au cessionnaire est de le mettre à l'abri de la contrainte par corps.

En revanche elle le frappe de certaines incapacités. L'insolvable est déchu du droit d'ester en justice tant en demandant qu'en défendant et il est complètement dessaisi de l'administration de son patrimoine.

Aussi le jugement qui admet un débiteur au bénéfice de la cession nomme-t-il presque toujours un curateur chargé d'administrer et de liquider dans l'intérêt des créanciers : c'est une procédure collective parfaitement organisée.

Le cessionnaire encourt enfin une certaine infamie, qui se manifeste par l'interdiction d'entrer aux Bourses de commerce et par certaines particularités de costume dont la plus connue est l'obligation de porter un bonnet vert. (Ferrière, *Dictionnaire de Droit et pratique.* V° *Cession de biens*).

3º *Lettres de Répit.* — Ici c'est l'autorité publique qui intervient. Elle veut secourir la personne dont les affaires sont simplement embarrassées, lui permettre de se ressaisir, lui donner le temps de respirer...

Depuis l'ordonnance de 1669 (*titre VI*), c'est à la Grande Chancellerie que le débiteur doit adresser sa requête motivée et accompagnée des pièces à l'appui. — Après examen de la demande et seulement *pour des considérations importantes* les répits seront acccordés par Lettres Royaux.

Le débiteur les signifie à ses créanciers et assigne ceux-ci devant le juge le plus proche ; il acquiert par ce seul fait un bénéfice important ; celui d'être à l'abri des poursuites pendant six mois à dater de la signification. Le droit des créanciers se borne à opérer des saisies conservatoires. — Au jour fixé par l'assignation, comparution des intéressés devant le juge. Le débiteur expose l'état de ses affaires, présente les lettres qu'il a obtenues et en sollicite l'entérinement.

Les créanciers peuvent accorder des délais et des remises de dettes; c'est

Certains auteurs (1) reproduisent la définition de la Coutume de Paris (art. 180). *Le cas de déconfiture est quand les biens du débiteur tant meubles qu'immeubles ne suffisent aux créanciers apparents.* Pour qu'il soit constant qu'un homme est déconfit, il faudra aujourd'hui comme au temps de Ferrière, que tous « *ses biens tant meubles qu'immeubles aient été saisis et vendus publiquement et que le prix en provenant ne suffise pas à satisfaire ses créanciers saisissants et opposants* (2). »

Des saisies demeurées infructueuses et l'insolvabilité prouvée par la discussion du patrimoine du débiteur, tels sont dans cette opinion les éléments nécessaires de l'état de déconfiture. Quelques décisions judiciaires ont admis ces principes. Nous citerons notamment un arrêt de la cour de Rennes du 24 mars 1812 (3). *Pour qu'un débiteur soit en déconfiture*, lit-on dans ses considérants, *il faut que des saisies mobilières et immobilières attestent son impuissance de satisfaire ses engagements ;* et aussi un arrêt de la Cour de cassation (4) du 21 mars 1822 dont les termes paraissent encore plus formels : *L'état de déconfiture ne résulte pas*

---

le contrat d'atermoiement dont nous avons parlé plus haut ; mais ils peuvent aussi contester les dires du débiteur, soutenir, par exemple, que c'est par sa faute et non par l'effet du hasard qu'il s'est mis hors d'état de payer ou bien encore que personne ne peut gagner à de nouveaux délais. — C'est alors au juge de décider ; il a le droit de refuser l'entérinement ou d'accorder à l'impétrant un délai qui ne peut excéder 5 ans. (Ferrière. V° *Lettres de Répit*). (Bornier, *Conférence des nouvelles ordonn. de Louis XIV avec celles des Rois prédécesseurs, tome I, ord. de 1669 et tome II, ord. du Commerce 1673, sous le titre IX de l'ordonnance*).

A côté des Lettres de Répit, il faut signaler les *Défenses Générales* qui produisent les mêmes effets, mais qui émanent de l'autorité des Parlements (Ferrière. V° *Défenses Générales*).

(1) En ce sens : Laurent, XVII, n° 195.

(2) Ferrière. *Dict. de Dr. et de Pratique*. V° *Déconfiture*.

(3) Rennes, 24 mars 1812. S. 1812, II, 313. — D. *Rep*. V° *Obligations*, n° 398.

(4) Cassation, rejet 21 mars 1822. D. *Rep*. V° *Contrat de Mariage*, n° 1687, et Metz, 16 décembre 1868, D. 69, II, 206.

uniquement d'un procès-verbal de carence des meubles du débiteur, mais, dit la Cour, *de la preuve de son insolvabilité, après discussion de tous ses biens tant meubles qu'immeubles.*

Une seconde opinion donne au mot *Déconfiture* le sens large qu'il avait dans la définition de Loysel (1); et, empruntant la formule de cet auteur, déclare en déconfiture le débiteur non-commerçant *quand il y a apparence notoire que ses biens tant meubles qu'immeubles ne suffiront pas au paiement de ses dettes.*

La déconfiture suppose essentiellement l'insolvabilité ; c'est-à-dire la situation d'un patrimoine dont l'actif est inférieur au passif (2). Faire le compte de ces deux masses, les comparer entre elles, telles sont les opérations qui feront connaître si un débiteur est ou non solvable. D'un côté nous mettrons toutes les dettes ; de l'autre, inutile de faire figurer les qualités personnelles du débiteur, son activité ou ses talents, biens précieux évidemment, susceptibles de procurer du crédit ou de justifier des délais ; mais qui ne sauraient entrer en ligne de compte, parce que les créanciers n'ont aucun droit direct sur eux.

L'actif du patrimoine se compose seulement de tout ce qui peut être compris dans une procédure d'exécution forcée ; il y a insolvabilité toutes les fois que cette procédure n'aboutit pas au paiement intégral des créanciers.

La saisie et la vente des biens du débiteur paraîtraient

---

(1) Loysel. (*Institut. Coutumières,* règle 685).·

(2) Il n'en est pas de même pour la faillite. — « Quel que soit l'actif du « commerçant, fût-il cent fois supérieur à son passif, du moment où il cesse « ses paiements, il peut être déclaré en faillite. Au contraire, fût-il insolvable, « s'il continue à solder ses créanciers, à faire honneur à ses affaires, il ne « peut-être mis en état de faillite. Or, ajoute Garraud, ces situations sont « possibles : que le commerçant ait mal combiné ses rentrées avec ses « échéances, qu'il ait consenti des termes trop longs, qu'il ait en portefeuille « des valeurs difficiles à réaliser, il cessera ses paiements et il y aura « faillite sans insolvabilité. » (Garraud, *op. cit.,* p. 70.)

dans cette opinion comme dans la précédente, les conditions nécessaires de la déconfiture ; mais il n'en est rien et, une idée nouvelle relative à la preuve, doit intervenir ici. On ne peut pas demander que l'insolvabilité soit mathématiquement établie : ce serait très souvent impossible. La liquidation de l'actif est longue et difficile ; quant au passif, comment savoir, autrement que par les dires du débiteur, les dettes dont il se compose ? Il n'existe pas de mesures de publicité pour avertir les créanciers et les obliger à se faire connaître sous peine de forclusion. A ces difficultés insurmontables ajoutons le caractère d'urgence que présente ordinairement la constatation d'une déconfiture et nous comprendrons pourquoi la loi ne pouvait pas exiger une preuve matérielle de l'insuffisance des biens. Elle se contente d'une quasi-certitude, d'une *apparence notoire* selon l'expression de Loysel, et laisse au juge du fond le soin de décider de quelles circonstances résulte cette insolvabilité apparente, manifeste, qui constitue la déconfiture.

La loi n'établit aucune présomption : mais voici quelques exemples tirés de la jurisprudence.

Dans une lettre adressée à l'un de ses créanciers, une personne déclarait ne savoir comment faire pour le payer. Un arrêt de la Cour de Colmar du 4 mai 1864, a trouvé dans cet aveu une preuve suffisante de son insolvabilité (1).

Un arrêt de la Cour de cassation du 4 août 1880 (2), rapporte une espèce analogue. L'un des gérants d'une société avait pris la fuite en laissant une lettre à l'adresse de l'autre. — Dans cette lettre, il lui expliquait qu'il passait à l'étranger après avoir perdu toute sa fortune. La Cour a vu dans la fuite et la lettre qui en est l'explication, l'aveu et la preuve certaine de la déconfiture du gérant.

---

(1) Colmar, 4 mai 1864. D. 64, II, 230.
(2) Cassation, 4 août 1880. S. 81, I, 56.

D'autres fois, on se trouve en présence d'un ensemble de circonstances qui établit manifestement l'état de ruine du débiteur. — Empruntons un exemple à un arrêt de la Cour de Caen (1). Voici un individu qui a laissé protester des billets contre lui : ses meubles ont été vendus au profit de ses créanciers; et plus tard il envoie à ces derniers une circulaire pour leur demander un arrangement : il est évidemment insolvable. — Rapportons encore une autre espèce (2). Un débiteur a vendu à réméré tous ses immeubles. Le prix en a été complètement absorbé par des délégations à ses créanciers. De plus l'acquéreur lui a donné à bail les biens ainsi vendus pour un loyer égal à l'intérêt à 5 % du prix de vente. Il est convenu en outre, que faute de payer le premier terme, le vendeur sera déchu du droit d'exercer le réméré. Une stipulation aussi rigoureuse démontre incontestablement l'état de déconfiture du débiteur.

Enfin il a souvent été jugé qu'un procès-verbal de carence des meubles (3), dressé au cours d'une saisie, ne suffit pas pour constituer le débiteur en déconfiture : celui-ci peut en effet posséder des immeubles. — La solution contraire a cependant été admise par un arrêt de Lyon du 3 août 1833 (4). En fait, la Cour de Lyon a peut-être eu raison ; car, s'il est prouvé, d'une part, que le débiteur ne possède aucun immeuble et si, d'autre part, on présente un procès-verbal de carence des meubles, l'insolvabilité est manifeste (5).

Ces exemples montrent bien que la déconfiture n'est pas nécessairement précédée de saisies infructueuses.

L'insolvabilité peut être établie autrement que par la

---

(1) Caen, 23 mai 1842. D. *Rep.* V⁰ *Obligations*, n⁰ 1296.
(2) Orléans, 30 avril 1846. D., 46, II, 135.
(3) Cass. Rej., 21 mars 1822. D. *Rep.* V⁰ *Contrat de Mariage*, n⁰ 1687. — Toulouse, 20 nov. 1835. D. *Rep.* V⁰ *Obligations*, n⁰ 1297.
(4) Lyon, 3 août 1833, D. *Rep.* V⁰ *Obligations*, n⁰ 1296.
(5) Argument art. 516, C. civil. (*Tous les biens sont meubles ou immeubles*).

discussion des biens du débiteur; il suffit qu'elle soit certaine. — Mais dans quels cas le sera-t-elle? C'est une question laissée à l'appréciation du juge du fond, sous le contrôle indirect de la Cour de cassation (1).

Telle est, en résumé, l'opinion admise par la grande majorité des arrêts. Nous n'hésitons pas à l'adopter. Il est facile en effet d'écarter le système qui, s'inspirant de la Coutume de Paris, exige des saisies infructueuses et la discussion des biens. La déconfiture était alors, nous le savons, un simple incident de la procédure d'exécution dont l'effet caractéristique était d'ouvrir une distribution par contribution. Les Coutumes ne lui reconnaissaient pas d'autre utilité. Mais à quoi servirait-elle dans nos lois puisque celles-ci ont supprimé le privilège du premier saisissant (2) et font de la distribution par contribution la règle ordinaire en cas d'insuffisance des deniers arrêtés (3) ?

La disposition de la Coutume de Paris n'aurait plus de sens aujourd'hui et il est vraisemblable que le législateur n'a pas voulu s'y référer. Cette vraisemblance devient certitude si l'on se reporte aux conséquences reconnues par nos codes, comme effets propres de la déconfiture: la déchéance du terme, le recours anticipé de la caution, etc, etc. Ce sont précisément les effets, que nos anciens auteurs faisaient produire à l'insolvabilité (4).

---

(1) Il appartient au juge du fond de constater les faits..., mais la Cour de cassation doit toujours vérifier si les conséquences tirées de ces constatations sont juridiques. Cass., 3 mars 1869. D. 69, I, 200.

(2) Le privilège du premier saisissant ne figure point parmi les causes de préférence établies par le Code civil. Il se trouve abrogé par voie de prétérition.

(3) Le principe de la Contribution est posé dans l'art. 656, C. pr. civ.; mais il s'induisait déjà de l'art. 2093, C. civil.

(4) Voir : Despeisses, pour la Société; Pothier, etc., etc., cités au *chapitre second*.

Et pour expliquer la dissolution de la société ou du mandat, il n'est pas besoin de supposer des saisies. Dès qu'il est au-dessous de ses affaires, l'associé ou le mandataire, ne mérite plus la confiance qu'on avait mise en lui.

Toutes ces conséquences, uniques bases d'une théorie de la déconfiture dans notre droit, se justifient parfaitement par la seule idée de l'insuffisance de l'actif. Démontrer cette insuffisance : voilà toute la preuve mise à la charge du créancier qui se prévaut d'une déconfiture. Presque toujours, il est vrai, cette demande sera précédée ou accompagnée de poursuites et de saisies : mais ce ne sont pas des conditions essentielles de la déconfiture : ce sont seulement des circonstances accidentelles. Elles révèlent la ruine de l'insolvable et permettent au poursuivant de faire une preuve bien difficile à fournir directement.

Nous parlons d'une demande en justice : mais un jugement sera-t-il toujours nécessaire pour constater cet état ? — Et si une décision judiciaire intervient, quels en sont les effets ? Quels en sont les caractères ?

Le code est muet sur ces questions ; et là encore son silence a fait naître plusieurs théories qui comptent les unes et les autres des monuments de jurisprudence.

La cour de cassation (1) s'est prononcée dans un arrêt du 30 mars 1892. — Des personnes devaient à un notaire une somme de 10.000 francs et avaient contre lui une créance à terme pour une somme égale. Le notaire meurt en état certain de déconfiture ; le liquidateur de sa succession poursuit le paiement des 10.000 francs. — Refus de payer de la part des débiteurs.— Le notaire, disent-ils, a été déchu du terme parce qu'il se trouvait en état de déconfiture lors de son décès. Les deux dettes étaient donc à ce

---

(1) Cassation, 30 mars 1892. S. 92, I, 481. *Note Labbé.*
D. 92, I, 281. *Note Planiol.*

moment liquides et exigibles. Elles se sont éteintes par voie de compensation.

La cour suprême n'a pas admis ce raisonnement : elle repousse l'exception de compensation *attendu que la déchéance du terme résultant de l'insolvabilité du débiteur n'est pas encourue de plein droit ; qu'elle doit être demandée en justice ; que le juge la prononce, s'il y a lieu, après vérification des faits qui la motivent : que les effets du jugement qui rend ainsi la dette exigible ne sauraient en aucun cas remonter au-delà du jour où la demande en paiement a été formée.*

M. Labbé (1) commente et approuve cette décision. « La « déconfiture est, dit-il, un état qui se dégage de la combi-« naison de plusieurs faits dont aucun n'a en soi-même « une valeur légale. Le juge constate ; il apprécie ; il « résume dans un aperçu d'ensemble la signification d'un « certain nombre de faits divers. Il en résulte que la décon-« fiture ne préexiste pas à la décision judiciaire qui la « proclame. »

Dans cette opinion, l'insolvabilité manifeste ne suffit pas ; il faut de plus un jugement qui, selon l'expression de Labbé, fait jaillir la déconfiture d'un état jusqu'alors incertain.

Et ce ne sera pas un jugement déclaratif, comme le sont les décisions ordinaires de la justice. Le juge ne se borne pas à constater un fait ; il est investi de par la loi d'un pouvoir d'appréciation qui lui permet de modifier l'état créé par la volonté des parties et de le remplacer par une situation nouvelle. Sa décision présente ainsi tous les caractères d'un jugement constitutif, dont les effets ne peuvent remonter au-delà du jour de la demande. Il semble même qu'ils ne rétroagissent pas jusqu'au début de l'ins-

---

(1) Labbé, *note Sirey, arrêt précité.*

tance et qu'ils se produisent seulement à partir du jour où le jugement est rendu. La Cour ne s'est pas prononcée sur ce point mais c'est la règle générale pour les décisions de cette espèce (1).

Du caractère reconnu à ce jugement, ne devrait-on pas, ce semble, déduire d'autres conséquences ? Considérons les jugements qui créent un état juridique nouveau — jugements de divorce, de séparation de corps, de séparation de biens — jugements prononçant une interdiction ou nommant un conseil judiciaire — tous, ils sont entourés de mesures de publicité spéciales et ils sont opposables aux tiers. — Le jugement de déconfiture serait-il le seul à faire exception ? Ou bien la cour de cassation prescrira-t-elle des mesures de publicité et lui reconnaîtra-t-elle autorité à l'égard de tout le monde ?

Nous ne le pensons pas. Seul, un texte de loi pourrait opérer une pareille réforme et la Cour ne cherchera probablement pas à tirer de son arrêt de 1892 toutes les conséquences qu'il paraît comporter. Elle poursuivait dans cette espèce un but bien précis : empêcher la compensation. Pour y parvenir elle déclare que la déchéance du terme n'a pas lieu de plein droit; elle exige un jugement. C'est dans la même intention et afin de ne pas reconnaître à cette décision un effet rétroactif qu'elle lui attribue un caractère créateur (2).

Mais pour arriver à ce résultat pratique satisfaisant, la Cour ne s'est-elle pas écartée des principes ? N'a-t-elle pas surtout méconnu les caractères de la déconfiture dans notre droit ? — Nous comprendrions un jugement constitutif de déconfiture si cet événement créait une situation juridique nouvelle, s'il modifiait la capacité du débiteur

---

(1) La disposition contraire de l'article 1445, C. civil, est spéciale au jugement de séparation de biens.

(2) Planiol, *note Dalloz, arrêt précité.*

ou s'il restreignait les droits des créanciers ; mais la déconfiture n'a pas, dans notre législation, de pareilles conséquences — Elle est loin, nous le verrons, d'avoir cette importance. C'est un simple fait, un accident survenu dans le crédit d'une personne et dont résultent certains recours et certaines déchéances.

La cour de Douai, après le tribunal de Saint-Pol, s'inspirait de ces idées pour admettre la compensation dans l'espèce rapportée plus haut. *Attendu que s'il est vrai que le créancier doive pour utilement exciper de la déchéance du terme faire constater, par un jugement, l'état de déconfiture de son débiteur, il n'est pas exact que la décision ne puisse avoir d'effet que du jour du jugement ou tout au moins du jour de la demande, quelle que soit la date de la déconfiture judiciairement reconnue ; que le jugement qui mentionne la date précise de la déconfiture a un sens et effet purement déclaratif* (1).

Nous adoptons pleinement cette manière de voir.

En résumé, dirons-nous, un débiteur est en déconfiture dès que son actif est insuffisant à désintéresser (2) ses créanciers. — Ce simple fait entraîne, dès qu'il est prouvé, certaines conséquences. — S'il est contesté, le tribunal intervient pour le vérifier, mais le jugement rendu en cette circonstance a seulement pour effet de constater une situation préexistante dont le bénéfice est acquis aux parties à compter du jour où elle s'est produite.

---

(1) Douai, confirmant jugement tribunal de St-Pol. D. et S., *loc. cit.*

(2) *En ce sens :* Aubry et Rau, VI, § 580, p. 249. — Bravard. *C. de Dr. Com.* V, p. 28. — Colmet de Santerre. V, p. 176. — Demolombe, XXV, « nº 664 et suiv. « La déconfiture c'est le passif dépassant l'actif : c'est l'insol-« vabilité devenue apparente du débiteur dont les biens ne sont pas suffi-« sants pour satisfaire les créanciers qui se montrent. »

Contra : Lyon-Caen et Renault. *Manuel,* II, nº 2550.

A ce jugement purement déclaratif nous appliquerons logiquement les règles ordinaires, relatives à l'autorité de la chose jugée. — Il n'a d'effet qu'*inter partes* (1351, C. civ.) — Une même personne pourra ainsi et à la même date être reconnue insolvable vis-à-vis de Pierre et non au regard de Paul. C'est la conséquence nécessaire de l'autorité relative de la chose jugée, concordant parfaitement avec l'absence de mesures de publicité et le défaut d'organisation collective, qui sont, les traits caractéristiques de notre déconfiture.

———

CHAPITRE SECOND

Effets de la Déconfiture

Quelques articles disséminés dans nos codes signalent certaines conséquences de la déconfiture. Nous les étudions dans trois paragraphes : 1° *elle entraine déchéance du terme ;* 2° *elle met fin à certains contrats ;* 3° *elle donne ouverture à certains recours.*

§ 1. — DE LA DÉCHÉANCE DU TERME

La faillite du débiteur rend exigibles ses dettes non échues. L'art. 444 C. commerce et 1188 C. civil sont formels ; mais peut-on étendre à la déconfiture cette règle qui établit une déchéance et doit par conséquent recevoir une interprétation restrictive ? — Bien qu'il y ait dans les deux cas mêmes raisons de décider, la négative devrait être admise, si nous n'avions pour des hypothèses particulières des textes précis — les articles 1613 et 1913 Code civil.

Dans le premier (1) il s'agit d'un vendeur qui a accordé à son acheteur un délai pour le paiement du prix. Il n'en reste pas moins tenu de délivrer immédiatement. Cette obligation cesse d'exister lorsque, depuis la vente, l'acheteur est tombé en état de déconfiture. Solution facilement explicable ; car cet événement a privé l'acquéreur du terme dont il jouissait et a replacé les parties sous l'empire de l'article 1612 : *Le vendeur n'est pas tenu de délivrer la chose si l'acheteur n'en paye pas le prix...*

L'article 1913 (2) va plus loin et déclare exigible, en cas de faillite ou de déconfiture du débiteur, un capital qui ne devait jamais l'être : le capital d'une rente constituée en perpétuel. Le débi-rentier jouissait, pour le paiement de cette somme, d'un terme indéfini : il en est déchu lorsqu'il devient insolvable (3).

Les auteurs et la jurisprudence s'accordent à voir dans ces textes des applications de la règle de l'art. 1188. Le débiteur tombé en déconfiture ne peut plus réclamer le bénéfice du terme (4).

Nombreuses sont les conséquences de ce principe. Ainsi et seulement à titre d'exemple, un créancier à terme a le droit de faire saisir et de figurer dans les contributions (5)

---

(1) Aubry et Rau, IV, § 354, texte et note 13. — Laurent, XXIV, n° 171 et 172. — Cassation, 7 février 1882. — *Gaz. Pal.*, 1883, I, 22.

(2) Aubry et Rau, IV, § 400, texte et note 13. — Laurent, XXVII, n° 37. — Guillouard. *Du Contrat de Prêt*, p. 278.

(3) *En ce sens :* Grenoble, 4 décembre 1855. D. 56, II, 278. — Caen, 10 nov. 1857. S. 58, II, 427.

(4) Aubry et Rau, IV, § 303, note 12. — Baudry-Lacantinerie. *Manuel* II, n° 957. — Demante et Colmet de Santerre, V, p. 182. — Demolombe. *Des Contrats*, II, n° 664. — Laurent, XVII, n° 195.

Req. Rej., 10 mars 1845. S. 45, I, 601. — Orléans, 30 avril 1846. D. 46, II, 135. — Nîmes, 18 mars 1862. S. 63, II, 5. — Colmar, 4 mai 1864. D. 64, II, 230. — Metz, 16 déc., 1868. D. 69, II, 106. — Rouen, 29 juin 1871. D. 73, II, 206. — Douai, 1er mai 1890. *Gaz. des Tribunaux*, du 8 octobre 1890. — Bourges, 10 mai 1892. D. 92, II, 455.

(5) Lyon, 3 août 1833. D. *Rep.* V° *Obligations*, n° 1296.

et les ordres ouverts sur son débiteur déconfit; ainsi encore, s'il se trouve obligé vis-à-vis de son propre débiteur, il peut lui opposer la compensation. — Ce dernier effet ne se produit pas en cas de faillite (1). Il est spécial à la déconfiture et peut avoir, remarquons-le, une importance considérable. Il crée pour l'un des créanciers un mode particulier de paiement qui bien souvent lui permettra d'être intégralement désintéressé, tandis qu'il devrait être soumis à la loi du dividende.

Résultat injustifiable, que la Cour de cassation a voulu rendre plus rare, en décidant, dans un arrêt, déjà cité du 30 mars 1892, *que la déchéance du terme résultant de l'insolvabilité du débiteur n'est pas encourue de plein droit et qu'elle doit être demandée en justice.*

Le texte de l'article 1188 et la plupart des auteurs (2) paraissent cependant considérer cette déchéance comme une suite naturelle de l'insolvabilité. Il y a dans le même sens un puissant argument d'analogie. Les créanciers à terme ne sont pas astreints à prendre jugement lorsque leur débiteur est en état de faillite, pourquoi en serait-il autrement s'il est tombé en déconfiture? — L'exigibilité se produit de plein droit, dès que l'insolvabilité est constatée.

On peut toutefois se demander (3) si la rédaction de l'article 1188 n'a pas dépassé la pensée du législateur. Il est inadmissible en effet de laisser un créancier assister les bras croisés au partage des biens de son débiteur, et rien n'est plus juste que de faire tomber le terme pour lui permettre de figurer aux poursuites; mais la formule ne va-t-elle pas trop loin lorsqu'elle lui octroie l'équivalent d'un privilège sous la forme d'une compensation? — A notre

---

(1) Aubry et Rau, IV, § 326, note 16.

(2) Pothier. *Obligations*, nos 234 et 235. — En ce sens aussi : Cass., rejet,, 10 mars 1845. D. 45, I, 209.

(3) Planiol. *Note au Dalloz*, loc. cit.

avis, la disposition du Code civil ne devrait pas autoriser ce mode particulier de paiement. La suppression du terme n'aurait alors que des résultats parfaitement équitables et pourrait sans inconvénients se produire de plein droit (1).

Dans les explications précédentes, nous n'avons en vue que le terme conventionnel; mais que penser du délai de grâce accordé par le juge en vertu de l'art. 1244 C. civil? — Nous avons sur ce point un texte au Code de procédure civile, l'art. 124 : *Le débiteur ne pourra obtenir un délai, ni jouir du délai qui lui aura été accordé, si ses biens sont vendus à la requête d'autres créanciers...* On est d'accord pour reconnaître la déconfiture dans la situation ainsi décrite (2).

§ 2. — EFFETS SUR CERTAINS CONTRATS

1° *Dissolution de la Société* (art. 1865 C. civ. 4e al.)

Cet effet de la déconfiture n'est pas nouveau. Les Romains le connaissaient. *Dissociamur..... egestate,* dit Modestin,

---

(1) Supposons l'engagement garanti par une caution. La déchéance du terme encourue par le débiteur principal rejaillira-t-elle sur cette dernière ? La question est controversée. — Oui, disent Aubry et Rau (IV, § 303, texte et note 18), et aussi Larombière (II, art. 1188, n° 22), le cautionnement, contrat accessoire, doit suivre le sort de l'obligation principale.

Nous pensons, au contraire, que la déchéance est personnelle au déconfit. Quelle est en effet l'obligation de la caution ? A quoi s'est-elle engagée ? A payer au terme, si le principal obligé ne le fait pas. Alors seulement, et si l'insolvable n'est pas revenu à meilleure fortune, la caution pourra être poursuivie, (Demolombe. *Des contrats,* I. n° 705. — Guillouard. *Du cautionnement,* n° 118). La jurisprudence paraît se fixer en ce sens : Cass. 3 juillet 1890. S. 90, I, 145 et Orléans, 11 août 1893. P. F. II, 114.

Lorsqu'il s'agit d'une obligation solidaire, la question ne fait pas difficulté. La déchéance encourue par l'un des co-débiteurs ne donne pas au créancier le droit de poursuivre les autres (Aubry et Rau, IV. § 303, note 20). — Demolombe. XXV, n° 703. — Larombière. II, art. 1188, n° 23, — Bordeaux, 10 mars 1854, S. 54, II, 515.

(2) En ce sens : Boitard. *C. de Procédure.* I, n° 261. — Bonnier. n° 303. — Garsonnet. III, art. 124, et Poitiers 17 juin 1862. D. 64, II. 22.

4. D. XVII. II, et la loi 65 § 1, même titre, rapporte sur ce point la doctrine de Labéon : *Bonis a creditoribus venditis unius socii distrahi societatem Labeo ait* (1).

Les mêmes formules se trouvent dans nos anciens auteurs (2); et la règle est passée dans le 4ᵉ § de l'art. 1865, ainsi conçu : *La société prend fin par la mort civile, l'interdiction ou la déconfiture de l'un des associés.* — Treilhard expose en ces termes les raisons qui ont fait établir cette cause de dissolution (3) : « La société est dissoute, dit-il, « parce qu'il ne peut plus y avoir ni confiance dans la « personne, ni égalité dans le contrat qui tombe aussitôt « parce qu'il reposait principalement sur ces deux bases. »

Les motifs de la loi indiquent la portée qu'il faut donner au texte (4). Malgré sa généralité, il vise seulement les sociétés dans lesquelles le crédit et la considération personnelle des associés entrent en ligne de compte : il n'y a donc pas lieu de l'appliquer aux sociétés anonymes. Pour les commandites, la question est plus délicate. Si la déconfiture atteint un commanditaire, cet événement sera sans influence sur la société; si elle frappe au contraire un commandité, la société sera dissoute (5).

Deux questions sont à examiner : celles de savoir si cette disposition est d'ordre public et si la dissolution s'opère de plein droit.

Sur le caractère de la disposition tous les auteurs sont

---

(1) Gaius. III. § 154. *Item si cujus ex sociis bona publice aut privatim venierint, solvitur societas.*

(2) Despeisses (*Des contrats.* Partie I, titre III, sect. 3, nᵒ 9) « La société prend fin par la pauvreté de l'un des associés, savoir lorsque quelqu'un a fait cession de biens, ou que ses créanciers lui ont fait vendre tous ses biens. » — Domat. *Lois civiles.* I. 3.5. nᵒ 12. — Ferrière. *Op. cit.* Vᵒ Société. — Pothier. *Société* nᵒ 148.

(3) *Rapport Treilhard*, nᵒ 31. Locré, t. VII, p. 245.

(4) Cette cause de dissolution ne s'applique pas à la communauté.

(5) Il n'y a pas à distinguer entre la commandite simple et la commandite par actions. Garraud, *op. cit.* p. 192.

d'accord. (1) Elle n'est pas d'ordre public : elle ne s'impose
aux associés qu'autant que ceux-ci n'ont pas manifesté
expressément ou tacitement une volonté contraire. Ainsi
des associés sont présumés avoir voulu continuer la
société s'ils ont perçu sans réclamation leur part dans les
bénéfices depuis la déconfiture de l'un d'eux (2).

Est-il besoin d'un jugement prononçant la dissolution ?
La négative est certaine lorsque la société est dissoute par
la mort ou l'interdiction d'un associé. Il suffit alors de
fournir la preuve du fait invoqué en présentant un jugement d'interdiction ou un acte de décès. En sera-t-il de
même de la déconfiture ? — La rédaction de l'art. 1865
§ 4 ne laisse pas de doute à cet égard ; en plaçant sur la
même ligne ces divers événements, la loi, cela est certain,
a entendu les soumettre aux mêmes règles (3).

2° *Dissolution du Mandat* (2003 C. civ., § 2)

Le mandat prend fin, dit l'art. 2003, C. civil § 2 *par la
mort, l'interdiction ou la déconfiture soit du mandant soit
du mandataire.*

Que le mandat prenne fin par la déconfiture du mandataire... on en voit assez facilement la raison ; ce dernier
répond de sa gestion et cette responsabilité est dérisoire

---

(1) Aubry et Rau. IV. § 384. — Baudry-Lacantinerie. *Manuel*, III, n° 795.
— Guillouard. *Traité du contrat de Société*, art. 1865. — Laurent. XXVI, n° 386.
— Lyon-Caen et Renault. *Manuel*, n° 353.

Orléans 29 août 1844. S. 54. II. 341. — Cassation, 18 janvier 1881. D. 81, I,
464. S. 83, I, 398. — Cass. 10 mars 1885. S. 86, I, 410 (il s'agit d'une faillite).

(2) Cassation, 7 décembre 1858. D. 59, I, 135. — Argument art. 1868.

(3) La dissolution a lieu de plein droit. Cassation, 4 août 1880. S. 81, I, 56.
« *Il n'est pas nécessaire que la dissolution produite par cette cause soit prononcée en justice : il suffit, pour qu'elle ait lieu, que la déconfiture soit attestée
par un fait positif qui ne laisse aucun doute sur son existence.* »

Un jugement sera ordinairement nécessaire pour constater la déconfiture.

lorsqu'il devient insolvable (1). Mais pourquoi le même effet est-il produit par la déconfiture du mandant? — C'est, dit le tribun Tarrible (2), *parce que le désordre des affaires du mandant a entraîné la subversion générale de sa fortune, et que tout ce qu'il possédait a passé dans les mains de ses créanciers.* Considération exacte pour la faillite, mais sans valeur pour la déconfiture qui ne dessaisit pas le débiteur au profit de ses créanciers! — Celui-ci peut avoir un recours à exercer contre son mandant. De même que l'action directe, cette *actio mandati contraria* devient inutile par suite de l'état de ruine du défendeur.

Comme la dissolution de la société, cet effet de la déconfiture est fondé sur la volonté présumée des parties. Il n'est pas d'ordre public (3) et n'a pas besoin d'être prononcé par la justice.

La jurisprudence applique la disposition de l'art. 2003 à certaines variétés du mandat, par exemple au contrat de commission (4).

On est quelquefois tenté de l'étendre aussi à la tutelle. Le tuteur, dit-on, est un mandataire. Ne peut-on pas le déclarer déchu de ses fonctions, s'il devient insolvable? — Nous ne le pensons pas. La tutelle est bien un mandat, mais c'est un mandat d'une nature toute spéciale. La loi en a minutieusement réglé les détails et déterminé les causes de déchéance. Il est impossible d'ajouter à cet

---

(1) Aubry et Rau. IV. § 417, texte et note 14. — Baudry-Lacantinerie. *Manuel*, III, nº 937. — Laurent, XXVIII, nº 92-95. — Bordeaux, 18 juillet 1832. D. 33, II, 56.

(2) Tarrible. *Rapport au Tribunat*, nº 24. — Locré. VII, p. 383.

(3) Les parties peuvent renoncer à la disposition de l'art. 2003 ; elles sont même censées l'avoir fait toutes les fois que le mandat fait partie d'un ensemble de conventions conclues de bonne foi entre les parties. — *Ch. civile rejet.*, 31 juillet 1872. D. 72, I, 300.

(4) Tribunal Seine, 2 juin 1896. — *Gaz. Pal.* 96. II, 532. — « Le contrat de commission cesse quand se produit la déconfiture de l'une des parties contractantes. »

exposé nécessairement limitatif un événement qui n'y figure pas : la déconfiture du tuteur (1). Et qu'on n'invoque pas contre cette solution les intérêts de l'incapable, ils sont pleinement sauvegardés. — De deux choses l'une en effet : ou le tuteur a été victime des événements et il n'y a pas de raison de lui enlever la gestion des affaires de son pupille ; ou, au contraire, il a fait preuve d'incapacité manifeste et c'est le cas d'invoquer l'art. 444 C. civil, permettant au conseil de famille de prononcer sa destitution. (2).

---

(1) Demolombe. (*Traité de la minorité.* I, n° 492. — Demolombe parle de la faillite du tuteur.

(2) Il nous reste à parler de deux ou trois autres contrats pour lesquels nous n'avons pas de texte, mais seulement quelques décisions de jurisprudence.

1° *La déconfiture du locataire entraine-t-elle dissolution du contrat de Bail ?* Voici par exemple un insolvable dont le mobilier a été vendu. Il peut, sans doute, être assigné en résiliation du contrat et expulsé, faute par lui d'avoir garni l'appartement loué de meubles suffisants (1752 C. civil).

La difficulté va apparaître lorsque, pour éviter l'expulsion, le locataire a cédé son bail à un tiers que nous supposons solvable. Si le contrat a été résolu par la déconfiture du locataire, ce dernier, on le comprend, n'a pas pu céder un droit dont il était déchu. — La jurisprudence admet une solution contraire. Elle valide la cession et décide que, sauf clause particulière dans le contrat, le bail n'est pas résolu par l'insolvabilité du preneur. (Caen. 1857. D. 58, II, 86.) En ce sens : Laurent, XXIX, n° 390.

2° *Pour le contrat d'ouverture de crédit*, nous n'avons pas trouvé de décision de jurisprudence ; mais il nous semble que la déconfiture du crédité enlèvera à ce dernier le droit d'exiger les versements promis. L'art. 1188 autoriserait en effet le créditant à répéter immédiatement les sommes qu'il verserait ; n'est-il pas plus simple de résoudre le contrat ? *Melius intacta jura servari quam post causam vulneratam remedium quœrere.*

3° Il y a enfin toute une classe très importante de conventions sur lesquelles la déconfiture de l'une ou de l'autre des parties peut exercer de l'influence : ce sont les contrats d'Assurances.

Pour les Assurances maritimes, nous avons un texte au code de commerce, l'art. 346 ainsi conçu : *Si l'assureur tombe en faillite lorsque le risque n'est pas encore fini, l'assuré peut demander caution ou la résiliation du contrat. L'assureur a le même droit au cas de faillite de l'assuré.*

On est d'accord pour voir dans ce texte une règle de droit commun, et pour en étendre l'application, soit à la déconfiture de l'assureur et de l'assuré, soit aux contrats d'assurances, autres que les contrats d'assurances maritimes.

§ 3. — ELLE DONNE OUVERTURE A CERTAINS RECOURS

1° *Recours anticipé de la caution* (2032, § 2, C. civil)

L'article 2032, C. civil, § 2, stipule que la caution, même avant d'avoir payé la dette, peut agir contre le débiteur principal pour être par lui indemnisée *lorsque le débiteur a fait faillite ou est en état de déconfiture.*

L'application du droit commun aurait abouti dans notre hypothèse à des résultats singuliers. Deux partis s'offrent en effet au choix du créancier ; il peut, ou bien produire à la déconfiture du débiteur, y toucher un dividende et pour la part impayée de sa créance, poursuivre la caution ; ou bien, s'il a dans la solvabilité de celle-ci une confiance suffisante, ne pas figurer dans les contributions et les ordres ouverts sur le débiteur principal et, à l'échéance, s'adresser à la caution pour la dette entière. Cette dernière serait donc tenue de payer le total ou une partie seulement de la dette suivant le bon vouloir du créancier.

Le législateur a pensé avec raison qu'il fallait venir au secours de la caution, et ce sont des considérations d'équité qui ont inspiré la disposition de l'art. 2032 (1).

Ce texte lui accorde un recours anticipé contre le débiteur, mais quelle est au juste la portée de cette action ? La loi ne le dit pas. Il est certain que l'art. 2032 ne saurait donner à la caution un droit préférable à celui du créancier lui-même. Impossible aussi de faire figurer deux fois dans le passif d'une personne le capital d'une même

---

(D. *Rep.* V° *Assurances Terrestres,* n° 285). — Le nouveau code civil espagnol a prévu les hypothèses précédentes ; dans les art. 401 et 402 pour les Assurances contre l'Incendie, et 426 pour les Assurances sur la Vie.

(1) Voir loi 38, § 1. D. XVII. I. — *Nec tamen semper expectandum est ut solvat, aut judicio accepto condemnetur, si diu in solutione reus cessabit aut certe bona sua dessipabit.*

créance ; au nom du créancier d'abord, puis au profit de la caution. Ce serait vouloir obliger le débiteur à payer le double de ce qu'il doit. — Force est donc d'admettre que la caution s'efface toujours devant le créancier. La présence de ce dernier à la procédure de distribution ouverte sur le débiteur principal empêche l'exercice de son recours anticipé (1).

Dans les hypothèses où la caution' peut agir, elle demande, aux termes de l'art. 2032 § 2, *à être indemnisée :* expression peu précise sur le sens de laquelle les auteurs ne sont pas d'accord. Une indemnité proprement dite suppose un paiement déjà fait ou une perte éprouvée. Hors ces deux cas, la caution ne peut demander, suivant Aubry et Rau (2), que sa décharge ou des sûretés destinées à garantir l'efficacité de son recours ultérieur.

De ces sûretés la meilleure sera presque toujours une collocation éventuelle, comme l'a décidé un arrêt de Grenoble (3), ou même définitive, comme l'enseignent certains auteurs (4).

La jurisprudence a fait de nombreuses applications de ces principes à la femme, qui s'oblige solidairement avec son mari pour les affaires de la communauté ou du mari, et qui, aux termes de l'art. 1431 C. civil, est réputée caution de celui-ci (5-6).

---

(1) Paris, 2 juin 1853. D. 56, II, 145. — Douai,12 février 1891. D.93, I, 481.

(2) Aubry et Rau, IV, § 427, texte et note 27.

(3) Grenoble, 3 août 1853. D. 55, II, 70.

(4) Laurent (XXVIII, nº 253), se prononce pour la collocation définitive, la créance éventuelle de la caution devenant exigible par l'application de l'art. 1188.

(5) Cassation, 22 août 1876. S. 77. I, 54 — Limoges, 9 décembre 1889. D. 91, II, 126.

(6) Faut-il appliquer l'art. 2032 aux rapports des codébiteurs solidaires entre eux ? L'affirmative est certaine lorsque la dette a été contractée dans l'intérêt d'un seul des codébiteurs. L'art. 1216, C. civil, ne dit-il pas que les

2° *Recours du Délégataire* (1276, *C. civil*)

Delegare est vice suâ alium reum dare creditori, 2. D. XLVI, II. Lorsque le délégant est complétement déchargé, la délégation est dite parfaite. Au créancier qui a accepté l'opération de supporter la perte si le débiteur délégué devient insolvable. — Mais cette règle · n'est pas sans exception. — Le créancier garde un recours contre le délégant, dit l'art. 1276, lorsqu'il s'est expressément réservé ce droit et lorsque le délégué était déjà en faillite ou en déconfiture au moment de la délégation ; ajoutons pour être complet, *et à l'insu du délégataire*.

Les auteurs ne sont pas d'accord sur la construction juridique qui explique cette solution d'équité. (1) On peut supposer avec vraisemblance que les parties ont entendu subordonner leur convention à la condition que le délégué serait solvable. La condition ne se réalisant pas, la novation ne s'est jamais produite et l'action du délégataire contre le délégant subsiste avec tous ses accessoires.

Un autre auteur (2) voit dans la solvabilité du débiteur délégué une qualité substantielle de la créance, et annule la novation comme entachée d'erreur sur la substance.

Ces théories ingénieuses n'ont qu'un tort : celui de ne tenir aucun compte du texte de l'art. 1276. Parle-t-il de la nullité

---

relations du débiteur intéressé et des autres sont régies par les règles du cautionnement?

En dehors de cette hypothèse, nous n'étendrons pas aux débiteurs solidaires la disposition exceptionnelle de l'art. 2032. Entre eux et la caution il y a une différence capitale ; ils font toujours un acte intéressé, tandis que le cautionnement est de sa nature un contrat de bienfaisance. — *En ce sens :* Aubry et Rau, IV, § 298. — Demolombe, XXVI, n° 427. — Laurent, XVII, n° 365.

En sens contraire : Larombière, II, art. 1216, n° 3.

(1) Baudry-Lacantinerie. *Manuel*, II, n° 1094. — Colmet de Santerre, V, 224 *bis*. — Laurent. XVIII, n° 320.

(2) Pannier. *De la Déconfiture*, p. 287.

de la délégation ? — Pas du tout. — Il signale simplement l'existence d'un recours et c'est bien différent. L'ancienne action est éteinte, croyons-nous, et ne saurait revivre (1). Seulement, la déconfiture du délégué, survenue dans les conditions indiquées par l'art. 1276, donne ouverture au profit du délégataire à un recours en garantie contre le délégant. Ce dernier se trouve ainsi répondre de la solvabilité du délégué à l'époque de la novation (2).

3° *Possibilité pour les créanciers de la femme d'exercer les droits de leur débitrice* (1446 2° C. civil)

Par exception au principe de l'art. 1166, C. civil, il existe une action pécuniaire que les créanciers ne peuvent pas exercer au nom de leur débiteur : l'action en séparation de biens, appartenant à la femme lorsque sa dot est mise en péril (3).

---

(1) Aubry et Rau, IV, p. 324, texte et note 51.

(2) Il est vrai que l'art. 1694, C. civil consacre en matière de cession de créance une tout autre solution : *Le cédant*, dit cet article, *ne répond de la solvabilité du débiteur que lorsqu'il s'y est engagé.*

Ces deux solutions en apparence inconciliables peuvent l'une et l'autre se justifier. Que la délégation et la cession de créance présentent certaines analogies, nous le reconnaissons ; mais il est non moins constant que le but ordinaire de ces deux opérations est tout différent. — Personne n'ignore en effet que l'acheteur d'une créance ne la paye pas à sa valeur nominale, mais à un prix variant suivant le crédit du débiteur. Les chances d'insolvabilité ont été prises en considération : on peut dire qu'elles constituent les risques de l'opération. — Le délégataire, lui, est un créancier qui demande simplement à être payé. Peut-être pour rendre service, peut-être pour simplifier ses relations d'affaires, il a consenti à recevoir en paiement une créance de son débiteur... ce n'est pas un spéculateur. — La loi le voit d'un œil favorable et voilà pourquoi elle lui accorde un recours qu'elle refuse au cessionnaire de créance.

Il peut arriver que le cessionnaire de créance ne soit pas un spéculateur; faut-il lui accorder le recours de l'art. 1276? — Nous ne le pensons pas : l'art. 1694 ne fait pas de distinction.

(3) Aubry et Rau, V. § 516. — Baudry-Lacantinerie, III, n° 172. — Laurent, XXII, n°ˢ 202 à 207.

Intenter cette action, ce sera le plus souvent précipiter la ruine du mari, jeter la discorde entre les époux, amener la déconsidération de la famille. Le législateur n'a pas permis aux créanciers d'introduire sans le consentement de la femme des poursuites qui peuvent avoir des conséquences aussi graves. — Lorsque le mari est en état de déconfiture, la situation est bien changée; les mêmes périls ne sont plus à craindre puisque cet événement a déjà donné ouverture à la liquidation du patrimoine. Pourquoi paralyser le droit des créanciers de la femme, non plus dans l'intérêt de la famille, mais seulement pour accorder aux créanciers du mari une situation privilégiée ? — On n'en voit aucune raison. Aussi, après avoir posé le principe, l'article 1446 C. civil y apporte-t-il l'exception suivante : *Néanmoins, en cas de faillite ou de déconfiture du mari, ils peuvent exercer les droits de leur débitrice jusqu'à concurrence du montant de leurs créances.*

A lire ce texte, on pourrait croire que la séparation de biens se produit de plein droit, par le seul fait de la déconfiture du mari ; mais il est impossible de l'admettre en présence de l'art. 1443 C. civil qui exige toujours une poursuite en justice. — L'insolvabilité du mari va-t-elle au moins donner qualité aux créanciers de la femme pour intenter cette action aux lieu et place de leur débitrice ? — C'est peu probable ; l'art. 1446 1er al. disant formellement le contraire. Elle a, selon nous, des effets plus modestes ; elle leur confère le droit d'agir comme si la séparation avait été prononcée. La communauté est fictivement dissoute (1). La femme est censée avoir des droits et les créan-

_____

(1) Puisque la communauté n'est pas réellement dissoute, le mari peut-il revendiquer le droit d'usufruit appartenant à celle-ci sur les propres de la femme, de sorte que les créanciers de la femme n'en pourraient saisir que la nue-propriété ? — La question a été discutée. — La négative paraît cependant s'imposer. La déconfiture crée un conflit direct entre les créanciers du

ciers peuvent les exercer jusqu'à concurrence du montant de leurs créances. Ils seront donc recevables à faire liquider les reprises de leur débitrice comme celle-ci pourrait le faire (1); ils en poursuivront le recouvrement et obtiendront, au nom de la femme, des collocations dans les contributions et les ordres ouverts sur les biens du mari insolvable (2).

Tels sont, très rapidement énumérés, les principaux effets de la déconfiture dans notre droit. On pourrait y ajouter l'action paulienne dont il sera question au chapitre suivant, et aussi quelques déchéances de moindre importance (3). Nous ne faisons que les indiquer de peur de nous

---

mari et ceux de la femme ; il serait contraire à l'équité de permettre au mari de retenir au détriment de ces derniers des revenus que les premiers seraient autorisés à saisir.

En ce sens : Aubry et Rau. V. § 516. — Colmet de Santerre, VI, n° 95 *bis.* — Guillouard, *Contrat de mariage,* III, n° 1106. — Laurent, XXII, n° 207.

En sens contraire : Duranton, XIV, n°s 420 et 421. — Rodière et Pont, III, n° 2114.

(1) Paris, 30 juin 1853. D. 55, II, 356. — Il a été jugé, que sans attendre la renonciation de la femme, ses créanciers peuvent poursuivre hypothécairement les tiers détenteurs des conquêts aliénés par le mari.

(2) Ce qui est permis aux créanciers de la femme ne saurait être refusé à la femme elle-même. En cas de déconfiture de son mari, elle est fondée à réclamer sa collocation pour le montant de ses reprises, sauf pour les créanciers le droit d'exiger une caution, si la séparation n'est pas encore prononcée. Besançon, 20 nov. 1852. D. 53, II, 108.

(3) De certaines déchéances particulières :

1° L'art. 711, C. pr. civile, frappe le déconfit d'une incapacité spéciale « *Les avoués ne pourront enchérir pour le saisi, ni pour les personnes notoirement insolvables* ». — Il s'agit de la surenchère du sixième qui est possible dans les 8 jours suivant une adjudication sur saisie immobilière. Cette prohibition a pour but d'éviter des complications et des retards : l'insolvable ne peut pas être l'acquéreur sérieux sur lequel les créanciers sont en droit de compter. (Guillouard. *De la vente,* I, p. 148).

2° Un arrêt de Paris (6 janvier 1826, S. 26, II, 231) indique une autre conséquence de la déconfiture. — Un usufruitier a été dispensé de fournir caution. Si, au cours de l'usufruit, il devient insolvable, il peut être déclaré déchu de cette dispense, sur la poursuite du nu-propriétaire.

3° Enfin, la déconfiture d'un officier ministériel peut être une cause de

laisser distraire par les détails et de perdre de vue les parties essentielles de notre étude que nous allons maintenant aborder.

CHAPITRE TROISIÈME

Condition juridique du débiteur tombé en déconfiture

Les conséquences énumérées jusqu'ici sont communes à la faillite et à la déconfiture. A peine peut-on relever quelques légères exceptions. Il est temps de parler des différences, différences essentielles qui créent entre les deux situations un véritable abîme. L'une donne ouverture à une procédure de liquidation collective; peut-on en dire autant de l'autre?

Afin de répondre à cette question, nous étudierons dans deux sections : 1° *Les tentatives faites au début du siècle par la jurisprudence belge pour étendre à la déconfiture les effets les plus importants de la faillite ; et, 2° Les essais d'organisation collective, créations des praticiens connues sous le nom de Liquidations et Séquestres judiciaires.*

Nous verrons à quelles objections tous ces efforts de la jurisprudence et des hommes d'affaires sont venus se heurter. Ainsi apparaîtra en pleine lumière cette idée à

---

destitution : Paris, 10 novembre 1845. D. 46, IV. 157. — Elle a été considérée comme un vice caché, de nature à motiver une demande en résiliation ou en réduction du prix de l'office (1641, C. civ.), lorsque le cessionnaire avait de justes raisons d'ignorer la situation de son prédécesseur. — Caen, 31 août 1835 : S. 36, II, 478. — Cassation, 2 août 1847. S. 47, I, 705. — Lyon, 2 mai 1849. S. 50, II, 512. — Nancy, 24 mai 1861. S. 61, II, 622. — Rennes, 7 mars 1887. *Gaz. Pal.*, 87, II. *Suppl.* 1. — Bordeaux, 12 février 1894. S. 95, II, 97. — Ch. Req., 4 novembre 1895. P. F., 96, I, 284.

laquelle nous avons déjà fait allusion et que nous pouvons
formuler ici : la déconfiture n'apporte aucune restriction
au droit de disposition et d'administration du débiteur et
laisse à chaque créancier la faculté d'exercer individuellement des poursuites. Elle ne peut donc pas se résoudre par
une procédure collective, car comment comprendre une
organisation collective qui puisse s'accorder avec ces deux
principes ?

SECTION 1. — JURISPRUDENCE BELGE

La déconfiture, disons-nous, n'enlève pas au débiteur la
faculté de disposer de ses biens. Cette proposition n'a pas
toujours été admise. On peut voir, par exemple, dans un
procès pendant à la Cour de Rennes en 1812, les créanciers
d'un insolvable réclamer la nullité d'une vente que celui-ci
a consentie et d'une obligation hypothécaire par lui souscrite, sous prétexte qu'il était alors en état de déconfiture
et *par conséquent incapable de contracter* (1). La Cour de
Rennes, il est vrai, ne se prononça pas sur ce point parce
que la déconfiture ne lui parut pas établie ; mais la question avait été tranchée l'année précédente par la Cour de
Bruxelles. Dans un arrêt célèbre du 23 mars 1811 (2),
elle annulait un transport de créance consenti par un
débiteur déconfit. D'autres décisions consacrèrent des
applications des mêmes principes (3). La déconfiture, à
l'instar de la faillite, entraînait, aux yeux de la Cour, le
dessaisissement de l'insolvable.

Pour justifier cette solution, la jurisprudence belge se
fondait sur les dangers que laissait courir aux créanciers

---

(1) Rennes, 24 mars 1812. D. *Rép.* Vº *Obligations.* nº 398. — S. 1812,
II, 313.

(2) Bruxelles, 23 mars 1811. S. 1811, II, 280. — D. 12, II, 54.

(3) Bruxelles, 17 février 1810. D. *Rép.* Vᵉ *Privilège*, nᵒ 1428. — S. 10,
II, 235.

le défaut d'organisation de l'insolvabilité civile. Puis, argumentant de la non-reproduction dans nos codes des articles 179 et suivants de la Coutume de Paris ; invoquant les textes qui mettent sur la même ligne la faillite et la déconfiture (1) et ceux qu'on étend à la seconde, bien qu'ils parlent seulement de la première (2), elle concluait que la faillite était dans notre législation une situation générale dont les dispositions s'appliquaient aux non-commerçants. Elle rappelait enfin la confusion faite à ce sujet par l'ordonnance de 1673 et ses commentateurs, confusion encore apparente dans le rapport de Treilhard, lors des travaux préparatoires de l'article 1188 (3).

Combattue dès son apparition dans une savante dissertation de Fournier-Verneuil (4), cette jurisprudence ne fut jamais suivie par les tribunaux français. Elle fut même bientôt abandonnée par les cours de Belgique.

Sans entrer dans des discussions de détail, aujourd'hui dépourvues d'intérêt, nous ne pouvons passer sous silence la grave objection qui s'élève contre cette solution et qui, à elle seule, suffit à la faire rejeter. — Tout le monde reconnaît que les dispositions du code de commerce modifient profondément et les droits des créanciers et ceux du débiteur ; elles paralysent l'action des premiers ; elles dessaisissent le second. — Peut-on, par des arguments plus ou moins solides ou même sur la foi du rapport de Treilhard, étendre à la déconfiture ces effets exceptionnels de la faillite ? — Les règles de l'interprétation juridique s'y opposent formellement. Un texte serait nécessaire pour permettre une pareille extension.

---

(1) Voir articles 1276, 1613, 1913, 2032, C. civil.
(2) Art. 1188, C. civil — et à l'inverse, 1865 4° et 2003, C. civil.
(3) Treilhard. Locré *Leg. civile*, II, p. 161 et 162.
(4) Fournier-Verneuil. *Dissertation* de 12 colonnes dans Sirey. 1811, II, 273.

Telle est la doctrine expressément formulée dans un arrêt de la Cour de Bordeaux du 17 août 1848 (1). *Nul*, lit-on dans les considérants, *ne peut être dessaisi de l'administration de ses biens qu'en vertu d'une disposition formelle de la loi; l'article 443 C. commerce, uniquement relatif au commerçant failli, ne saurait, s'étendre à l'individu non-commerçant qui est tombé en déconfiture.* »

Ces principes, déjà admis par la cour de cassation confirmant un arrêt de Pau du 12 avril 1832 (2), ne font plus l'objet d'aucune discussion. Il n'existe pas de texte qui vienne restreindre soit la capacité du déconfit, soit les droits de ce dernier sur son patrimoine. Il peut donc toujours se réclamer de l'article 537 C. civil, qui accorde à tout propriétaire la libre disposition de ses biens (3). Ainsi et seulement à titre d'exemples, il peut payer (4) ; il peut recevoir paiement et se voir opposer la compensation (5). Aucun principe ne l'empêche de transiger (6), de disposer à titre gratuit ou onéreux des biens qui lui appartiennent (7), de les donner en paiement et même d'en faire abandon à l'un de ses créanciers (8). — Enfin — et pour

---

(1) Bordeaux, 17 août 1848. D. 49, II, 61. S. 49, II, 46.

(2) Pau, 12 avril 1832, sous Cassation, 26 février 1834. S. 35, I, 222.

(3) « Personne ne peut être dessaisi, dit Laurent, XVI n° 61, de l'adminis-
« tion de ses biens qu'en vertu de la loi, car le droit d'administrer ainsi que
« le droit de jouir et de disposer sont un attribut de la propriété et le pro-
« priétaire conserve tous ses droits tant qu'ils ne lui ont pas été enlevés en
« vertu d'une loi. Or, aucune loi ne permet aux créanciers de demander et
« aux juges de prononcer le dessaisissement d'un débiteur non-commer-
« çant ». — En ce sens, tous les auteurs, en particulier Aubry et Rau : VI,
§ 580, texte et notes 4 à 7.

(4) Lyon, 23 février 1869. D. 69, II, 224.

(5) Aubry et Rau, IV, § 326, texte et notes 16 et 17. — Paris, 17 nov. 1881.
J. des faillites, 1882, p. 40.

(6) Guillouard. *Traité du Cautionnement et de la Transaction.* Transaction,
n° 57.

(7) Cassation, 3 mars 1869. D. 69, I, 200.

(8) Caen, 24 juillet 1857. D. 58, II, 12.

ne parler que des opérations les plus fréquentes — rien
ne s'oppose à ce qu'il contracte de nouvelles dettes, à ce
qu'il donne des sûretés particulières ou consente des hypothèques (1).

Le débiteur déconfit reste donc à la tête de son patrimoine.
libre, en principe, de l'administrer et d'en disposer comme
il l'entend (2). — Que cette liberté soit dangereuse pour les
créanciers, on le comprend facilement. Ceux-ci demeurent,
il est vrai, armés de leur droit de poursuite (3); mais
comment pourront-ils se protéger ? — de quels moyens de
contrainte devront-ils user ?

Ils peuvent d'abord pratiquer des saisies, et si ces voies
de rigueur n'opèrent pas l'expropriation, elles la préparent
en plaçant les biens du débiteur sous l'autorité de justice
et en empêchant leur disparition (4). Elles restreignent les

---

(1) Aubry et Rau, III, § 266, texte et note 33. « Le débiteur non-commerçant qui se trouve au-dessous de ses affaires ou qui est tombé en état de
déconfiture, n'est pas pour cela privé de la faculté d'hypothéquer ses immeubles au profit soit de créanciers nouveaux, soit de créanciers anciens. »
Quant à l'efficacité des inscriptions, les dispositions exceptionnelles des
articles 448 C. com. et 2146 C. civil sont spéciales à la faillite et ne sauraient
être étendues à la déconfiture d'un débiteur non-commerçant. (Aubry et Rau,
III, § 272, texte et note 26, et les arrêts cités à cette note.)

(2) En ce sens, outre les arrêts déjà cités : Cassation, 17 janvier 1855.
S. 55, I, 97. D. 55, 2, 11. — Tribunal Lyon, 14 mai 1884. Gaz. Pal. 84, II,
Suppl. 216. — Dunkerque, 29 janvier 1885. Gaz. Pal. 85, II. Suppl. 123. —
Trib. Seine, 5 février 1890. Le Droit du 6 février 1890. — Trib. commerce
Seine, 14 décembre 1891. Gaz. Pal. 92, I, 407.

(3) En ce sens, les mêmes arrêts ou jugements... Adde, Amiens, 22 février
1884. Gaz. Pal., 84, II. Suppl. 55.

(4) Nous avons divers articles. Ainsi pour la saisie-exécution, l'art. 400
C. pénal, édicte des peines contre le débiteur qui aura détruit ou détourné
des objets saisis sur lui et confiés à sa garde ou à celle d'un tiers.

De même, après une saisie-arrêt formée, le titulaire de la créance ne peut
en recevoir le paiement, ni la céder. La sanction est ici l'obligation, pour le
tiers saisi, de payer une seconde fois, ou, pour le cessionnaire, de se voir
préférer le saisissant.

Enfin, au cours d'une saisie immobilière, le propriétaire de l'immeuble
saisi ne peut le donner à bail à partir du commandement et il ne peut
l'aliéner dès que la saisie a été transcrite (684 et 686, C. pr. civile).

pouvoirs du saisi sur les biens qu'elles frappent, et entraî-
nent ainsi comme une sorte de dessaisissement (1).

Voilà une première garantie pour les créanciers; ils en
ont une autre : l'action paulienne, qui leur permet de faire
révoquer les actes de leur débiteur, lorsque ces actes leur
préjudicient et qu'ils ont été faits en fraude de leurs droits.

Prouver le préjudice sera chose facile. La déconfiture
reconnue, il est bien évident que tout acte qui diminue le
patrimoine du débiteur cause une perte aux créanciers (2).

Reste la fraude. — S'agit-il d'une disposition à titre
gratuit, la mauvaise foi du débiteur suffit ; elle résulte de la
connaissance qu'il a de son état de déconfiture. — L'acte
attaqué est-il au contraire à titre onéreux ; la fraude de
l'insolvable est constante, mais il faut prouver en outre la
complicité du tiers qui a traité avec lui. Comment administrer cette preuve ? — Le tiers peut-il être considéré
comme complice de la fraude, par cela seul qu'il n'ignorait
pas la situation de celui avec lequel il traitait ? — La Cour
de cassation ne l'a pas pensé (3). Dans un arrêt du 3 mars

---

(1) Les restrictions apportées par les saisies aux pouvoirs du débiteur sont
analogues au dessaisissement résultant d'un jugement déclaratif de faillite. Il
faut remarquer cependant que l'incapacité du saisi n'a trait qu'aux actes
énumérés par la loi ; elle est seulement partielle. Enfin elle ne profite qu'aux
saisissants : les actes faits en fraude des dispositions rapportées à la note
précédente, sont nuls seulement à leur égard. A peine est-il besoin de rappeler que le dessaisissement du failli présente des caractères tout différents :
il s'applique à tous les actes passés par le débiteur, et la nullité qui en
résulte peut être invoquée par tout intéressé. C'est une mesure de protection
beaucoup plus efficace.

(2) Colmar, 25 février 1857. D. 57, II, 88.

(3) Cassation, 3 mars 1869. D. 69, I, 200. — Dans le même sens s'étaient
déjà prononcées les cours de la Réunion, 28 mai 1853. D. 58, I, 414, et de
Caen, 24 juillet 1857. D. 58, II, 12.

Quelques décisions avaient paru un moment admettre le contraire. —
Colmar, 6 août 1851. D. 55, II, 258, et Cass. Req., 6 mai 1857. D. 57, I, 299.
« Les actes à titre onéreux faits par un débiteur en fraude de ses créanciers,
ne peuvent être annulés en vertu de l'art. 1167, qu'autant que les tiers avec

1869, elle pose en principe *que le non-commerçant en décon·
fiture n'étant pas dessaisi de ses biens, a le droit de payer l'un
de ses créanciers de préférence aux autres ou de lui conférer
une hypothèque.* Et elle ajoute que *par suite de l'absence de
fraude, ce paiement et cette hypothèque sont valables alors
même que le créancier aurait eu connaissance de l'insolvabilité du débiteur.*

Pour constituer la complicité du tiers contractant, il
faut nécessairement de sa part un acte frauduleux. Il en
résulte une conséquence très importante : les paiements
faits par le déconfit à l'un de ses créanciers sont inattaquables (1). Celui qui se fait payer, commet-il en effet ou
bien s'associe-t-il à un acte de fraude? on ne saurait le
soutenir. *Neminem lœdit qui suo jure utitur !* Plus diligent,
plus sévère peut-être que les autres, il exige le paiement de
sa créance : c'est bien son droit. Nous en dirons autant et
pour les mêmes raisons du créancier qui se fait accorder
des garanties (2).

La fraude apparaît et l'art. 1167 peut s'appliquer lorsque
la créance ainsi payée ou garantie n'existe pas ; ou bien
lorsque la chose donnée en paiement n'a pas été comptée
à sa juste valeur. Elle résultera aussi (3) de manœuvres

---

lesquels ils ont eu lieu, ont concouru à la fraude. — Et ces derniers, ajoute
l'arrêt de 1857, sont réputés y avoir concouru par cela seul qu'ils avaient
connaissance de l'insolvabilité du débiteur, et par suite, du dommage qui
résulterait pour les créanciers des actes passés entre eux et le débiteur. »
Ces décisions n'ont pas fait jurisprudence.

(1) Laurent, XVI, n° 480.

(2) Ce que nous venons de dire s'applique aussi aux nouvelles dettes
« que contracte l'insolvable. Tous ces actes sont valables si le débiteur est
« de bonne foi; il se peut très bien qu'il soit de bonne foi, si, par exemple,
« il espère rétablir ses affaires moyennant un emprunt qu'il contracte. Si
« l'insolvabilité continue et que les créanciers en viennent à saisir les biens,
« ils ne pourront pas attaquer comme frauduleux des actes faits sans fraude
« aucune. » Laurent, XVI, n° 482.

(3) Cassation, 12 février 1849. D. 49, I, 127. — Il s'agissait d'un
débiteur obéré qui était poursuivi par ses créanciers. Il sollicita et obtint

dolosives dont le tiers a eu ou pu avoir connaissance.
. Ce sera, dans tous les cas, aux créanciers d'établir que
les conditions d'exercice de l'action paulienne se trouvent
réunies. Les difficultés de cette preuve les mettront souvent
dans l'impossibilité de faire révoquer un acte préjudiciable
pour eux. Ne pourraient-ils pas, afin d'obtenir une protection plus efficace, invoquer les nullités du Code de
commerce ? — La négative est certaine (1). On ne doit pas
étendre hors des cas prévus par la loi ces dispositions
exceptionnelles.

SECTION 2. — LIQUIDATIONS ET SÉQUESTRES JUDICIAIRES

Voici quelle était la procédure, créée sans doute par les
praticiens pour suppléer au défaut d'organisation de
l'insolvabilité, et consacrée vers le milieu du siècle par
certaines cours d'appel (2).

Lorsqu'un débiteur était au-dessous de ses affaires, il
pouvait convoquer ses créanciers devant le président du
tribunal statuant en référé, ou y être assigné par eux. A la
requête de l'insolvable ou sur la demande des créanciers,

---

une remise de cause, et profita de ce délai pour conférer à l'un de ses
créanciers, son parent, une hypothèque sur tous ses biens. Le créancier
ainsi avantagé avait connaissance de ces manœuvres. Ce fait suffit à établir
sa mauvaise foi et la Cour annula la constitution d'hypothèque.

(1) *En ce sens* : Aubry et Rau, VI, § 580, texte et note 6. — Fournier-Verneuil. *Dissertation*. S. 1811, II, 273. — Laurent, XVI, n⁰ˢ 61, 480 et 482.
— Locré. *Esprit du Code de com.*, t. III, p. 2.

Paris, 21 mars 1810. S., 7ᵉ vol., II, 974. — Montpellier, 3 mai 1841.
S., 41, II, 532. — Cass., 12 février 1849,' déjà cité. — Caen, 24 juillet 1857.
D., 58, II, 12. — Trib. Lyon, 29 juillet 1871. *Mon. judiciaire de Lyon*,
14 octobre 1871. — Trib. Seine, 5 février 1889. *La loi* du 8 février 1889.
Trib. civ. Rennes, 13 août 1891. D., 93, II, 240.

(2) Charmont. *Rev. crit.*, 1891, p. 79 et suiv. — Garraud : *J. des Faillites*,
1882, p. 149 et suiv. et *De la Déconfiture*, p. 218 et suiv. — Guillouard :
Du prêt, du dépôt et du séquestre, p. 476. — Laurent, XVI, n⁰ 480. — Sargnon : *Du séquestre dans la pratique judiciaire* (Thèse 1899). — Valette :
Rev. Dr. fr. et étr., 1849, p. 923. — Vigié : *Droit civil*, II, 126.

le président nommait un séquestre dont il délimitait les pouvoirs (1). Dans une ordonnance du 21 août 1852, le président du tribunal civil de Lyon (2) *nomme Me D...,* *séquestre judiciaire des biens du sieur X..., toutes poursuites* *individuelles demeurant suspendues, à l'effet de recouvrer,* *dans l'intérêt de tous , les différentes créances ci-dessus* *énoncées... et d'en faire la répartition entre les créanciers au* *fur et à mesure du recouvrement...; autorise Me D..., séquestre,* *à faire et exercer en son nom toutes poursuites nécessaires;* *passer toutes quittances et décharges, donner tous mandats et* *procurations, entendre, débattre, clore et arrêter tous comptes,* *et, faire en un mot et dans la plus grande latitude, ce que le* *débiteur aurait pu faire pour le recouvrement de son actif,* *ordonner qu'il sera fait une répartition toutes les fois que les* *sommes en caisse atteindront le chiffre de 4.000 fr... (3).*

En exécution de ce mandat, le liquidateur — ordinairement un avoué — publiait dans les journaux d'annonces judiciaires des avis ainsi conçus (4). *Les créanciers de X...,* *sont invités à produire leurs titres de créance dans la quin-* *zaine du présent, entre les mains de Me D..., avoué, séquestre.*

---

(1) La même mesure pouvait être prise par le tribunal.

(2) Ordonnance du 21 août 1852. Confirmée par arrêt Lyon 26 mai 1853. Sous Cassation, D. 55, I, 11. S., 55, I, 102.

(3) L'ordonnance de Lyon fut rendue à la requête de l'insolvable. Dans un jugement du Tr. de Saint-Etienne du 22 janvier 1873, rendu sur la demande des créanciers, les effets de la nomination d'un séquestre judiciaire sont exposés à peu près dans les mêmes termes : *Attendu que le séquestre judiciaire* *représente la masse des créanciers et le débiteur ; qu'il est chargé de gérer et* *d'administrer ; qu'il ne lui serait pas possible de remplir cette mission, si, par* *suite des saisies de la part des créanciers, les ressources nécessaires pour faire* *face aux dépenses obligatoires et urgentes lui étaient refusées ; que la consé-* *quence forcée de la saisie serait d'annihiler la mission du séquestre judiciaire en* *lui refusant les moyens d'administrer.* — La nomination du séquestre entraîne donc dessaisissement du débiteur et suspension du droit de poursuite des créanciers. D., 1875, II, 149.

(4) Formule reproduite par Garraud, *op. cit.*, p. 220.

— Passé ce délai, les créanciers qui ne se seront pas conformés à l'avis seront forclos.

Suivait la liquidation du patrimoine.

Ce procédé avait d'autres cas d'application ; il intervenait pour réaliser une succession vacante ou bénéficiaire et souvent aussi pour éviter à un commerçant malheureux les rigueurs de la faillite. Son utilité a disparu pour ces derniers depuis la loi du 4 mars 1889 ; mais elle subsiste entière dans l'hypothèse d'une déconfiture. — Après en avoir indiqué les effets et les avantages, nous en rechercherons la légalité. Nous nous demanderons enfin s'il n'est jamais possible de faire nommer un séquestre au patrimoine d'un insolvable.

Les formules rapportées plus haut indiquent nettement les conséquences de la nomination d'un liquidateur. Le débiteur est déchu du droit d'administration et de disposition qu'il avait sur ses biens ; c'est en simple spectateur qu'il assistera désormais à la liquidation... Les créanciers n'auront pas un rôle plus actif. Privés de leur droit de poursuite individuelle, ils ont seulement à se faire connaître et à attendre le résultat des opérations. Que décider s'ils négligent de produire dans les délais ? Seront-ils déclarés forclos ? — Nous ne le pensons pas. Cette sanction, contenue dans l'avis du séquestre, est trop arbitraire pour être opposée à un créancier récalcitrant ; elle est trop sévère pour être autre chose qu'une simple menace. — Reste le liquidateur. Plus puissant qu'un syndic de faillite, c'est lui qui dirige toute la procédure. Il réalise l'actif et vérifie les créances : il fixe le dividende et répartit les deniers entre les ayants-droit.

Malgré cette véritable omnipotence des séquestres, on s'est rarement plaint de leur administration. C'étaient, avons-nous dit, des avoués, et l'honorabilité de ces officiers ministériels était une première garantie. De plus le contrôle éclairé des Chambres de discipline assurait à ces liquidations des avantages reconnus par tous les auteurs (1). —

(1) La Chambre des Avoués de 1re instance du tribunal civil de Lyon établit le 29 juin 1878 un *Règlement pour les Séquestres et les Administrations provisoires*, qui, au dire d'un bon juge, M. Garraud, « est une *des meilleures réglementations pratiques de la déconfiture* ». — Pour donner une idée précise de la nature et du fonctionnement de ces séquestres, nous ne pouvons mieux faire que de reproduire le règlement de Lyon, du 15 juin 1892, qui a remplacé celui que M. Garraud appréciait si élogieusement. (*De la D.*, p. 232, note).

Art. 1er. — Tout avoué chargé d'un séquestre devra en faire la déclaration au secrétariat de la Chambre, dans les 10 jours à dater de l'ordonnance, du jugement ou de l'arrêt qui lui aura confié cette mission.

Art. 2. — Cette déclaration sera consignée sur un registre spécial et signée par l'avoué déclarant : elle indiquera les nom, profession et demeure du débiteur séquestré, ainsi que la nature des biens et valeurs mis sous séquestre.

Art. 3. — Avant de demander qu'un débiteur soit mis sous séquestre, chaque avoué sera tenu de consulter le registre prescrit par l'art. 1er ci-dessus, et de s'assurer aussi qu'aucune décision antérieure n'a été rendue dans le même but et il devra l'énoncer dans la requête présentée ou dans le placet d'audience.

Art. 4. — Dans toute décision judiciaire nommant un avoué séquestre, il sera inséré la disposition suivante :

« Disons que toutes sommes ou valeurs ne pourront être touchées ou retirées que sur récépissé donné collectivement par le séquestre et par le caissier de la Chambre, et que, dans les 24 heures, les sommes seront déposées au nom de la Chambre, à la Caisse des consignations, d'où elles ne seront retirées que sur mandats signés par l'avoué séquestre et par l'avoué président de la Chambre ;

Que toutes les valeurs industrielles seront déposées, au nom de la Chambre, — ou à la Banque de France, ou dans un établissement de crédit, d'où elles ne pourront être retirées que sur récépissé donné par l'avoué séquestre et l'avoué président.

L'avoué séquestre sera tenu de consigner, dans la huitaine, en personne et conjointement avec le préposé au secrétariat, toutes les sommes encaissées lorsqu'elles dépasseront 2.000 fr.

Les récépissés de la Trésorerie seront délivrés en double : l'un restera au séquestre, l'autre au secrétariat de la Chambre.

Les dépôts de titres devront être faits à la Banque de France, et l'avoué séquestre devra remettre le certificat de dépôt au trésorier qui lui en délivrera reçu.

Un compte-courant sera ouvert, à la Chambre, à chaque séquestre : ce compte mentionnera tous les mouvements du séquestre, en indiquant, en toutes lettres, les sommes reçues, leur date, les nom et adresse du débiteur,

Convoqués à une procédure collective, les créanciers y

---

la date des versements ou des dépôts, et le numéro du récépissé de la Caisse des consignations ou du dépositaire des valeurs.

Par exception, et dans le cas où les sommes ou valeurs recouvrées sont en état d'être immédiatement remises ou distribuées aux ayants-droit, la Chambre, sous sa responsabilité et par une délibération motivée, peut dispenser le séquestre de la consignation, à charge par lui d'effectuer la distribution sur-le-champ.

ART. 5. — Toute production pour frais ou honoraires dus à des avoués, notaires, huissiers, ou autres officiers ministériels, aux experts, gardiens et mandataires légaux, devra être accompagnée d'une justification de la taxe faite par le magistrat compétent : il en sera de même pour les productions, au nom des créanciers ayant à répéter le remboursement de frais ou honoraires payés par eux à ces officiers ministériels, aux experts, gardiens ou mandataires légaux.

ART. 6. — La répartition devra être effectuée dans le délai imparti par la décision judiciaire nommant le séquestre, et en tous cas dans le mois, à partir du jour où les valeurs séquestrées auront toutes été réalisées. Mais elle sera toujours précédée de 2 insertions, faites de quinzaine en quinzaine dans 2 journaux de Lyon (*Le Salut Public et le Moniteur Judiciaire*), pour les séquestres au-dessus de 5.000 fr. et d'une seule publication dans les mêmes journaux pour les séquestres au-dessous de 5.000 fr. — La distribution ne pourra avoir lieu que quinze jours après la dernière publication ou après la publication, quand il n'y en aura eu qu'une seule.

Si une partie seulement desdites valeurs a pu être réalisée, et si l'encaissement du surplus doit éprouver des retards, il sera procédé à la répartition des sommes recouvrées et le surplus sera distribué dès que la réalisation aura pu en être opérée.

ART. 7. — Avant de procéder à une répartition partielle ou définitive, le séquestre devra déposer au secrétariat de la Chambre son projet de répartition, avec les pièces à l'appui et les notes de frais privilégiés revenant à lui ou à ses confrères.

Il devra à ce moment remettre à la Chambre la part d'honoraires lui revenant conformément à l'art. 11.

La Chambre examinera ce projet et veillera notamment :

1° A ce qu'aucune note de frais d'avoué, de notaire, d'huissier, d'expert, etc., ne soit admise sans que le magistrat compétent en ait fait la taxe.

2° A ce qu'aucune créance ne soit admise en privilège sans que le titre sur lequel elle repose n'ait été contrôlé par elle et revêtu de son *visa*.

3° A ce qu'aucune créance non fondée en titre, telle que les frais de dernière maladie, les gages ou salaires, les loyers sans baux, etc., ne soit admise en privilège sans que le droit du créancier et le chiffre réclamé aient été vérifiés et approuvés par elle.

Après ces vérifications les notes de frais privilégiés revenant au séquestre

trouvaient une sécurité dont ils sont privés dans le système

---

ou à ses confrères, seront taxées par la Chambre des Avoués, et si on le requiert, par M. le Président du Tribunal, ou tout autre magistrat compétent ; remise sera faite au séquestre de son projet, de ces taxes et du compte courant des sommes déposées à la Chambre ; il arrêtera ses calculs et remettra au secrétariat un double de son travail définitif de répartition avec des mandats signés de lui, dont un pour ses frais et honoraires taxés, mandats représentant toutes les sommes à payer.

Ces mandats seront revêtus du sceau de la Chambre, signés par l'avoué président; le double du travail définitif sera revêtu du sceau de la Chambre, le projet et les mandats seront remis au séquestre, qui paiera ainsi chaque créancier contre son double émargement.

ART. 8. — Trois mois après la délivrance de ces mandats, le séquestre devra déclarer ceux qui n'auraient pas été retirés de ses mains, malgré une lettre d'avis adressée aux créanciers.

Il remettra alors au secrétariat les mandats non retirés ou les dividendes non touchés avec le double de son état déjà visé et émargé par les créanciers. Il devra remettre en même temps au trésorier un état en double indiquant le nom du séquestre, les noms des créanciers non payés et le montant de leurs dividendes. Le double restant au séquestre, sera visé par le trésorier.

Le secrétaire balancera sur ses livres le compte du séquestre, en relatant vis-à-vis le nom de chaque créancier, les paiements effectués ou ceux non réalisés et la réception des mandats non retirés par eux.

Le montant de ces mandats sera encaissé par la Chambre, sauf à elle à faire face aux justes réclamations quand elles se produiront, ou versé par elle à la Caisse des consignations.

ART. 9. — La Chambre pourra déléguer un ou plusieurs de ses membres pour vérifier et surveiller les opérations de caisse, ainsi que les projets de répartition, et taxer les états de frais.

ART. 10. — Chaque avoué sera tenu de présenter tous les six mois, soit à la Chambre, soit à M. le Président du tribunal, un tableau général de tous les séquestres dont il restait chargé au commencement du semestre et de tous ceux qui lui ont été confiés depuis lors : ce tableau indiquera la situation de chacun d'eux.

Tous les mois la Chambre adressera à M. le Président du Tribunal :

1° Un relevé de tous les séquestres qui n'auraient pas été terminés dans le délai fixé par le jugement ou par l'ordonnance de nomination ;

2° Un rapport spécial à chaque séquestre sur les causes du retard et sur la convenance de proroger les pouvoirs de l'avoué.

ART. 11. — Pour faire face aux frais nouveaux que doit entraîner cette organisation, il sera prélevé, au profit de la Chambre, lors de la délivrance des mandats un vingtième sur les honoraires de chaque séquestre.

ART. 12. — Pour assurer l'exécution du présent règlement, la Chambre

actuel. Ils bénéficiaient en outre d'une économie considérable de frais (1), économie dont le débiteur lui-même
pouvait être appelé à profiter.

A ne considérer que l'utilité, cette procédure devrait
rallier tous les suffrages ; mais cette organisation si manifestement avantageuse est-elle légale ?

Comprenons bien la question. Elle ne se pose pas lorsque
créanciers et débiteur sont d'accord. Là comme partout où
l'ordre public n'est pas en cause la volonté des parties est
toute-puissante (2). Elle apparaît lorsqu'ils n'ont pas réussi
à s'entendre. Le débiteur peut-il imposer cette procédure
collective à des créanciers qui s'y refusent ? — et inversement, un créancier a-t-il le droit de la demander contre un
débiteur qui n'est pas consentant ? — Ils le peuvent, si la
procédure est légale ; ils ne le peuvent pas, en cas contraire.

Après les explications que nous avons données dans la
première partie de ce chapitre, la réponse ne saurait être
douteuse. — Les deux effets les plus nets de cette procédure ne sont-ils pas de dessaisir le débiteur et de paralyser
l'action des créanciers ? résultats admis dans la faillite,
mais qu'on ne peut introduire dans la déconfiture sans se
heurter aux mêmes raisons qui nous ont déjà fait rejeter
la doctrine de la Cour de Bruxelles. — Les liquidations
judiciaires doivent être déclarées illégales (3).

---

prendra toutes les mesures d'ordre intérieur qu'elle jugera nécessaires, sans
préjudice des peines disciplinaires.

Art. 13. — Les dispositions du présent règlement s'appliqueront aux administrations provisoires.

Elles recevront leur exécution à compter du 15 juillet 1892.

(1) Les économies provenaient de ce qu'elle évitait des droits d'enregistre_
ment et de ce qu'elle rendait impossibles les poursuites individuelles.

(2) Article 1134, C. civil.

(3) Elles portent atteinte aux droits que l'art. 537 C. civil reconnaît à tout
propriétaire, et mettent obstacle à l'exercice de l'action appartenant à tout
créancier dès que son droit est exigible. — On pourrait dire aussi qu'elles
violent les art. 656, 657 et 658 C. pr. civile, en substituant à la Distribution

Tels sont les principes que la Cour de cassation a toujours fermement maintenus (1). — Certaines cours d'appel avaient admis une solution contraire (2). Voyons par quelles considérations elles la justifiaient ; c'est une des créations les plus originales et aussi les plus fragiles de la jurisprudence ; elle est connue sous le nom de théorie du séquestre liquidateur.

L'article 1961, § 2, C. civil, permet à la justice d'ordonner le séquestre *d'un immeuble ou d'une chose mobilière dont la possession ou la propriété est litigieuse entre deux ou plusieurs personnes*. La jurisprudence donne à ce texte une interprétation extensive (3); à la chose litigieuse elle assimile l'objet donné en gage. Ce premier point admis, la Cour de Lyon observe que le patrimoine de l'insolvable est affecté à la garantie de ses obligations ; il est le gage de ses créanciers. Elle décide en conséquence, dans son arrêt du 26 mai 1853, qu'un séquestre peut être nommé à la totalité des biens d'une personne si cette mesure est nécessaire à la conservation des droits des créanciers.

Mais quelle va être la mission de ce séquestre? que devra-t-il faire? — Il devra d'abord surveiller les biens dont il a le dépôt, puis administrer, et administrer dans

---

par contribution telle qu'elle est réglée dans ces articles, une organisation particulière. — Tr. civil Seine, 26 mai 1883. *Gaz. Pal.* 83, II, 211.

(1) Quatre arrêts de la Cour de Cass. particulièrement formels : 17 janvier 1855. D. 55, I, 11. S., 55, I, 97. — Cass., 10 juillet 1876. D., 76, I, 313. S., 76, I, 405. — Cass., 14 nov. 1883. — S., 85, I, 423. — Cass., 13 novembre 1889. — D., 90, I, 8. S., 90, I, 34. *P. F.*, 90, I, 134.

(2) Lyon, 26 mai 1853, déjà cité. — Douai, 3 déc. 1867. S,, 68, II, 35. — Lyon, 27 mars 1873. D. 75, II, 149. — Nancy, 26 février 1876, sous-cass., 1876, *loc. cit.* — Angers, 11 janvier 1886, sous-cass., *loc. cit.*

Cette jurisprudence est approuvée par de nombreux auteurs : Baudry-Lacantinerie : *Société, prêt et dépôt*, n° 1269. — Colmet de Santerre, VIII, 172 *bis*. — Guillouard : *Du dépôt*, n° 175. — Laurent, XXVII. n° 172.

(3) Les arrêts cités à la note précédente : *Adde.* Paris, 15 avril 1885. S. 87, II, 183, et Nancy, 31 octobre 1885. S. 86, II, 239.

l'intérêt des créanciers. — L'intérêt de ces derniers étant
d'arriver à une liquidation, par la force des choses, le
séquestre devient liquidateur (1).

Cette argumentation, nous l'avons déjà dit, n'a pas
trouvé grâce devant la Cour suprême (2). Elle y voit deux
vices essentiels. Le premier est de méconnaitre les droits
des créanciers et ceux du débiteur. Le second, d'altérer la
nature et le caractère du séquestre. Celui-ci est un dépositaire ; comment comprendre qu'il puisse se transformer en
liquidateur ? — Il est chargé de conserver et de rendre ;
peut-on concevoir qu'il reçoive en même temps la mission
de réaliser et de distribuer ? — Ce sont des attributions
incompatibles.

M. Garraud, qui s'est, l'un des premiers, occupé de cette
jurisprudence, a proposé de fonder ces pratiques sur les
principes de la cession de biens judiciaire (3).

L'article 1268 C. civil autorise le débiteur malheureux
et de bonne foi à faire abandon de tous ses biens afin
d'échapper à la contrainte par corps. — Ce bénéfice a
perdu sa principale utilité depuis la loi du 22 juillet 1867.
On ne peut pas dire cependant qu'aujourd'hui l'insolvable
n'ait plus aucun intérêt à s'en prévaloir ; il évitera toujours
ainsi la plus grande partie des frais entraînés par la
multiplicité des poursuites. La cession de biens judiciaire
est donc encore possible ; elle autorise l'ouverture d'une

---

(1) Garraud, *op. cit.*, p. 224. — Trib. Seine, 26 mai 1883. *Gaz. Pal.*, 83, II,
211 (2ᵉ partie).

(2) Voir aussi dans le même sens : Trib. civil, Lyon, 11 janvier 1884.
Gaz. Pal., 84, II, *Suppl.* 14. — Amiens, 22 février 1884. *Gaz. Pal.* 84, II. *Suppl.*,
55. — Poitiers, 20 juillet 1892. *Gaz. des Tribunaux* du 20 août 1892. — « *On
peut nommer un séquestre au patrimoine*, dit ce dernier arrêt, *ni étendre à la
déconfiture les règles de la faillite.* » Trib. Orthez, 21 février 1893, dans *la Loi*
du 28 mars 1893. Voir enfin pour une succession. Lyon, 27 mars 1893.
D. 94, II, 60.

(3) Garraud. *J. des Faillites*, 1882, p. 149.

liquidation collective, mais seulement lorsque le débiteur en fait la demande.

Les tribunaux ne se sont pas prononcés sur la valeur de ce raisonnement ingénieux. A notre avis, il tombe devant une objection bien souvent formulée déjà : pas de déchéance sans texte. Il en faudrait un pour priver les créanciers de la faculté de poursuivre individuellement leur débiteur... On invoque, il est vrai, la disposition de l'art. 1268 C. civil, mais elle est tout exceptionnelle, cette faveur accordée à l'insolvable. Elle ne s'explique que par le désir d'éviter la prison au débiteur contraignable par corps : ce serait faire la loi que de lui donner une autre portée.

Dans l'état actuel de nos lois, aucun principe ne peut autoriser, pour une insolvabilité civile, l'ouverture d'une liquidation judiciaire avec ses deux effets essentiels : suspension des poursuites individuelles des créanciers et dessaisissement du débiteur. — Est-ce à dire cependant que la nomination d'un liquidateur ne soit jamais possible? — Non; elle le sera toutes les fois qu'elle ne portera atteinte ni aux droits des créanciers, ni à ceux de l'insolvable (1). — Voici par exemple une succession acceptée sous bénéfice d'inventaire. Les créanciers ne peuvent pas faire nommer un liquidateur; car ce serait dépouiller l'héritier d'un droit qu'il tient de la loi (2). Ils le pourront—les mêmes raisons n'existant plus — si celui-ci a fait l'abandon des biens héréditaires autorisé par l'article 802 C. civil.

---

(1) Elle sera possible en cas d'accord des créanciers et du débiteur, car ils peuvent renoncer à l'exercice de leurs droits.

(2) Ils le pourraient cependant si l'héritier commettait des fautes graves qui compromettraient leur gage. — Sans doute aucun texte ne leur donne expressément ce droit ; mais il appartient aux tribunaux de prendre toutes les mesures conservatoires qui sont reconnues nécessaires pour la sauvegarde du patrimoine, — la liquidation a ce caractère. (Demolombe. *Successions*, III, n° 239.)

Telle est la théorie du liquidateur judiciaire. Les décisions de la Cour suprême l'ont définitivement condamnée ; mais quelques arrêts (1) ont cherché dans la notion du séquestre un nouveau moyen de restreindre la capacité du déconfit, afin de l'empêcher de dissiper ses biens ou d'avantager, au détriment des autres, tel ou tel de ses créanciers. Ils approuvent l'établissement d'un séquestre, chargé uniquement de gérer et d'administrer le patrimoine de l'insolvable : *Le sieur X... est nommé séquestre judiciaire,* dit un arrêt de Nancy (2), *à l'effet de recouvrer toutes les créances..., faire pour ledit recouvrement toutes diligences et actes conservatoires ; se faire remettre par tous détenteurs tous titres, registres et papiers nécessaires, recevoir et débattre tous comptes..... faire, en un mot, pour lesdits recouvrements tous actes nécessaires de conservation et de simple administration, à charge de rendre compte à qui il appartiendra et de verser immédiatement les sommes encaissées à la Caisse des Dépôts et Consignations.*

L'utilité de cette mesure est évidente ; et il semble aussi qu'elle échappe à la plupart des objections formulées contre la théorie du liquidateur. Les créanciers conservent le droit de poursuivre individuellement. La nature du séquestre dépositaire n'est pas altérée. L'actif réalisé est déposé à la Caisse des Dépôts (3) et distribué par contribution. Seul, le droit d'administration du débiteur reçoit une assez grave atteinte ; mais ne peut-elle pas se justifier, cette restriction des pouvoirs de l'insolvable, par l'intérêt et même par les droits des créanciers ?

La Cour suprême ne l'a pas pensé. Elle a cassé l'arrêt de

---

(1) Nancy, 26 février 1876. déjà cité. — Angers. 11 janvier 1886, déjà cité.

(2) Nancy, 26 février 1876, *loc. cit.*

(3) Les arrêts de cassation cités plus haut ne font pas allusion à la violation des art. 656, 657 et 658, C. procédure, et de l'ordonnance du 3 juillet 1816. — Cette violation se trouve relevée dans un jugement déjà cité du trib. de la Seine, 26 mars 1883. *Gaz. Pal.*, 83, II, 211.

Nancy (1) et, dans une décision du 13 novembre 1889, elle a exposé la même doctrine dans les considérants suivants : *Attendu que chacun a la libre disposition de ses biens et que nul ne peut être privé du droit de les administrer qu'en vertu d'une disposition formelle de la loi ; et attendu que l'art. 1961, § 2, confère, il est vrai, aux tribunaux la faculté de placer sous séquestre judiciaire, soit une chose litigieuse entre deux ou plusieurs personnes, soit une chose affectée à la garantie des obligations d'un débiteur, mais que cette disposition de la loi ne les autorise pas à étendre la mise sous séquestre au patrimoine entier d'un particulier...*

Malgré l'autorité qui s'attache aux arrêts de la Cour de cassation, nous avons de la peine à nous rendre à ses arguments. Nous regrettons qu'elle n'ait pas confirmé l'arrêt de Nancy et sanctionné ainsi une solution utile qui pouvait, pensons-nous avec M. Guillouard, se justifier par des textes de loi (2). — L'auteur que nous venons de citer donne, pour mettre en évidence la nécessité de la nomination d'un séquestre, l'exemple suivant. Voici, dit-il, un débiteur en déconfiture ; c'est un officier ministériel qui a beaucoup de petits débiteurs. Ses créanciers acquièrent la preuve qu'il se hâte de poursuivre le recouvrement de tous ses comptes créditeurs, non pas pour payer ses dettes, mais pour soustraire le plus complètement possible ce qui lui reste d'actif aux atteintes de ses créanciers. — Ceux-ci n'ont qu'un moyen pratique de sauver leur gage, c'est de demander à la justice d'ordonner le séquestre du patrimoine.

---

(1) Cass., 10 juillet 1876. S., 76, I, 405. D., 76, I, 313.
    Cass., 13 novembre 1889. S., 90, I, 8. D., 90, I, 34. P. F., 90, I, 10.
(2) Guillouard : *Du prêt, du dépôt, du séquestre*, p. 476. « *La théorie de la Cour de Nancy, nous paraît préférable*, dit-il, *tant au point de vue de l'intérêt des créanciers qu'au point de vue des principes de droit.* »
Dans le même sens : Baudry-Lacantinerie et Wahl : *De la société, des prêts, du dépôt*, nos 1282 et 1297, et Sargnon, *thèse déjà citée*, p. 72 à 82.

Pratiquer des saisies-arrêts aux mains de tous ces petits débiteurs de leur débiteur, ils ne peuvent pas y songer, non seulement parce que cette mesure serait trop coûteuse, mais parce qu'elle serait impossible, les créanciers ne connaissant pas les noms des débiteurs de leur débiteur. Au contraire, si le patrimoine est placé sous séquestre, le tiers nommé prendra connaissance des actes et des registres de l'étude et il pourra facilement et à peu de frais sauver ce qui reste de l'actif. Voilà dans beaucoup de déconfitures le seul moyen de protéger les créanciers.

Ce procédé, évidemment si désirable, n'est-il pas possible dans l'état actuel de nos lois ? — La question est au moins discutable. — On dit que le séquestre de la totalité des biens n'est pas autorisé par l'article 1961 § 2, C. civil; — mais la Cour de cassation elle-même reconnaît que les dispositions de ce texte ne sont pas limitatives (1). — L'article 1961 n'a pas prévu notre hypothèse; et pourquoi un séquestre ne pourrait-il pas être nommé à l'universalité des biens d'une personne si cette mesure est nécessaire? Nous n'en voyons pas la raison. — On ne peut pas soutenir que cette solution est inconcevable, car elle se trouve consacrée par un texte, l'art. 465 C. instruction criminelle qui en fait une application aux biens du contumax.

La Cour suprême ajoute que la nomination d'un séquestre entraîne une déchéance pour le débiteur et l'on voit se dresser l'objection que nous avons si souvent rencontrée : *Nulla pœna sine lege!* — Que cette mesure porte atteinte au droit d'administration de l'insolvable, personne ne le conteste; mais nous avons des textes qui l'autorisent. Le créancier, par cela seul qu'il devient créancier, acquiert des droits sur le patrimoine du débiteur. Les articles 1166 et 1167 lui permettent de se prémunir contre les fraudes et

---

(1) Voir les décisions citées, p. 59, note 3.

les négligences de ce dernier. A l'échéance, l'art. 2092
C. civil lui donne la faculté de saisir pour éviter le détournement des biens et obtenir paiement. Lorsque le débiteur
tombe en déconfiture, l'action paulienne et les saisies seront
souvent insuffisantes ; une mesure conservatoire comme
le ; séquestre peut devenir nécessaire (1). Pourquoi ne
serait-elle pas permise, quand bien même elle restreindrait
le pouvoir d'administration de l'insolvable? — En la
demandant, le créancier use des droits que lui accordent
les articles précités. Il le fait seulement d'une façon plus
efficace et moins coûteuse (2).

Telles sont les tentatives qui ont été faites en vue d'organiser l'insolvabilité civile (3). Nous avons dit pourquoi
elles ont échoué. Nous comprendrons mieux combien cet
insuccès est regrettable et combien une procédure spéciale serait nécessaire lorsque nous connaîtrons le système
des liquidations individuelles, le seul actuellement possible, et à l'étude duquel nous arrivons.

---

(1) En ce sens : Guillouard, *loc. cit.*, et Sargnon, *loc. cit.*, p. 73-74.

(2) Pour le liquidateur nommé en cas de déconfiture d'une société civile,
voir Montaigu. *De la liquidation des sociétés civiles en déconfiture,* thèse,
Grenoble, 1894. — La question présente beaucoup moins d'importance depuis
la loi du 1er août 1893, qui déclare commerciales, quel que soit leur objet,
les sociétés en commandite ou anonymes qui seront constituées dans les
formes commerciales.

(3) Nous devons noter cependant, que, pour le cas où l'insolvabilité ne se
révèle qu'après le décès du débiteur, la loi est moins incomplète. — Elle
organise la liquidation de l'hoirie bénéficiaire et de la succession vacante,
dans les art. 793-810 C. civil et 811 à 815 même Code, et dans quelques
articles du C. de pr. civile, 909-932, 986-996 et 998-1002.

Quoique assez insuffisante, — nous le montrerons au chapitre suivant —
l'organisation des insolvabilités après décès est au moins ébauchée. — On ne
saurait en dire autant des déconfitures du vivant du débiteur.

CHAPITRE QUATRIÈME

Poursuites des créanciers en cas de déconfiture du débiteur. — Distribution des deniers.

La procédure que nous allons étudier n'est pas particulière à l'insolvabilité. Elle constitue le droit commun pour tout créancier non payé, que le débiteur soit au-dessous de ses affaires ou simplement récalcitrant.

Aussi, au moment de commencer ce chapitre nous nous demandons si une critique un peu sévère ne pourrait pas le taxer d'inutilité et si, pour une matière qui reste en dehors de la théorie française de la déconfiture, un simple renvoi aux modes d'exécution forcée ne serait pas préférable.

Nous croyons cependant devoir l'écrire. L'insolvabilité soulève toute une série de questions essentielles qui ne peuvent rester sans réponses. — Comment les créanciers mettront la main sur le patrimoine qui est leur gage; sur quelles bases et d'après quels principes s'opérera la distribution des deniers : voilà ce qu'il importe d'indiquer. Nous le ferons dans ces quelques pages. Puisqu'il n'y a pas d'organisation spéciale, nous parlerons des règles ordinaires de l'exécution forcée ; mais notre but n'est pas, on le comprend, de présenter un exposé dogmatique des voies d'exécution. Il est plus modeste et nous estimerons l'avoir atteint si nous parvenons à tracer dans ses grandes lignes la marche de la procédure et à en signaler au passage les lacunes et les dangers.

Avant d'en venir aux moyens de rigueur auxquels nous faisons allusion, il sera presque toujours de l'intérêt bien entendu des créanciers et du débiteur de recourir à une liquidation amiable. Que l'insolvable malheureux aille trouver ses créanciers, qu'il leur expose sa situation et bien souvent il obtiendra *un arrangement.* Nous ne pouvons pas employer d'expression plus précise : nous sommes ici dans le domaine de la convention : elle fait la loi des parties. (1134 C. civil).

Les contrats d'atermoiement et d'abandonnement de biens présentaient dans l'ancien droit français un caractère particulier. Consentis par la majorité des créanciers, ils étaient opposables à la minorité après homologation par la justice (1). C'est le système admis aujourd'hui pour le concordat commercial ; est-il applicable à la cession de biens volontaire ? — La négative n'est pas douteuse ; car on ne saurait étendre hors des cas prévus par la loi une disposition aussi exceptionnelle. La convention doit intervenir avec l'unanimité des créanciers : ceux qui ne l'ont pas consentie sont des tiers auxquels le débiteur ne peut l'opposer (1165 C. civil).

Nous devons mentionner aussi la cession de biens judiciaire. Elle est réglée par les articles 1268 à 1270 C. civil qui en donnent la définition suivante : *C'est un bénéfice que la loi accorde au débiteur malheureux et de bonne foi pour avoir la liberté de sa personne.* Lorsque la contrainte par corps existait en matière civile et commerciale, la cession avait de l'importance ; et la procédure collective, qui la suivait, constituait une véritable organisation de la déconfiture. Depuis la loi du 22 juillet 1867, elle a perdu à peu près toute son utilité. Nous disons « à peu près » parce que la contrainte sur la personne subsiste en matière pénale et qu'on peut imaginer des hypothèses où la cession de biens ait à intervenir (2). Il n'en est pas moins vrai que

---

(1) Ferrière. *Dict. de Droit et de Pratique.* V° *Abandonnement de biens.* — La majorité était la majorité des 3/4 des créanciers présents, eu égard aux sommes représentées par eux.

(2) On peut supposer par exemple que l'auteur d'un homicide par impru-

les articles relatifs à ce bénéfice sont aujourd'hui lettre morte. On ne perdrait rien à les supprimer (1). A moins que le législateur ne préfère leur donner une vie nouvelle, en permettant à l'insolvable d'y recourir lorsqu'il n'est pas contraignable par corps (2)..., le débiteur y trouverait toujours l'avantage de liquider à moins de frais son patrimoine et d'échapper aux poursuites de ses créanciers.

Les solutions amiables n'aboutissent pas; les créanciers n'ont plus qu'à user des moyens de rigueur mis à leur disposition. Il est cependant un événement bien susceptible de modifier leurs droits ou du moins la manière de les exercer; c'est la mort du débiteur. — Une première section sera consacrée à *la procédure dirigée contre l'insolvable lui-même* et une seconde, à *l'influence que peut exercer son décès sur les droits des créanciers.*

SECTION 1re. — DÉCONFITURE DU VIVANT DU DÉBITEUR

Parmi les opérations nécessitées par une déconfiture, les unes tendent à la réalisation de l'actif, les autres à la répartition des deniers ainsi obtenus.

§ 1. — *Réalisation de l'Actif*

Supposons un créancier non payé à l'échéance; c'est le moment pour lui d'exercer les droits que l'art. 2092 lui

---

dence subisse à raison de ce fait, une condamnation à des dommages et intérêts. — De ce chef il sera contraignable par corps. — Il ne sera pas impossible dans cette hypothèse que le débiteur ne soit considéré comme étant malheureux et de bonne foi ; auquel cas, si ses biens ne suffisent pas à payer toutes ses dettes, il pourra être admis au bénéfice de la cession judiciaire pour échapper à la contrainte par corps. Baudry-Lacantinerie. *Manuel*, II, n° 1076.

(1) Le Code civil italien ne les a pas reproduites.

(2) En ce sens : Discours de M. Lacombe au Sénat, 31 janvier 1888. — Déb. Parl. Sénat, 1888. p. 66. — Et aussi, Boissonnade : *Projet de code civil pour l'Empire du Japon* II. V° *Cessions de biens.* — Garraud, *op. cit.*, p. 127.

donne sur le patrimoine du débiteur. Il va donc pratiquer des saisies ; mais il ne le pourra que s'il est muni d'un titre exécutoire (1). S'il n'en est pas pourvu, son premier soin est d'assigner son débiteur et de le faire condamner. Ce jugement permet de faire saisir, mais il présente une autre utilité souvent bien plus considérable ; il emporte hypothèque générale sur les biens présents et à venir du débiteur. Le simple chirographaire se transforme en créancier hypothécaire. Si les immeubles ne sont pas absorbés par les hypothèques légales ou conventionnelles déjà inscrites, il acquiert ainsi la certitude d'être intégralement désintéressé alors que les autres toucheront seulement un dividende.

La personne dont les affaires sont embarrassées est assaillie de poursuites. Voilà, on le comprend aisément le résultat le plus certain de l'hypothèque judiciaire. « Chaque créancier veut être le premier, écrit Valette (2), « et les assignations pleuvent sur le malheureux débiteur. « Pendant un mois on n'entend pas son nom dans les « tristes échos du palais ; il est ruiné, exproprié..., et puis, « en fin de compte, les créanciers ont la perte de leurs « frais pour s'indemniser de celle de leurs créances. » Nous reviendrons plus loin sur les dangers de l'hypo-

---

(1) Il faut faire une exception : la saisie-arrêt a cela de particulier que le créancier peut y procéder sans être muni d'un titre exécutoire. Un titre sous-seing privé lui suffit et s'il n'en a pas, la permission du juge lui en tient lieu.

(2) Valette. *Mélanges de droit*, I, p. 355, *de l'hypothèque judiciaire* — et II, p. 553. *Discours sur la suppression de l'hypothèque judiciaire*.

Dans le même sens : Challamel. *De l'Hyp. judiciaire*, — Guillouard. *Traité des privilèges et hypothèques*, II, n° 873, p. 361. — Leclercq. *Réforme de l'Hypothèque judiciaire*, thèse 1898. — De Vareilles-Sommières. *De l'H. judiciaire*.

« Le tribun Sédillez, dit Valette, dépeignait très bien cette situation en comparant les créanciers à des infortunés, qui, enfermés en grand nombre dans une maison où le feu éclate, y périssent malheureusement, parce que tous en veulent imprudemment sortir à la fois. »

thèque judiciaire; nous devions seulement rappeler ici que le premier acte de la liquidation de l'insolvable est presque toujours une série précipitée de procès : véritable course au clocher à laquelle se livrent les créanciers dans l'espoir d'obtenir un droit de préférence.

Muni d'un titre exécutoire, le poursuivant va pouvoir mettre la main sur le patrimoine de son débiteur; mais il se heurtera souvent à de graves difficultés.

Il lui faut avant tout déterminer les biens qui constituent ce patrimoine. Ce ne sera pas toujours facile. Il pourrait s'en rapporter aux dires de l'insolvable, mais ce procédé est rarement employé. Parmi les débiteurs acculés à la déconfiture, combien en est-il en effet qui ne gardent pas le secret espoir de se ménager des réserves et qui soient assez honnêtes pour ne rien cacher à leurs créanciers ?

En général le poursuivant mettra la main sur tout ce dont le débiteur est réputé propriétaire, sur ce qui représente son patrimoine apparent. Au tiers, dont il a par erreur saisi la propriété, de former une demande en revendication. Entre un créancier et un propriétaire, il est certain que ce dernier l'emportera et obtiendra distraction du bien saisi (1). Fréquentes sont les demandes de

---

(1) Rappelons une question célèbre qui s'est posée à propos des propres imparfaits sous le régime de la communauté. Les articles 1471 et 1472 C. civil donnent à la femme le droit d'en prélever la valeur sur les biens communs et, en cas d'insuffisance, sur le patrimoine du mari. — On s'est demandé à quel titre la femme exerce ce prélèvement en nature dans ses rapports avec les créanciers de la communauté. Si elle est simple créancière de ses reprises, elle doit subir sur les biens communs le concours des créanciers de la communauté et de ceux du mari. Si elle en est au contraire propriétaire, elle l'emportera sur eux. — Ajoutons que la doctrine de la femme propriétaire de ses reprises, admise par un arrêt de la Ch. civile du 11 février 1853, a été rejetée par un arrêt solennel du 16 janvier 1858 (D. 58, I. 5. S. 58, I, 10.) Dans ses rapports avec son mari ou ses représentants, la femme exerce ses reprises à titre de propriétaire, mais elle est seulement créancière au regard des créanciers du mari et de la communauté.

ce genre. Qu'il nous suffise de signaler combien elles peuvent facilement servir les desseins frauduleux du débiteur ! Elles seront intentées sans raison sérieuse par des tiers, peut-être ses complices, et aboutiront, quelquefois, à soustraire aux créanciers une partie de leur gage, toujours, à ouvrir de longs procès dont l'effet certain est d'entraver·la marche des poursuites et d'en augmenter les frais (1).

Supposons déjouées toutes les tentatives de dissimulation et résolues toutes les questions délicates (2) qui se

---

(1) La loi commerciale consacre tout un chapitre à l'organisation de ces demandes (*De la revendication*, art. 574-580 C. com.) et, plus prudente aussi que la loi civile, elle apporte certaines restrictions aux droits de la femme dans la faillite de son mari, (*Des droits des femmes*, art. 557-565 C. com.); peut-on appliquer en cas de déconfiture les règles du Code de commerce? — La négative est certaine. La femme qui revendique ses propres fait la preuve de sa propriété dans les termes du droit commun. — Il est à craindre sans doute que les époux ne s'entendent pour enlever aux créanciers une partie de l'actif du mari en le mettant sous le nom de la femme. — Ces inconvénients possibles ne suffisent pas cependant à justifier l'extension à la déconfiture d'une disposition spéciale à la faillite ; un texte serait nécessaire.

(2) Voici, à titre d'exemple, une police d'assurance en cas de décès, souscrite par le débiteur ; le créancier pourra-t-il la saisir et en toucher le montant à l'échéance ? Question qui se résout par une distinction. La jurisprudence distingue suivant que l'assurance est ou non au profit d'une personne déterminée. De nombreux arrêts ont décidé que le bénéfice de l'assurance entre directement dans le patrimoine de la personne nominativement désignée. Il en résulte que les créanciers de l'assuré n'ont aucun droit à invoquer sur une somme qui n'appartient pas à leur débiteur et par conséquent n'est pas leur gage. (Cass., 6 février 1888, S. 88, I, 121. — Cass. 22 juin 1891. D. 92. I. 205. — Cette jurisprudence est consacrée dans la proposition de loi relative aux sociétés d'assurance sur la vie, présentée par M. Lockroy, le 19 novembre 1889, art. 14.

Mais si la police est souscrite au profit d'une personne indéterminée, « *les héritiers, les enfants nés et à naître* » par exemple, les bénéficiaires ne peuvent acquérir aucun droit direct et personnel. — A la mort de l'assuré, les créanciers de ce dernier pourront en conséquence pratiquer une saisie-arrêt entre les mains de l'assureur. Cass. 7 mars 1893. S. 94, I, 161. D. 94, I, 77. — Douai, 10 décembre 1895. *J. des Assurances*, 1896, p. 24. — Liège, 3 juillet 1897. *J. des Assurances*, 1898, p. 56.

sont présentées... Voilà le créancier poursuivant en face de son gage — le patrimoine de son débiteur; — mais il est des éléments de ce patrimoine sur lesquels il n'a aucun droit et qu'il ne peut saisir (1); il en est d'autres enfin, qui

----

(1) Parmi ces limitations au droit de gage de l'art. 2093, les unes sont comme la conséquence logique et nécessaire de la nature de certains droits : tels l'usage et l'habitation, qui, par leur caractère exclusivement personnel, échappent à la saisie des créanciers (631 et 634, C. civil.)

D'autres proviennent de la volonté de l'homme, comme les biens dotaux inaliénables et les biens donnés ou légués à condition qu'ils ne puissent être saisis (art. 581, C. proc. civile, 3e). Des valeurs sont enfin déclarées insaisissables par la loi elle-même, tantôt pour des raisons d'humanité (581 et 592 C. pr. civ.), tantôt dans une pensée d'ordre public. A cet ordre d'idées se rattachent les dispositions qui limitent le droit des créanciers sur les traitements servis aux fonctionnaires; et aussi la loi du 12 janvier 1895, permettant de saisir, à concurrence du dixième seulement, les salaires quel qu'en soit le montant et les appointements des employés, commis ou fonctionnaires, lorsqu'ils ne dépassent pas 2.000 fr. par an. Ajoutons l'art. 3 *in fine* de la loi du 9 avril 1898, qui déclare incessibles et insaisissables les rentes servies aux victimes des accidents du travail.

Enfin, c'est pour assurer plus de prix aux rentes sur l'Etat français que des textes nombreux, dont le plus ancien remonte à la loi du 8 nivose an VI (art. 4), les ont déclarées insaisissables. Loi du 8 nivose an VI (art. 4) — du 22 floréal an VII (art 7) — du 15 juin 1878, créant la dette amortissable par annuités — du 27 avril 1883, sur la conversion de la rente 5 % — du 17 janvier 1894, sur la conversion de la rente 4 1/2.

Pendant la plus grande partie du siècle, la jurisprudence a fait de ces textes une application rigoureuse. Les rentes sur l'Etat sont en dehors du gage des créanciers; elles échappent à toutes saisies. — A partir de 1855, une théorie nouvelle commence à se faire jour; elle enseigne que l'insaisissabilité des rentes est relative. Il résulte, en effet, des travaux préparatoires de la loi de l'an VI, que la volonté du législateur était de donner aux rentes la valeur du numéraire en circulation ; comme le numéraire, les rentes sont donc en principe le gage des créanciers. Une seule chose est défendue, c'est l'opposition, c'est la saisie-arrêt entre les mains du Trésor, c'est l'acte adressé aux agents de l'Etat, qui mettrait un obstacle ou créerait une difficulté au transfert de la rente ou au paiement des arrérages (Paris, 22 nov. 1855. D. 56, II, 269.) Cette théorie a été consacrée par la Cour suprême dans deux arrêts du 2 et du 16 juillet 1894. D., 94, I, 497. S. 95, I, 5. L'arrêt du 2 juillet dit formellement : *que les lois de nivose et floréal ont eu seulement pour objet d'interdire les saisies-arrêts de rentes pratiquées entre les mains du Trésor.* »

Si équitables que paraissent ces solutions, elles ne sont pas encore acceptées sans réserves ni protestations. Questionné à la Chambre dans la

ne sont pas légalement placés hors de son atteinte, mais qui dans la réalité des choses lui échapperont presque toujours, nous voulons parler des valeurs mobilières. — Le créancier a incontestablement le droit de les saisir, et, comme la loi n'établit pas de mode particulier pour le faire, il devra user des moyens du droit commun. Pour les actions et obligations nominatives, il fera opposition entre les mains de la société : opposition qui a pour effet de suspendre le paiement des dividendes ou des intérêts, et d'empêcher le transfert des titres. Cette saisie-arrêt présentera cependant de grandes difficultés. Les compagnies, fait observer M. Buchère (1), sont en droit d'exiger que le nombre des actions et leurs numéros d'ordre soient indiqués sur l'opposition, de manière à éviter toute confusion. Il sera bien souvent impossible au créancier de se procurer des renseignements aussi précis.

Lorsque les titres sont au porteur, la saisie se heurte à

---

séance du 9 nov. 1895, M. le Ministre des finances répondit : « Les Rentes ne tombent pas sous l'application de l'art. 2092 et je tiens à déclarer que, sur ce point, la jurisprudence de l'administration des finances, basée sur les lois du 8 nivose et du 22 floréal, ne varie pas et que les deux arrêts dont il a été parlé ne sont pas de nature à la modifier. » (Séance du 9 novembre 1895. *Question de M. Bazille.* J. O. 4ᵉ trimestre 1895, p. 2284.)

· Malgré ces paroles et l'opposition du Conseil d'Etat, la nouvelle jurisprudence de la Cour de cassation est approuvée par la doctrine et suivie par la grande masse des cours et tribunaux. (Paris, 27 décembre 1894. D. 96, II, 123. — Paris, 20 nov. 1895. D. 96, II, 244. — Rouen, 9 avril 1897. *Gaz. Pal.*, 97, I, 467. — Trib. Seine, 16 nov. 1897, dans *la Loi* du 24 novembre 1897.)

En conséquence, voici un créancier qui en faisant procéder à une saisie-exécution, trouve un titre de rente sur l'Etat. Il lui est permis de faire nommer un séquestre qui aura pour mission de vendre le titre. — De même si le créancier sait qu'un titre de rente appartenant à son débiteur se trouve chez un tiers, il peut par voie de saisie-arrêt faire défense à ce tiers de s'en dessaisir. Puis il fera nommer un séquestre qui, après la vente, paiera au créancier le montant de ce qui lui est dû et déposera le surplus à la Caisse des Dépôts et Consignations. — Un seul procédé reste toujours impossible l'opposition entre les mains des agents du Trésor.

(1) A. Buchère. *Traité des valeurs mobilières.*, nᵒˢ 916 et 917.

des obstacles réellement insurmontables. Le hasard quelquefois permettra au poursuivant de trouver des valeurs de ce genre entre les mains de son débiteur ; le créancier pourra en faire ordonner la vente. — D'autres fois, il apprendra que des titres appartenant à son débiteur sont déposés chez un tiers ; il peut faire au dépositaire défense de s'en dessaisir ; mais rien n'empêche ce dernier de soutenir que ces titres sont sa propriété et, s'il le prétend, il est bien difficile de prouver le contraire. En fait les valeurs mobilières, surtout quand elles sont au porteur, forment pour le débiteur une nouvelle série de biens insaisissables.

A peine avons-nous besoin de rappeler que le poursuivant ne peut pas opérer de mainmise générale sur le patrimoine de l'obligé. Il le décompose et exerce sur chacun de ces éléments divisés les divers modes d'exécution organisés par la loi (1). Plusieurs créanciers d'une même personne peuvent ainsi pratiquer en même temps des saisies contre elle, le premier sur son mobilier, le second sur une autre partie de son patrimoine, ses immeubles ou ses créances... La seule chose qui leur soit interdite est de poursuivre successivement les mêmes biens d'un individu et d'engager chacun de leur côté une procédure distincte (2). Ce serait une source de complications inutiles et de frais frustratoires. Admise dans l'ancien droit français (3) et

---

(1) Contre les meubles en la possession de son débiteur, il pratiquera une saisie-exécution ou une saisie-brandon. — Pour ses créances ou les meubles, à lui appartenant mais en la possession d'un tiers, il opèrera une saisie-arrêt. Il a enfin la saisie-immobilière contre ses immeubles, et, contre ses rentes, une procédure spéciale qui emprunte quelques-unes des formes de la saisie des immeubles.

(2) Garsonnet. *Voies d'exécution*, n° 35.

(3) Loysel. *Institutes Coutumières*, liv. V, t. IV, n° 19. — Pothier. *De la procédure civile*, n° 475.

Cette règle ne souffrait exception que si la seconde saisie était plus ample, c'est-à-dire comprenait plus d'objets que la première : auquel cas le juge pouvait maintenir la seconde et convertir la première en opposition.

formulée dans l'adage « *Saisie sur saisie ne vaut,* » cette règle se trouve consacrée dans de nombreux articles du code de procédure civile (1). Aujourd'hui comme autrefois, dès qu'une saisie est formée, les créanciers peuvent seulement y faire opposition. Ils empêchent ainsi le poursuivant d'en donner mainlevée et peuvent au besoin se faire subroger à lui (2). Ils évitent enfin que le prix des biens saisis et vendus soit distribué en leur absence (3).

---

(1) Articles 565, 609, 611, 653, 679 et 680. C. pr. civile.

Les co-créanciers du saisissant ont deux moyens de se faire connaître : 1º former opposition sur le prix de la vente, et 2º user, à leur tour, du droit de saisir qui appartient à tous les créanciers d'un même débiteur. La règle « *saisie sur saisie ne vaut* » empêche le second saisissant de suivre sur sa propre saisie, et ne lui permet pas de la substituer à la première, celle-ci fût-elle moins ample que la sienne : mais il se trouve quand même en meilleure posture qu'un simple opposant, car le procès-verbal dressé à sa requête équivaut pour lui à une seconde saisie et la nullité de la première est, quelle qu'en soit la cause, absolument indifférente pour lui. (Garsonnet, *Voies d'exécution,* n° 64.)

(2) La subrogation est la substitution d'un créancier à un autre dans les poursuites commencées par ce dernier : elle sert de correctif aux abus qui pourraient résulter de l'application de la règle : *Saisie sur saisie ne vaut.* Elle a le double avantage : 1º d'enlever au saisissant la direction des poursuites, maladroitement ou frauduleusement conduites, et 2º de les prendre au point où elles se trouvent, sans supprimer aucun des actes déjà faits (art. 612, C. proc. pour la saisie-exécution, et 721 à 724 pour la saisie immobilière.) Garsonnet, *op. cit.,* n° 276.

(3) La saisie ne donne plus comme autrefois (Pothier. *Procédure civile,* n° 513), un privilège au Iᵉʳ saisissant. Chaque créancier peut en se joignant aux poursuites réclamer sa part sur le prix des biens saisis. — C'est la conséquence du principe que les saisies ne rendent pas le saisissant propriétaire des biens saisis et des art. 2093 et 2094 C. civil, aux termes desquels les biens d'un débiteur se partagent également entre ses créanciers.

Il importe cependant de signaler une opinion consacrée par des décisions de jurisprudence, mais qui paraît bien contestable. Le jugement de validité d'une saisie-arrêt, rendu en présence du saisi, passé en force de chose jugée et signifié au tiers saisi conformément à l'art. 1690 C. civil, assure au créancier qui l'obtient le droit d'être payé de préférence aux autres. — Il s'opère alors, dit-on, par l'entremise de la justice, un transport judiciaire de la créance du saisi au saisissant qui en devient propriétaire, à la condition de se conformer aux règles de l'art. 1690 C. civil. — Cette opinion crée au

§ 2. — *Répartition des Deniers*

Cette partie de la procédure est plus spéciale à l'insolvabilité; car c'est seulement après la vente qu'apparaît le
concours des divers créanciers pour se faire payer sur le
prix. — Comment le seront-ils ? — Il importe de distinguer
les deniers provenant des immeubles du débiteur et ceux
qui sont le produit de son mobilier. Les premiers sont
attribués aux privilégiés et aux hypothécaires suivant
les règles de l'ordre. — Les seconds forment la masse sur
laquelle sont payés les privilégiés et tous les autres créanciers venant à la contribution.

1o *De la distribution par Contribution* (656-672 C. pr. civ.)

Dans l'ancien Droit français, ce mode de répartition
était propre à la déconfiture (1). Il n'en est pas de même
dans la législation actuelle qui n'admet pas le privilège du
premier saisissant. On peut ouvrir une contribution,
d'après l'article 656 C. pr. civile, *toutes les fois que les
deniers arrêtés ou le prix des ventes ne suffisent pas pour
payer les créanciers.*

En fait, cependant cette procédure s'applique presque
toujours aux biens d'un insolvable; et l'on peut considérer l'ouverture d'une contribution comme l'un des
signes les moins trompeurs de la déconfiture.

Lorsque l'essai de règlement amiable n'a pas abouti, un
juge est chargé de dresser un règlement provisoire. Son
premier soin est de déterminer les créanciers qui jouissent
d'un privilège et d'en opérer le classement : question délicate, dans le détail de laquelle nous ne pouvons pas

---

profit du saisissant un privilège qui n'est pas écrit dans la loi et va par
conséquent à l'encontre de l'art. 2093, C. civil. — Garsonnet, *op. cit.*, no 134.
    (1) Voir page 19, noté 2.

entrer (1). — Les autres viendront au marc le franc sur les deniers non absorbés par les privilèges (2).

Les hypothécaires, qui normalement seront payés dans l'ordre, ont cependant le droit de figurer à la contribution. Personne ne le conteste, car, pour être hypothécaires, ils n'en sont pas moins créanciers. Mais voici une difficulté. Lorsque la contribution s'ouvre avant l'ordre, la masse des chirographaires aura souvent intérêt à ce que les hypothécaires soient colloqués seulement à titre provisoire dans la répartition au marc le franc. Peuvent-ils l'exiger ?

Un insolvable, par exemple, possède 100.000 francs de biens meubles et une maison hypothéquée à trois créanciers : *Primus*, *Secundus* et *Tertius*, pour 40.000 francs chacun. La maison est vendue 100.000 francs. — L'ordre s'ouvre-t-il d'abord ? — les deux premiers y touchent le montant de leurs créances et *Tertius* 20.000 francs seulement. — Si au contraire la contribution précède, *Primus* et *Secundus* reçoivent un dividende dans cette procédure, et prennent dans l'ordre moins de 80.000 francs. *Tertius* en conséquence obtient plus de 20.000 francs. — La répartition varie dans les deux hypothèses sans qu'on puisse en donner une raison sérieuse.

Le code de commerce a prévu cette situation et l'a réglée dans les articles 552 et suivants. Tous les créanciers peuvent produire à la contribution et y être colloqués, même si elle est ouverte avant l'ordre. Seulement, lorsqu'ils viennent à l'ordre, ils ne touchent le montant de leurs collocations hypothécaires que sous la déduction des dividendes perçus dans la contribution. L'article 554 ajoute : « *Les sommes ainsi déduites ne resteront point dans la masse hypothécaire, mais retourneront à la masse chirographaire, au profit de laquelle il en sera fait distraction.* » — Solution

---

(1) Aubry et Rau, III, § 289 et 290.
(2) Article 2093, C. civil.

éminemment équitable, ne laissant pas varier les droits
des créanciers suivant le hasard de l'ouverture d'un ordre
ou d'une contribution ! On admet généralement qu'on peut
la transporter dans le domaine de l'insolvabilité civile.
« Les articles 552 et suivants C. com. consacrent en effet
« un principe d'équité qui doit être appliqué chaque fois
« que l'actif d'un débiteur est insuffisant pour désinté-
« resser tous les créanciers, qu'il s'agisse d'une déconfi-
« ture ou qu'il s'agisse d'une faillite. » Ce sont les termes
mêmes d'un jugement du tribunal civil de Bazas, qui fait
une application d'un principe admis par la cour de cassation, dès 1840 (1).

Ces difficultés, et d'autres sur lesquelles nous ne pouvons insister (2), seront résolues par le juge commissaire
qui établit un projet de règlement. Les créanciers sont
sommés d'en prendre connaissance et sont admis à criti-
quer le travail du juge en y formant des contredits. Ils
pourront ainsi réclamer contre leur propre exclusion,
protester contre la collocation d'un créancier imaginaire
ou déjà payé, opérer comme une sorte de vérification des
créances...

Après le jugement des contredits, s'il en est fait, et l'expiration des délais d'appel (3), le juge rend une ordonnance

---

(1) Cassation, 22 janvier 1840. S. 40, I, 275. — Lyon, 19 mars 1884. *Gaz.
Pal.* 84, II, 499. — Bazas, 24 mars 1896, *P. F.*, 97, II, 62.

(2) Citons un exemple. Un créancier a plusieurs débiteurs solidaires tous
en déconfiture; peut-il figurer dans chaque contribution pour la valeur nominale de sa créance jusqu'à ce qu'il ait été complètement désintéressé? — La
question est résolue par l'affirmative, en cas de faillite des débiteurs (542,
C. com.). Elle est discutée en cas de déconfiture. (*Gaz. Pal., Rép.* Vº *Déconfiture*) : nous croyons avec Boistel (*D. com.* nº 992) et Ruben de Couder
(*Dict. de Droit com.*, Vº *Faillite*, nº 664), que la règle de l'art. 542, C. com.
n'est que l'application du droit commun (1200 C. civil). Elle doit être observée,
même en matière civile, lorsque tous les débiteurs solidaires sont en état de
déconfiture.

(3) Le délai d'appel est réduit à 10 jours à compter de la signification à
avoué (669, C. pr.).

pour clore son procès-verbal. Dans les huit jours qui suivent cette ordonnance de clôture, le greffier délivre à chacun des créanciers un mandement payable par la Caisse des dépôts et consignations, à laquelle les deniers à répartir ont été préalablement versés. L'insolvable n'est libéré que dans la mesure du dividende procuré à ses créanciers; pour le surplus ceux-ci conservent leur droit de poursuite.

Telle est dans ses grandes lignes la procédure de contribution. Elle garantit assez bien les droits des créanciers qui y participent; mais n'est pas cependant sans encourir de graves critiques. Elle est trop coûteuse et exige de la part des intéressés l'avance de frais considérables, souvent hors de proportion avec les sommes à recouvrer. — Elle risque surtout de n'être pas connue de tous les ayants-droit, parce qu'elle n'est pas entourée de mesures de publicité suffisantes. — Qu'un créancier soit un peu éloigné, qu'il soit absent pendant quelques mois et la distribution des biens de son débiteur est achevée avant qu'il ait pu en être averti; résultat de nature à se présenter souvent puisque le premier soin du saisissant est de poursuivre la contribution le plus rapidement et le plus silencieusement possible.

2e *De l'Ordre* (1)

L'ordre a pour but de déterminer le rang dans lequel les créanciers privilégiés et hypothécaires seront payés sur le prix d'un immeuble. — Si ce prix n'était pas absorbé par les hypothécaires, il devrait être distribué aux ayants-droit dans les formes de la contribution.

Par suite de l'article 2123 C. civil, cette hypothèse demeure à peu près théorique. Au moindre symptôme

---

(1) Nous ne pouvons pas avoir la prétention d'étudier la procédure de l'ordre qui à elle seule ferait l'objet de plusieurs thèses : nous indiquons seulement l'importance des ordres dans une déconfiture.

d'insolvabilité, les créanciers avisés se hâtent de poursuivre; et dans toute déconfiture d'un individu propriétaire
d'immeubles on trouve un ordre ouvert à côté de la contribution. Le premier chirographaire qui a obtenu jugement
et fait inscrire a l'espoir d'y figurer en rang utile. C'est le
triomphe de la maxime « *Jura vigilantibus prosunt, non
dormientibus* », maxime qui se concilie difficilement avec le
principe de l'égalité entre créanciers consacré par l'article
2093 C. civil.

SECTION 2. — INFLUENCE DU DÉCÈS DU DÉBITEUR

Très nombreuses sont les insolvabilités après décès.
Souvent un débiteur peut, pendant sa vie, cacher le véritable état de ses affaires; la mort seule vient révéler sa
ruine. Souvent aussi les créanciers ont des égards et des
ménagements pour la personne de l'insolvable; ils se
hâtent de faire poursuivre dès qu'il a disparu.

Le décès du débiteur a-t-il de l'influence sur les droits
des créanciers? Il semble qu'il ne devrait en avoir aucune.
Le débiteur en s'engageant a obligé son patrimoine; pourquoi ne pas admettre que celui-ci subsiste avec son actif et
son passif malgré la mort de son titulaire ? — Un projet
développé récemment par M. de la Grasserie (1) s'inspire
de cette idée. Il maintient le patrimoine du défunt comme
masse distincte de celui de l'héritier et organise pour
sa liquidation une procédure analogue à la faillite. — Les
principes actuellement consacrés par nos lois sont bien
différents; les droits des créanciers peuvent varier suivant
le nombre des héritiers et le parti qu'ils prennent. Nous
consacrerons un paragraphe à chacun de ces partis.

§ 1. *Succession acceptée purement et simplement*

La situation des créanciers vis-à-vis de leur gage peut

---

(1) R. de la Grasserie. *Du passif des successions.* Paris, 1896.

être ici modifiée par l'application de deux principes : 1° *la confusion du patrimoine de l'héritier et de celui du défunt ; et* 2° *la division des dettes entre les divers successeurs.*

Les conséquences de la première règle sont aussi importantes que variées. — Voici une hérédité insolvable acceptée purement et simplement par une personne parfaitement «*in bonis.*» Les créanciers héréditaires voient s'étendre leur droit de gage au patrimoine de l'héritier ; et ils peuvent obtenir un paiement intégral alors qu'ils ne devaient plus y compter. — Allons plus loin et supposons que par l'acceptation de cette succession onéreuse l'héritier soit complètement ruiné. Les créanciers de ce dernier souffrent un préjudice évident. Ils peuvent faire révoquer l'acceptation s'il y a eu fraude ; ils sont alors dans les conditions de l'action paulienne. En dehors de ce cas, ils doivent supporter cet accroissement de dettes ; car, en faisant crédit à leur débiteur, ils n'ont pas pu lui interdire de contracter des dettes nouvelles.

Dans l'hypothèse inverse — une hérédité avantageuse acceptée purement et simplement par un insolvable — les mécontents ne sont plus les créanciers de l'héritier puisqu'ils obtiennent de ce fait un supplément de gage, mais bien ceux du défunt. S'ils avaient agi du vivant de leur débiteur, ils auraient été entièrement désintéressés. Vont-ils être obligés de subir le concours des créanciers de l'héritier et de se contenter d'un dividende ? — Non ; ils ont un moyen d'échapper à cette iniquité : ils vont demander la séparation des patrimoines. Ils obtiennent de cette manière un droit de préférence sur les biens héréditaires, et peut-être même aussi un droit de suite (1).

— Un exemple nous fera encore comprendre comment

_____

(1) Nous rappelons seulement cette question qui se formule souvent de la manière suivante : La séparation des patrimoines constitue-t-elle un privilège ?

le principe de la division des dettes peut porter atteinte aux droits des créanciers. Supposons une hérédité dont l'actif vaut 100,000 francs et le passif 80,000. Elle est acceptée purement et simplement par *Primus* et *Secundus* qui recueillent chacun 50,000 francs et supportent 40,000 fr. de dettes. — *Primus* paye sa part du passif et profite de l'excédent de l'actif. — *Secundus*, au contraire, est en état de déconfiture; ses créanciers personnels se précipitent et lorsque les créanciers héréditaires arrivent, il est trop tard; il ne reste plus rien des biens de la succession. Les créanciers du défunt peuvent-ils se retourner contre *Primus* pour se faire payer sur les 10,000 francs de biens héréditaires que celui-ci possède encore? — Le principe de la division des dettes s'y oppose. — On arrive ainsi, il est vrai, à sacrifier les créanciers en modifiant leur situation vis-à-vis de leur gage. Pendant la vie du débiteur, le patrimoine entier de celui-ci était affecté à la dette; il en est autrement après son décès.

Pour remédier à l'iniquité de cette solution, certaines Coutumes décidaient, soit que les dettes étaient garanties par toute la masse héréditaire (1), soit que les créanciers avaient le droit d'agir *in solidum* contre chacun des héritiers (2).

Ces dispositions paraissent assez bien concilier l'intérêt des héritiers et celui des créanciers. Aussi quelques auteurs ont-ils essayé de les faire revivre, en reconnaissant aux créanciers une hypothèque légale analogue à celle des légataires (3), ou en leur accordant un droit de gage indi-

---

(1) *Coutume de Bourgogne*, art. 12. *Dettes héréditaires sont payées sur toute la masse héréditaire.* Dans le même but, *l'Echiquier de Normandie* déclarait hypothécaires toutes les dettes du jour de l'adition d'hérédité. — Basnage, *Traité des hypothèques*, ch. IV, n° 2. — Lebrun. *Successions*, ch. V, art. 3, § 2.

(2) Coutumes du Nord — entre autres : *Coutumes de Cassel.* art. 226.

(3) Cette opinion tire argument de l'art. 873, C. civil. — Les expressions « *et hypothécairement pour le tout* », reconnaissent une hypothèque légale

visible sur les biens de la succession (1). Ces opinions ne
comptent plus guère de défenseurs (2), nous n'y insisterons
pas ; mais il importe de se demander comment les créanciers pourront éviter la perte dont ils sont menacés. La loi
leur fournit plusieurs moyens. — Le premier est de requérir immédiatement et avant tout partage la vente des biens
héréditaires, puisque l'art. 826 C. civil leur reconnaît ce
droit. Le second consiste à réclamer la séparation des
patrimoines.

Les créanciers vigilants ont donc la possibilité de se
protéger contre l'insolvabilité des héritiers ou de l'un
d'eux ; mais il n'en est pas de même des autres. S'ils
n'exigent pas l'une de ces mesures, ou s'ils ne le font
pas en temps utile, ils sont condamnés à perdre la partie
de leurs créances mise à la charge de l'héritier déconfit.

§ 2. — *Acceptation sous bénéfice d'inventaire*

Lorsqu'il est librement choisi par le successible, ce parti
a une signification qui ne trompe personne. En le prenant,
l'héritier manifeste sa volonté de ne pas confondre son
patrimoine avec celui du défunt ; et s'il juge nécessaire de
maintenir entre ces deux masses de biens une distinction
nettement tranchée, c'est qu'il a des doutes sur la valeur
de l'hérédité et qu'il craint d'avoir à payer plus de dettes
qu'il ne touchera d'actif. — Quelques auteurs, exagérant
cette présomption d'insolvabilité, ont fait produire à

---

au créancier, puisque la même formule de l'art. 1017 en accorde une au
légataire.

(1) Lafontaine. *Revue critique*, 1859, t. XV, p. 334 et suiv.

« Il est, dit Lafontaine, contraire à l'essence du droit de gage qui est
quelque chose d'indivisible, qu'une parcelle quelconque des biens du débiteur qui sont le gage de ses créanciers, passe à ses héritiers ou à des tiers,
avant que les créanciers, garantis par le gage, ne soient entièrement désintéressés. »

(2) Aubry et Rau, VI, § 579, texte et note 2. — VI, § 636, texte et note 13.
— Demolombe, XVII. n° 21. — Baudry-Lacantinerie. *Manuel*, II, n°s 293 et 611.

l'acceptation bénéficiaire les principaux effets de la déconfiture. — D'autres sont allés plus loin et généralisant un
texte du Code civil — l'article 2146 — ont proposé d'organiser pour notre hypothèse une liquidation analogue à la
faillite. — Ces tentatives d'organisation sont particulièrement intéressantes pour nous ; sans entrer dans les
détails du bénéfice d'inventaire, nous dirons pourquoi
elles ne pouvaient pas réussir et nous indiquerons en
terminant les règles qui président à la liquidation d'une
hérédité bénéficiaire.

1º Des effets attribués à l'acceptation bénéficiaire

Parmi les effets de l'insolvabilité constatée, l'un des plus
importants est la déchéance du terme. L'article 1188 C. civ.
ne parle, il est vrai, que de la faillite, mais il s'applique
aussi à la déconfiture. — Les créances du défunt vont donc
devenir immédiatement exigibles (1), si sa succession est
acceptée sous bénéfice d'inventaire, car la succession
bénéficiaire n'est pas autre chose, dit-on, qu'une déconfiture après décès. A cet argument, on ajoute des considérations d'équité tirées de l'art. 808 C. civ. Ce texte permet
de payer les intéressés à mesure qu'ils se présentent. Il est
inique de laisser les créanciers à terme spectateurs impuis-
sants d'une liquidation qui épuise leur gage : il faut qu'ils
aient le droit d'être payés (2). Ces raisons étaient invoquées
déjà par Montvallon dans notre ancien droit pour rendre
exigible dans cette hypothèse le capital d'une rente perpé-

---

(1) *En ce sens* : Delvincourt. II, p. 32, note 13. — Duranton, VII, nº 33. —
Hureaux. *Traité du Droit de succession*, II, nº 373. — Cette doctrine a été
consacrée par un arrêt de Paris du 7 février 1844 (*Journal du Palais*, 1846,
I, 390). On y lit cet attendu : *Considérant qu'au surplus la succession n'a été
acceptée que sous bénéfice d'inventaire et que, par ce seul fait, la créance est
devenue exigible.*

(2) Montvallon. *Successions*, ch. V. art. 31, § 1.

tuelle. Deux arrêts (1), à notre connaissance, ont consacré la même solution et étendu à l'acceptation bénéficiaire les dispositions de l'art. 1913 C. civil..

La presque unanimité de la doctrine (2) a depuis longtemps adopté une opinion contraire. L'acceptation bénéficiaire est bien une présomption d'insolvabilité; mais elle ne suffit pas pour constituer en déconfiture le patrimoine du défunt et pour entraîner les conséquences exceptionnelles de cet état. Il ne faut pas oublier l'origine et la nature du bénéfice d'inventaire. Est-ce une mesure destinée à protéger les créanciers? Pas du tout; c'est une faveur accordée à l'héritier. On ne peut pas sans la dénaturer complètement retourner contre lui une disposition qui a été introduite dans son intérêt. Enfin, l'opinion que nous défendons a pour elle le silence de la loi et c'est bien le meilleur argument quand il s'agit d'appliquer une déchéance.

On invoque contre elle les dangers qu'elle fait courir aux créanciers à terme; mais ces prétendus dangers ne sont pas sérieux; car pour y échapper, les créanciers n'ont qu'à faire opposition. Libre à eux enfin, s'ils veulent invoquer l'exigibilité anticipée de leurs créances, d'établir la

---

(1) *En ce sens :* Bruxelles, 3 août 1814. *D. Rep.* V⁰ *Rentes constituées,* n⁰ 216 — et Riom, 16 mai 1820, *eod. loc.*

« *Considérant,* dit la Cour de Bruxelles, *que d'après la jurisprudence observée anciennement dans toute la France, une succession, soit vacante, soit acceptée sous bénéfice d'inventaire, était envisagée comme en état de déconfiture surtout à l'égard des droits des créanciers entre eux et aussi lorsqu'il s'agit de la distribution des deniers appartenant à cette succession ou provenant d'icelle. Considérant que par la disposition finale de l'art. 2146 cette jurisprudence a été convertie en loi...*

(2) Aubry et Rau, VI, § 612, note 35. — Baudry-Lacantinerie et Wahl. *Des Succ.,* II, n° 1790. — Demolombe, XV. n⁰ˢ 168 et 135. — Garraud, *op. cit.,* p. 147. — Guillouard. *Du prêt,* n⁰ 215, p. 272. — Huc., V, n⁰ 244. — Laurent, X, n⁰ˢ 153 et 178.

Un arrêt de la Chambre des Req. du 27 mai 1829 (D. 29, I, 363), peut être cité en ce sens, bien qu'il ne tranche pas directement la question.

déconfiture du défunt au jour du décès. La preuve en sera rendue plus facile par l'acceptation de sa succession sous bénéfice d'inventaire.

Une pareille extension ne se justifie donc ni par les textes ni par les nécessités de la pratique, et*la question n'aurait probablement pas été discutée si le législateur n'avait écrit au titre des Privilèges et Hypothèques l'article 2146 C. civil. Il semble, dit-on assez justement, qu'il ait voulu assurer, mieux que dans la déconfiture et aussi bien que dans la faillite, la prompte liquidation du patrimoine du défunt. D'un côté, l'actif en est constaté par l'inventaire dressé par le successible ; de l'autre, le passif va demeurer tel qu'il se trouve au jour du décès. Il n'est plus à craindre que le débiteur contracte de nouvelles dettes ou qu'il avantage tel ou tel de ses créanciers au détriment des autres ; cela est de toute évidence ; il est dessaisi par la mort plus radicalement encore qu'il ne le serait par un jugement de faillite. Certaines personnes cependant pourraient être tentées d'améliorer leur situation, et voudraient par exemple s'assurer un droit de préférence en faisant inscrire une hypothèque ; la loi ne leur permet pas de le faire et, désireuse de maintenir l'égalité qui doit régner entre les intéressés, déclare sans effet au regard des créanciers héréditaires les inscriptions prises sur les immeubles d'une succession bénéficiaire (2146 C. civil).

Les auteurs ne sont pas d'accord sur la valeur de cette disposition et sur la portée qu'il convient de lui donner. Les uns — et ce sont de beaucoup les plus nombreux (1) —

---

(1) La formule reproduite est de Paul Pont, *Privilèges et Hypothèques*, t. II, n⁰ 913.

Dans le même sens : Aubry et Rau, III, § 372, texte et note 30. « Si cette « disposition s'explique, disent-ils, par la considération, que, dans le cas où « la succession est acceptée sous bénéfice d'inventaire, le défunt n'a pas de

n'hésitent pas à dire qu'elle n'est ni raisonnable ni juste. — Pour d'autres au contraire, loin d'être une anomalie elle serait la consécration du principe d'après lequel la mort fixe d'une manière définitive l'état des dettes et des biens d'un individu. « Lorsque les biens du défunt, écrit M. « Planiol (1), restent gisants à l'état de succession vacante, « la vie du patrimoine s'arrête. Il se fige pour ainsi dire et « conserve, comme une empreinte indélébile, la physio- « nomie qu'il avait au moment du décès de son maître. « Cela devient visible, lorsqu'il y a réellement vacance de « la succession et que les créanciers font nommer un « curateur. »

« Il en est de même, en dépit des apparences, continue « cet auteur, lorsque l'héritier s'est placé à l'abri du béné- « fice d'inventaire… Sous un pareil régime le patrimoine « du défunt, qui est en liquidation, est mort comme son « maître; c'est un compartiment fermé dans lequel rien de « nouveau ne peut plus se produire; l'héritier lui-même « n'y peut pas toucher. S'il y porte la main il perd son « bénéfice et toute cette fiction s'évanouit. »

Tel est le principe, « principe très ancien et très large » dont l'article 2146 ne serait qu'une application. On ne peut pas, il est vrai, étendre une disposition qui a une portée restreinte; mais on doit s'emparer du principe ainsi consa- cré dans nos lois et en déduire les conséquences. C'est en vertu de cette idée qu'on déclare inutile la signification d'une cession de créance faite seulement après la mort du cédant et l'acceptation de sa succession sous bénéfice

---

« représentant passif et que son patrimoine forme le seul gage de ses créan- « ciers, il est difficile cependant de ne pas reconnaître que le législateur a « exagéré les conséquences de cette situation, en frappant d'inefficacité des « inscriptions prises en vertu d'hypothèques valablement établies du vivant « du défunt. »

(1) Planiol, *Rev. crit.*, 1891, pages 486 et suiv. *Un effet oublié de l'acceptation bénéficiaire d'une succession.*

d'inventaire (1); qu'on refuse de recevoir la demande de
validation d'une saisie-arrêt formée avant le décès (2);
enfin qu'il n'est plus permis au donataire de signifier son
acceptation (3).

Ces effets, reconnus par quelques décisions en cas de
succession bénéficiaire, se rencontrent sans aucun doute
dans la faillite. De là à généraliser et à assimiler ces deux
situations, la distance n'est pas grande; quelques auteurs
l'ont franchie. Pour eux l'administration des biens du
défunt va passer à l'héritier bénéficiaire absolument comme,
dans la faillite, l'administration des biens de la masse passe
des mains du débiteur à celles du syndic. A l'instar de ce
dernier, l'héritier bénéficiaire représente les créanciers et
administre pour leur compte.

Il administre pour le compte des créanciers, dit-on; donc
il ne peut retenir à son profit une partie quelconque de
l'actif (4), tant que tous les créanciers héréditaires ne sont

---

(1) *En ce sens :* Planiol — *loc. cit.* — et Trib. civil Seine, 28 mars 1893,
Gaz. Pal., 1893, I, 517. *En sens contraire :* Aubry et Rau, IV, § 359 *bis.*
note 14. — Garraud, *op. cit.,* p. 146. — Huc. *De la Cession de Créance,* II,
n⁰ 336. — Laurent, XXIV, n⁰ 494.

Douai, 17 juillet 1833. S. 33, II, 502. — Bordeaux, 10 février 1837. S. 37,
II, 288. — Montpellier, 3 mai 1841. S. 45, II, 532. — Paris, 10 mai 1845. S.
II, 494. — Lyon, 6 juillet 1889. S. 92, II, 27. D. 90, II, 113.

(2) La jurisprudence admet au contraire que les créanciers peuvent demander la validation d'une saisie-arrêt faite par eux, soit avant, soit après le décès.

Cass. Req., 9 mai 1849. S. 49, I, 563. — Lyon, 6 janvier 1881. *Gaz. Pal.,*
1881-82, I, 526. — Riom, 4 juillet 1890. S. 91, II, 62. — Tr. Soissons,
22 avril 1891. *Gaz. Pal.,* 92, 1. *Suppl.* 7.

(3) L'arrêt de la Cour de Lyon du 6 juillet 1889. (D. 90, II, 113) déclare *que
le caractère bénéficiaire d'une hérédité ne met obstacle ni à la validité d'une saisie-
arrêt, ni à la régularisation d'une donation par la signification, bien que tous ces
actes aient pour conséquence de faire sortir du patrimoine du défunt des biens
que la masse des créanciers était intéressée à conserver.*

(4) L'héritier bénéficiaire peut, dit-on, être poursuivi pour toutes les dettes :
c'était l'opinion de Lebrun (*Succ.,* livre III, ch. IV, n⁰ 65), elle a été soutenue
par Poujol, art. 873, n⁰ 3, et Dufresne, *Traité de la Sép. des Patrimoines,*
n⁰ 114, et adoptée par arrêt de Paris du 25 août 1810. D. *Rép. Suppl.* V⁰ *Obligations,* n⁰ 2090.

pas intégralement désintéressés. Ceux-ci se trouveraient ainsi à l'abri des dangers résultant pour eux de la division des dettes.

De ce qu'il représente les créanciers, on conclut enfin qu'ils sont privés de la faculté de poursuivre individuellement et ne peuvent pas par exemple pratiquer des saisies-arrêts sur les créances héréditaires (1). La loi impose à l'héritier des conditions d'administration qui sauvegardent suffisamment leurs droits. Elle leur reconnaît en outre des pouvoirs de contrôle et de surveillance qui vont jusqu'à faire remplacer l'héritier par un administrateur spécial (2).

L'opinion contraire paraît définitivement établie : le bénéfice d'inventaire n'empêche pas la division des dettes et l'héritier bénéficiaire ne peut être poursuivi pour les dettes de la succession que dans la mesure de sa part héréditaire.

En ce sens : Aubry et Rau, VI, § 618, texte et note 3. — Demolombe, XV, n° 169. — Garraud, p. 149. — Huc, V, n· 225 et 396. — Laurent, X, n· 93. Cass. civ. 9 janvier 1827. D. 27, I, 3. — Cass. civ. 9 juin 1857. S. 57, I, 465. — Cass. 16 février 1858, S. 58, I, 662. — Cass. civ. 5 février 1868. S. 68, I, 173. — Poitiers, 24 décembre 1888. S. 88, II, 163.

(1) Les créanciers ne peuvent pas poursuivre et en particulier pratiquer des saisies-arrêts ; *en ce sens :* Berriat St-Prix : *Procédure civile,* p. 721, note 25. — Hureaux, *op. cit.,* II, n· 362, — et Paris, 27 juin 1820. D. *Rép.,* V· *Successions,* n· 819. — ·Riom, 24 août 1837·· S. 39, II, 379.

En sens contraire : Aubry et Rau, VI, § 618, texte et note 74. — Demolombe, XV, n· 228. — Garraud, p. 150. — Laurent, X, n°s 137 et 154. — Cass. Req: 9 mai 1849. S. 49, I, 563. — Cass. civ., 1er août 1849. S. 49, I, 681. — Rouen, 1853, S. 53, II, 417. — Poitiers, 22 mai 1856. S. 57, II, 104. — Paris, 21 février 1887. D. 88. II, 181. — Lyon, 6 juillet 1891. *Gaz. Pal.,* 92, I. *Suppl.* 7.

(2) La jurisprudence admet sans difficulté que l'administration peut être enlevée à l'héritier pour être confiée à un tiers, si, par sa négligence ou ses actes, l'héritier compromet les droits des créanciers. — *En ce sens :* Cass. Req., 5 août 1846. D. 46, I, 467. — Metz, 23 juillet 1865. D. 65, I, 126.

Cette jurisprudence est critiquée par certains auteurs, entre autres : Baudry et Wahl. *Successions,* II, n° 2132 et suiv. « Quand la loi, disent-ils, veut permettre d'enlever l'administration à un administrateur, elle s'explique formellement à cet égard ; ainsi elle organise contre le tuteur la procédure de la destitution de la tutelle. — Il y a d'ailleurs contre l'héritier négligent une sanction suffisante : la déchéance du bénéfice d'inventaire. » Cf. Sargnon. *Du séquestre dans la pratique judiciaire,* p. 49 et suiv.

Telles sont les tentatives d'organisation que nous devions signaler parce qu'elles rentrent directement dans notre sujet. Elles auraient constitué pour l'insolvabilité après décès une procédure collective qui manque à la déconfiture; mais elles étaient élevées sur une base trop fragile pour pouvoir réussir. Où trouver en effet ce prétendu principe qui domine, dit-on, toute la matière ? — On peut le deviner, si l'on veut, dans l'art. 2146 : mais en somme, il n'est écrit nulle part et l'art. 2146 2ᵉ al. demeure une disposition isolée, assez difficilement explicable. Pourquoi en effet faire produire à l'insolvabilité à peine présumée une conséquence que n'entraînerait pas la déconfiture parfaitement établie ? — Pourquoi en outre faire dépendre de la volonté de l'héritier le sort des créanciers qui, surpris peut-être par la mort du débiteur, n'ont pu prendre inscription qu'après cet événement ? — On n'en voit pas de bonne raison : aussi dans les discussions sur la réforme de notre régime hypothécaire de 1849 à 1851, la suppression de l'article 2146 2ᵉ al. avait été décidée. — Elle a été opérée en Belgique, par la loi du 16 décembre 1851. — Cette disposition déroge au droit commun; elle se justifie malaisément; c'est une double raison pour qu'on ne puisse la généraliser et en faire le point de départ d'un système.

On arrive d'ailleurs, comme nous l'avons déjà fait remarquer, à fausser complètement le bénéfice d'inventaire et à le rendre méconnaissable, en faisant d'une faveur, d'un bénéfice accordé au successible, une mesure de protection pour les créanciers du défunt. — On ne peut pas davantage assimiler l'héritier bénéficiaire à un syndic de faillite. L'un est choisi par les créanciers, l'autre ne doit sa qualité qu'au hasard de sa vocation héréditaire. Faire de lui le représentant des créanciers c'est oublier qu'il est déjà celui du défunt. Il n'est tenu des dettes que dans la mesure de l'actif recueilli, mais il n'en reste pas moins héritier. Il administre, il prépare la liquidation —

dans l'intérêt des créanciers ? — certainement non, car il n'a reçu d'eux aucun mandat — mais bien pour son compte personnel, puisqu'il est appelé à profiter de l'excédent de l'actif sur le passif.

En résumé, les créanciers du défunt sont déchus du droit de faire inscrire leurs hypothèques; mais, à part cette prohibition formulée expressément par l'art. 2146 2· al, ils peuvent prendre toutes les mesures et faire tous les actes nécessaires à la protection de leurs droits, ils peuvent exercer des poursuites et pratiquer des saisies.

2o Des règles qui président au paiement des créanciers

La liquidation (1) de la succession aboutit au paiement mais comment l'héritier bénéficiaire doit-il payer ? La loi distingue suivant qu'il y a ou non des créanciers opposants.

S'il n'y a pas d'opposition, l'héritier paye les créanciers et les légataires à mesure qu'ils se présentent (art. 808 § 2). C'est le triomphe de la vigilance : c'est aussi l'inégalité entre créanciers élevée à la hauteur d'un principe de droit ! Qu'une succession soit acceptée sous bénéfice d'inventaire; et le jour même l'héritier peut désintéresser tel ou tel créancier; il peut se payer lui-même, s'il y a lieu. Ces paiements, faits à une époque où l'acceptation bénéficiaire n'est pas encore connue des tiers, sont cependant parfaitement valables.

S'il y a des oppositions (2), l'héritier ne peut payer

---

(1) Nous croyons inutile et hors de notre sujet d'étudier les détails d'organisation du bénéfice d'inventaire ; nous renvoyons aux articles 793-811 du C. civil.

(2) On est d'accord pour reconnaître que l'art. 808 n'exige pas une saisie-arrêt. L'opposition dont il parle, c'est tout acte par lequel le créancier fait connaître sa qualité à l'héritier et se refuse à ce que les deniers soient distribués en son absence. — Un arrêt de Grenoble du 21 mars 1892 fait résulter l'opposition d'une lettre écrite à l'héritier et dans laquelle le créancier fait connaître sa qualité. Grenoble, 21 mars 1892. *Journal de la Cour de Grenoble*, 92, p. 153.

que dans l'ordre et de la manière réglée par le juge (808 § 1)
Il importe de remarquer que l'opposition est une mesure
tout individuelle (1). L'héritier peut toujours reprendre sa
liberté de payer en désintéressant le créancier opposant :
les autres ne seraient pas fondés à soutenir que la contribution s'est ouverte par le seul effet de l'opposition et que
le bénéfice leur en est acquis.

Que dire des créanciers retardataires ? Quels recours
leur appartiennent ? — L'héritier qui s'est conformé aux
règles de notre article n'a qu'à rendre ses comptes pour
être entièrement quitte envers eux. — Il est certain aussi
que les créanciers non payés ont contre les légataires une
action se prescrivant par trois ans à compter du jour de
l'apurement du compte et du paiement du reliquat (809
C. civil.) — Mais peuvent-ils s'adresser aux créanciers déjà
désintéressés ? — Dans le projet de rédaction du code, ce
recours existait quand les retardataires se présentaient
avant l'apurement du compte, et non, quand ils venaient
plus tard. Le texte de l'article 809 a-t-il reproduit la distinction ? Sa rédaction est si mauvaise qu'on ne peut se prononcer d'une façon certaine : la question est discutée. —
Les retardataires n'ont, croyons-nous, rien à demander
aux créanciers qui en recevant payement ont reçu seulement ce qui leur était dû. Un texte formel serait nécessaire
pour autoriser un recours : ce texte n'existe pas et paraîtrait même en contradiction avec l'idée dont s'inspire
l'organisation du bénéfice d'inventaire dans la loi française. *Jura vigilantibus prosunt !* ... (2).

---

(1) Aubry et Rau, VI, § 618, texte et note 56. — Baudry et Wahl. *Succ.*,
II, 2002, — Demolombe, XV, n° 296. — Laurent, X, n° 158.

(2) La jurisprudence est en ce sens ainsi que la majorité des auteurs.

Aubry et Rau, VI, § 618. texte et note 62. — Baudry et Wahl. *Succ.*, II,
n° 2052. — Demolombe, XV, n° 325. — Garraud, *op. cit.*, p. 155. — Huc,
n° 246. — Laurent, X, n° 168. — Vigié. *Manuel*, II. n° 237.

Et Cass. civ., 4 avril 1832. S. 32, I, 309. — Montpellier, 14 mars 1850.
S. 50, II, 479.

Que conclure de ce très rapide exposé ? que le bénéfice d'inventaire donne des résultats pratiques défectueux et qu'il est la négation de l'article 2093 C. civil, puisqu'il fait du paiement le prix de la course (1).

La loi a cru faire beaucoup en donnant aux créanciers le droit d'arriver par une opposition à une distribution judiciaire. Mais, comme on l'a dit très justement, elle ne protège les créanciers que s'ils se protègent eux-mêmes. Elle n'a pas de dispositions pour ceux qu'il importait surtout de secourir : ceux qui, par leur éloignement ou pour une autre cause, ne peuvent user de cette vigilance nécessaire pour obtenir paiement. La procédure commence bien par une inscription sur un registre public au greffe du tribunal, mais que cette publicité est restreinte et surtout qu'elle présente peu d'intérêt puisque les créanciers peuvent être payés immédiatement après !...

Il fallait au moins faire de cette inscription au greffe le point de départ d'un délai d'un mois ou d'une quinzaine, pendant lequel l'héritier ne pourrait faire aucun paiement et pendant lequel aussi créanciers et légataires seraient

---

(1) Dans notre ancien droit, certaines Coutumes avaient organisé, en cas de bénéfice d'inventaire, des procédures destinées à assurer le paiement égal de tous les créanciers.

Citons, à titre d'exemple, la Coutume de la ville de Lille (XIV art. II). L'héritier bénéficiaire qui a obtenu des lettres patentes fait dresser un inventaire par un sergent. Puis des significations sont adressées au seigneur et aux créanciers connus, résidant dans le pays. Quant aux créanciers inconnus ou étrangers, ils sont appelés par des publications faites le jour du marché et le dimanche à la messe paroissiale. Passé un certain délai, les créanciers produisent et le paiement est réglé après vérification des titres.

Voici encore la Bretagne, où les créanciers de la succession avaient l'habitude de former une espèce de Syndicat pour diriger, d'accord avec l'héritier, la liquidation de la succession bénéficiaire (*d'Argentré sur l'art. 515 de la Cout. de Bretagne. —* Duparc-Poullain. *Précis des actes de notoriété*, p. 232, n° 11.

Les droits des créanciers étaient certainement bien mieux protégés par ces procédures que par notre législation actuelle.

invités à produire. Suivrait à l'expiration du délai une distribution amiable ou une contribution judiciaire.

§ 3. — *Renonciation*

C'est le dernier parti qui s'offre à l'héritier et ce sera le plus sage lorsque la succession est certainement mauvaise. Si tous les successibles appelés prennent la même décision la succession est réputée vacante (1). C'est alors une présomption très forte, presque une preuve de l'insolvabilité du défunt ; on ne saurait s'expliquer autrement l'abstention des héritiers (2).

Les articles 812 et suivants C. civil indiquent le mode de liquidation de l'hérédité. Elle est confiée à un curateur nommé par le tribunal à la requête des intéressés ou du ministère public. Le curateur réalise les biens mais il n'en touche pas le prix qui est versé à la Caisse des Dépôts et Consignations ; il administre, mais à la différence de l'héritier bénéficiaire, il n'est pas comptable.

Au surplus nous retrouvons ici des controverses déjà exposées. On admet généralement que la disposition de l'article 2146 § 2 s'applique par identité de motifs à la succession vacante (3).

---

(1) La vacance est une hypothèse qui paraît, dans notre droit, fort difficile à réaliser ; car s'il existe des successibles ou des légataires, ils sont propriétaires de plein droit par le seul fait de leur vocation (711 C. civil), et s'il n'en existe pas, la succession est en déshérence, c'est-à-dire acquise à l'Etat (713 et 888 C. civil). — En fait, les agents du fisc peuvent ignorer l'ouverture de la succession, ou bien leur demande d'envoi en possession au nom de l'Etat peut avoir été rejetée par le tribunal.

(2) Lorsque plusieurs héritiers ont successivement renoncé, c'est bien là une présomption d'insolvabilité. — Mais la plupart du temps la succession sera vacante parce que les héritiers sont absents ou inconnus : ce qui ne fait en rien présumer l'insolvabilité du défunt. C'est pour ce motif que nous n'insisterons pas sur l'organisation de la succession vacante.

(3) *En ce sens :* Aubry et Rau, t. III, § 272, texte et note 39. « La disposition du second alinéa de l'art. 2146 s'applique, par identité de raisons, aux

Des auteurs ont prétendu que le droit de poursuite des créanciers se trouvait paralysé par la nomination d'un curateur. Cette proposition est loin d'être exacte. La mission du curateur n'est pas de représenter les créanciers et de veiller à leurs intérêts. Il est chargé au contraire de prendre soin de l'hérédité afin d'en rendre compte aux successibles inconnus qui pourraient venir plus tard; il représente la succession (1). Les créanciers conservent donc le droit de le poursuivre puisqu'il n'est pas leur mandataire.

Les paiements (2) seront faits par les soins de la Caisse des Dépôts et Consignations suivant les règles de l'article 808 du C. civil (3).

---

inscriptions prises sur les immeubles d'une succession vacante. » Pont, *op. cit.*, II, n° 916. — Troplong, III, n° 659 *ter*.

En *sens contraire* : Baudry-Lacantinerie. *Manuel*, III, n° 1379.

(1) *En ce sens* : Baudry-Lacantinerie et Wahl. *Succ.*, II, n° 2562. — « Le « curateur est le représentant légal de la succession vacante. Son rôle pré- « sente beaucoup d'analogie avec celui de l'héritier bénéficiaire. Comme lui, « le curateur représente la succession ; pas plus que lui, il ne représente les « créanciers, sauf dans la limite où un débiteur représente ses créanciers. »

Les créanciers peuvent donc, après la vacance, prendre toutes les mesures pour consolider leurs droits. — Une cession de créance consentie par le défunt de son vivant peut être rendue définitive par une signification faite au curateur de la succession vacante. (Trib. civ. Seine, 30 janvier 1892. *Gaz. Pal.* 92, I, 301.)

(2) Le paiement se fait de la manière prescrite en cas d'acceptation béné- ficiaire par les articles 808 et 809 C. civil. — Demolombe, XV, n° 456. — Garraud, p. 155. — Laurent, X, n° 202. — Cass. civ., 4 mai 1892. S. 92, I, 575.

(3) Certaines Coutumes du nord de la France avaient une procédure bien organisée pour la liquidation d'une succession vacante ou du patrimoine d'un fugitif. Un curateur était nommé : puis trois publications de quinzaine en quinzaine étaient faites à l'église et des significations, adressées aux créanciers connus et aux successibles.

Coutume de Bailleul, titre IX. — *de Bourbourg*, titre XVIII. — *Hondschoote*, titre XXI. — Par la première publication on annonçait le jour de la vente des meubles. Ordre était aussi donné à quiconque détenait des effets du patrimoine de les représenter et aux créanciers de se faire connaître dans la huitaine, à peine de déchéance. — Après la réalisation de tous les biens, le curateur rendait compte aux intéressés; suivait alors la distribution des deniers entre les créanciers qui avaient fait vérifier leurs titres.

CHAPITRE CINQUIÈME

Législations étrangères qui n'ont pas organisé la déconfiture

On connaît l'influence exercée au début du siècle par les codes français. Ils rayonnèrent sur tous les pays étrangers, s'imposant aux uns par la conquête et aux autres par la supériorité incontestée de leurs textes.

Il s'en suivit que presque partout la déconfiture ne fit l'objet d'aucune réglementation spéciale; mais certaines législations ne tardèrent pas à remarquer les lacunes de l'œuvre napoléonienne. Plusieurs, en particulier celles de l'Espagne et des Pays-Bas, furent frappées de la mauvaise organisation de l'insolvabilité civile et cherchèrent à faire mieux.

Quelques-unes cependant sont demeurées fidèles à ce que nous appelons le système français. Elles ont une faillite exclusivement destinée aux commerçants, et ne contiennent aucune disposition particulière au patrimoine de l'insolvable civil dont chaque créancier poursuit individuellement la liquidation à l'aide des voies d'exécution du droit commun. Parmi ces lois nous devons citer celles de deux nations sud-américaines, le Brésil (1) et le Chili (2); et en Europe, celles de la Grèce, du Portugal, de la Belgique, de l'Italie et de la Roumanie.

---

(1) Brésil. Les deux derniers réglements des faillites sont une loi du 6 mai 1882. (*An. Lég. Etr.* 1883, t. 12, p. 1063), et un décret du 24 oct. 1890 (*An. Lég. Etr.*, 1891, t. 20, p. 935).

(2) Chili. Code de com., du 23 nov. 1865, titre III. — Modifié par une loi du 11 janvier 1879.

De la Grèce (1) et du Portugal nous n'avons presque rien à dire. La première reproduit à peu près textuellement nos lois sur l'insolvabilité. — Le second n'organise pas la déconfiture. La question fut bien agitée, il y a quelques années au sein de la *commission de la Chambre des Députés pour la rédaction d'un nouveau code de commerce ;* mais elle ne reçut pas de solution et fut ajournée jusqu'au moment où l'on s'occuperait de la réforme de la procédure civile (2).

La Belgique (3), soumise à nos lois quand elle faisait partie de l'Empire, les a presque toutes conservées. Elle garde ainsi notre code civil et notre code de procédure, qui, relativement à la déconfiture, n'ont subi aucune modification d'ensemble. Les faillites y sont réglées par une loi belge du 18 avril 1851, mais elles sont toujours spéciales aux commerçants.

En Belgique comme en France, les insolvables civils se trouvent donc dans un état assez mal défini; mais les inconvénients de ce système doivent y être moins sensibles que chez nous. — Pourquoi ? on le devine quand on se rappelle que la réforme opérée chez nos voisins le 16 décembre 1851 a fait disparaître l'hypothèque judiciaire, et, avec elle, quelques-unes des plus fâcheuses conséquences du défaut d'organisation de la déconfiture.

Malgré cette amélioration partielle, la création d'une faillite civile a été bien souvent réclamée. Laurent consacrait à cette institution tout un titre de son *Avant-Projet* (4) pour la refonte du code civil belge. La réforme n'a pas

---

(1) Grèce. En 1878, une loi a été votée reproduisant à peu près la loi française de 1838 (*An. Lég. Etr.*, 1879, p. 673); une loi du 6 février 1893 a introduit la liquidation judiciaire (*An. Lég. Etr.*, 1894, p. 705.)

(2) Nouveau Code de com. portugais du 28 mai 1888 — *livre IV, relatif aux faillites*, 693-749, traduction de Lehr.

(3) Voir Thaller, *op. cit.*, I, p. 82.

(4) Laurent. *Avant-projet*, t. IV, titre III (projet comprenant 22 articles.

4

encore abouti et les lois récentes *sur les Concordats Pré-*
ventifs (1) ne sont pas applicables aux débiteurs civils.

En Italie (2), prévaut encore l'idée de l'application spéciale et exclusive de la faillite aux débiteurs commerçants.
Elle a triomphé assez récemment auprès de la commission
parlementaire, chargée de rédiger le nouveau code de commerce qui a force de loi depuis 1883 ; mais elle est ardem-
ment combattue par la plupart des jurisconsultes et paraît
devoir bientôt succomber (3).

Dans l'état actuel de la législation, nous ne trouvons pas
dans ce pays de déconfiture organisée. Il en est bien question dans plusieurs articles du code civil qui indiquent
certains effets de cet état : la dissolution de la société, la déchéance du bénéfice du terme (4). Mais, nulle part, ni dans
le code civil, ni dans le code de procédure, la loi italienne
n'établit une faillite des non-commerçants. Contre les débiteurs de cette classe qui ne remplissent pas leurs obligations, la loi laisse libre carrière à l'action individuelle des
créanciers. Ceux-ci ont à leur disposition diverses saisies
et l'action paulienne (5).

Avant de quitter cette législation, il faut signaler la
manière dont elle organise les liquidations des patrimoines
insolvables après le décès du débiteur. Elle est beaucoup

---

(1) Les concordats préventifs ont été organisés par la loi du 20 juin 1883
— qui ne devait rester en vigueur que jusqu'au 1er janvier 1886 — délai pro-
longé jusqu'au 1er juillet 1887 par une loi du 23 décembre 1885 ; — admis
enfin à titre d'institution définitive par une loi du 29 juin 1887.

(2) Voir Garraud, *op. cit.*, p. 236. — Huc et Orsier, *Code civil italien.* — Milone,
Il concorso (Archiv. Giurid., 1876, p. 173). — Sacerdoti, *Le projet définitif du
C.Com. italien (Rev. de Dr. Int.*, 1880, 12, p. 70, 153, 349). — Thaller, *op. cit.*,
I, p. 83. — et le même (*Bul. S. Lég. Comp.*, t. 17, p. 536 et suiv.)

(3) Voir III· partie, ch. second.

(4) Art. 1176 C. civ. ital., *correspondant à l'art. 1188 C. civ. fr.*
Art. 1729, 4e C. civ. ital. *(art. 1865, 4e C. civ. fr.)*

(5) Art. 1235 C. civ. ital. *(art. 1167 C. civ. fr.)*

moins incomplète que la nôtre. L'acceptation bénéficiaire de la succession doit être transcrite au bureau des hypothèques du domicile du défunt et insérée par extraits dans le journal des annonces judiciaires. Elle met ainsi à la base de la procédure de sérieuses mesures de publicité, principe excellent qui mérite d'être retenu. Il en est de même de la succession vacante (1).

Le jour des insertions dans les journaux est le point de départ d'un délai d'un mois pendant lequel la caisse de la succession est fermée pour tout le monde. Durant tout ce temps, les créanciers peuvent se faire connaître et former opposition. A l'expiration des trente jours, l'héritier, curateur de droit de l'hérédité, procède au paiement des intéressés dans des formes analogues à celles qui sont établies par notre code civil.

Les mêmes principes se retrouvent en Roumanie (2). La nouvelle loi des faillites (3), publiée le 20 juin 1895, va remplacer le livre III du code de commerce du 10 mai 1887. Elle contient bien des innovations heureuses, mais ne vise que les commerçants.

L'insolvabilité civile n'est organisée ni au code civil du 4 décembre 1864, ni au code de procédure du 11 septembre

---

(1) Pour l'organisation des Successions insolvables, voir les art. 976, 977, 980, 981 et 995 C. civ. ital.

(2) Voir Alexandresco. *Droit ancien et moderne de la Roumanie.* Paris, 1898 — et Flaischlen. *La nouvelle législation roumaine sur les faillites (Rev. de Dr. Int.,* 1896, p. 177).

(3) Le Code de commerce français avait été introduit en Valachie en 1840 et en Moldavie le 10 décembre 1863. — Un Code de commerce fut voté le 10 mai 1887 ; il s'inspire du Code italien et comprend 4 livres — le premier traite du commerce en général — le second, du commerce maritime et de la navigation — le troisième, des faillites et banqueroutes — le quatrième, de l'exercice de l'action commerciale et de sa durée. — La loi du 20 juin 1895, œuvre de M. Marghiloman, ministre de la justice, est venue remplacer le 3e livre du Code de commerce.

1865. A l'exception de quelques dispositions isolées, empruntées à la loi hypothécaire belge du 16 décembre 1851 ou au projet de code civil italien, le premier reproduit presque toujours les textes de notre code. Ainsi, les articles 1718 et 1719 C. Roumain sont la copie exacte de nos articles 2092 et 2093 ; et l'article 1257 est la traduction de notre article 1446 C. civil (1).

Le second s'inspire aussi de la loi française et présente la même lacune relativement à la déconfiture. Chaque créancier poursuit individuellement et à l'aide des saisies la liquidation de son débiteur insolvable (2). Les mauvais résultats de ce système sont, en Roumanie comme en Belgique, sensiblement atténués par la suppression de l'hypothèque judiciaire (art. 1748, C. civ. R.).

Les juristes roumains réclament cependant une réforme, mais l'avant-projet de revision du code de procédure qui contient un essai d'organisation de la déconfiture n'a pas encore été pris en considération (3).

---

(1) Art. 1718, C. civ. Roumain. — *Quiconque est obligé personnellement est tenu de remplir son engagement sur tous ses biens, meubles et immeubles, présents et à venir.*

Art. 1719. *Les biens du débiteur sont le gage commun de ses créanciers et le prix s'en distribue entre eux par contribution, à moins qu'il n'y ait entre les créanciers des causes légitimes de préférence.* Alexandresco, *op. cit.*, p. 451.

Art. 1257. — *La femme seule peut demander la séparation de biens. Ses créanciers personnels ne peuvent la demander sans son consentement. Néanmoins, en cas de faillite ou de déconfiture du mari, ils peuvent exercer les droits de leur débitrice jusqu'à concurrence du montant de leurs créances.* Alexandresco, *op. cit.*, p. 85.

(2) Les insolvabilités après décès paraissent être organisées d'après les principes de la loi française et non d'après ceux de la loi italienne. Alexandresco, *op. cit.*, p. 185, 216 et suiv.

(3) Alexandresco, *op. cit.*, p. 502.

SECONDE PARTIE

ÉTUDE DE DROIT COMPARÉ

SUR

L'ORGANISATION DE LA DÉCONFITURE

Au système suivi par la déconfiture française, nous opposons dans cette seconde partie la procédure de liquidation collective adoptée par un nombre de plus en plus considérable de législations contemporaines. Elles présentent, les unes et les autres, un caractère qui nous permet de les grouper sous la même rubrique et que nous devons mettre en relief avant d'entrer dans l'étude détaillée de chacune d'elles.

« Ces diverses lois sont plus prévoyantes que nos codes ;
« et, dans le cas où l'état d'un patrimoine conduit à une
« perte certaine, elles font toutes fléchir cet individualisme
« par lequel chaque créancier cherche à primer les autres
« et à sauver pour lui seul ce qu'il y a moyen de sauver.
« Le hasard, ajoute le professeur Kohler, cesse de régner
« en maître et les intéressés partagent également entre eux
« les débris de leur gage (1). »

'(1) Kohler, professeur à Berlin. — *Lehrbuch des Concursrecht*, 1891, p. 51.

Voilà le point commun à toutes ces législations. Bien des différences peuvent exister entre elles. — Les unes soumettent tous les insolvables au même régime ; les autres en ont un pour les débiteurs civils et un second, pour les commerçants. — Qu'importe tout cela ? — « Il y a « toujours procédure de faillite, puisque l'essence de cette « procédure est d'établir un ensemble de règles de con- « duite légales pour réaliser une exécution dans l'intérêt « social d'une communauté de créanciers. » — Un premier chapitre sera consacré *aux lois qui organisent la déconfiture parallèlement à la faillite commerciale;* un second, *à celles qui établissent une procédure identique pour tous les insolvables.* Nous exposerons enfin, dans un troisième et dernier chapitre, un système particulier qui ne peut entrer dans aucune de ces classifications : *celui de la loi fédérale suisse du 11 avril 1889* (2).

---

(2) La loi fédérale organise plusieurs sortes de faillites — la faillite pour effets de change, 177-189, la faillite ordinaire 159-176, réservées l'une et l'autre à une classe particulière d'insolvables : les personnes inscrites au registre du commerce. — Mais dans les art. 190-196, elle établit une faillite sans poursuite préalable, frappant indistinctement tous les débiteurs qui tombent sous le coup d'une des présomptions d'insolvabilité établies par ces articles. — Voilà pourquoi nous croyons nécessaire de lui consacrer un chapitre particulier.

CHAPITRE PREMIER

Législations organisant deux procédures distinctes, l'une pour les commerçants, l'autre pour les non-commerçants.

Les diverses législations appartenant à cette catégorie seront étudiées dans trois sections, relatives, la première, à l'Espagne ; la seconde, à l'Autriche et à la Hongrie ; la troisième, à la Suède et aux pays scandinaves.

SECTION 1re. — ESPAGNE (1)

L'Espagne est, jusqu'à présent, le seul des peuples latins qui ait organisé, à côté de la faillite propre aux commerçants, une procédure collective applicable à tous les débiteurs. — Les dispositions concernant l'insolvabilité sont classées avec beaucoup d'ordre et de méthode : au Code de commerce (art. 870 à 941), les principes de la *Quiebra* ou faillite commerciale ; au Code civil (art. 1914-1920), ceux du *Concurso de Accredores* ou concours des créanciers ; enfin, dans la *Ley de Enjuiciamento*, sorte de Code de procédure revisé le 3 février 1881, un titre 13 règle la marche de la première (art. 1318-1396) */Del orden de procéder en las Quiebras/* et un titre 12, celle de la seconde, */Del concurso de accredores/* (art. 1130-1317) (2).

S'il nous fallait caractériser d'un mot les tendances de

---

(1) Voir : Garraud, *op. cit.*, p. 250. — De Montluc (*Rev. de Dr. Int.*, I, 589). — Lehr. *Eléments de droit civil espagnol*, n° 445, p. 242. — Thaller, *op. cit.*, I, p. 84, et aussi *Bul. S. Lég. comp.*, t. 17, p. 543.

(2) *La ley de Enjuiciamento* date de 1855. — Le Code de Com., du 22 août 1885, exécutoire depuis le 1er janvier 1886. — Le Code civil, du 24 juillet 1889.

la loi espagnole, nous dirions qu'elle se distingue par une douceur peut-être exagérée à l'égard de l'insolvable.

Au commerce, en effet, la faillite n'est prononcée que si le débiteur n'a pu obtenir sa mise en état de suspension de paiements *(suspension de Pagos)* art. 870-873. Le Code ouvrait très largement à tous cette procédure de faveur; et l'on vit les banqueroutiers profiter, aussi souvent que les débiteurs momentanément gênés, de ce bénéfice extraordinaire. Une loi du 10 juin 1897 est venue en rendre l'accès plus difficile en remaniant les art. 870 et suivants du C. de commerce. Depuis le nouveau texte, la *Suspension de Pagos* est réservée aux négociants qui ne peuvent faire face à leurs échéances, mais qui, avec un sursis, arriveront à se libérer complètement (1).

La situation de l'insolvable civil est restée en dehors des prévisions de la loi nouvelle; et celui-ci se trouve aujourd'hui beaucoup plus favorisé que le commerçant (2). Il jouit d'une faculté dont il usera toujours : celle de solliciter en justice *Quita y Espera* (littéralement remise de dette et sursis) ou l'une de ces deux choses seulement. Sa requête est accompagnée d'un état exact de ses dettes et de ses biens (3), avec leur estimation (1912 C. civ. — 1130 C. pr. civ.)

Convoqués par les soins du juge, les créanciers portés sur l'état fourni par le débiteur se réunissent en une assemblée qui, pour pouvoir valablement délibérer, doit repré-

---

(1) Ce sursis ne pourra ni excéder 3 années, ni se convertir en une remise de dette. — Voir sur ce point *An. Dr. Com.*, 1897, p. 419, — et 1899, fasc., 2.

(2) La législation espagnole se trouve ainsi présenter un caractère tout opposé à celui des lois autrichienne et danoise qui ne permettent pas au non-commerçant d'obtenir un concordat.

(3) L'art. 1911 C. civ. espagnol correspond à notre art. 2092; en principe, le débiteur répond sur tous ses biens présents et futurs de l'accomplissement de ses obligations.

senter les trois cinquièmes du passif. Elle prononce sur le sursis ou le concordat demandés.

Lorsque l'insolvable a obtenu le nombre de voix nécessaire (1), le vote favorable peut être attaqué dans les dix jours par l'un des créanciers qui y étaient opposés. La convocation irrégulière des intéressés, le défaut de qualité chez l'un des votants, l'exagération de certaines créances en vue de fausser la majorité, la collusion frauduleuse entre le débiteur et l'un de ceux qui ont accédé à sa demande — voilà tout autant de vices qui peuvent entraîner l'annulation du vote.

Si le délai de 10 jours est expiré, ou si l'opposition formée n'a pas été jugée recevable, l'accord consenti par la majorité est déclaré exécutoire par une décision du juge (1151 C. proc.); il s'impose à tous les créanciers portés sur l'état, hormis les hypothécaires ou les privilégiés qui ont dû s'abstenir de voter.

Si, au contraire, la demande de *Quita y Espera* est repoussée, ou si le vote est plus tard annulé sur opposition d'un ayant-droit, le non-commerçant tombe sous le coup d'une mise en déconfiture.

Elle est de deux sortes : volontaire, lorsqu'elle est ouverte (2) à la requête de l'insolvable qui fait abandon de tous ses biens; nécessaire, quand elle est prononcée sur la demande des créanciers.

Dans les deux cas, elle produit les mêmes effets; elle n'entraîne pas pour les actes passés par le débiteur des nullités analogues aux nullités de la *Quiebra* commerciale. C'est là entre les deux institutions une différence essen-

---

(1) Les votes ne sont acquis que s'ils réunissent les 2/3 des suffrages et que si les suffrages favorables représentent au moins les 3/5 du passif.

(2) Lorsque son passif excède son actif, le débiteur qui a cessé de faire face à ses obligations courantes, a le devoir de se présenter devant le tribunal compétent à l'effet de faire déclarer sa déconfiture (art. 1913, C. civil).

tielle; mais, à l'instar de la faillite, elle dépouille l'insolvable de l'administration de ses biens et de toute autre administration dont il serait investi par la loi (1914 C. civ.), rend ses dettes exigibles et arrête le cours des intérêts contre lui.

Peu après le jugement déclaratif, les créanciers sont convoqués à l'effet d'élire parmi eux trois syndics, mâles et majeurs de 25 ans (1). La mission de ces derniers est de poursuivre la liquidation judiciaire des biens du déconfit. C'est à eux qu'il appartient de représenter la masse et d'en exercer les droits, de faire rentrer les créances du débiteur et de pourvoir aux dépenses urgentes; à eux encore de réaliser l'actif, de vérifier les créances et de convoquer les assemblées, s'il y a lieu. Ils donnent enfin leur avis sur les causes de la déconfiture et le degré de responsabilité de l'insolvable.

Le juge procède alors à la *qualification du Concurso*. — Si le concours est déclaré coupable ou frauduleux il entraîne pour le *Concursado* des peines, moins fortes cependant que celles qui sont encourues dans les mêmes hypothèses par le failli (2). En cas contraire, il comporte seulement certaines incapacités (3), dont le débiteur peut se faire relever en obtenant sa réhabilitation. La procédure se termine normalement par la vente des biens en justice, mais le débiteur, qui n'en a pas été déclaré indigne, peut à tout moment obtenir de ses créanciers un arrangement ou une transaction (1903 et 1905 C. civil) (4). Ces sortes de *Convenio* sont

---

(1) Les syndics ont droit à une rétribution fixée par la loi.

(2) Voir IIIᵉ Partie, ch. III.

(3) Voir IIIᵉ Partie, ch. III.

(4) On peut rapprocher de la législation espagnole le nouveau code civil de la République de Costa-Rica (*C. civil de 1887*, III, titre 7, art. 884-889). Il contient une organisation assez complète de la déconfiture, qui ressemble singulièrement aux dispositions espagnoles. (*De la insolvencia del deudor, y del concurso de accredores.*)

soumis aux mêmes conditions de validité que la *Quita y Espera.*

Loyalement exécuté, le concordat met fin aux poursuites ; mais si le débiteur ne remplit pas ses engagements, le droit des créanciers renaît pour tout ce qui n'a pas encore été payé. Chacun d'eux peut demander avec la rescision du *Convenio* la continuation de la liquidation.

A peine est-il besoin d'ajouter que la clôture du *Concurso* ne vaut pas quittance et que l'insolvable peut être poursuivi de nouveau, s'il revient à meilleure fortune (art. 1920 C. civil).

SECTION 2. — AUTRICHE ET HONGRIE

Les faillites sont réglées en Autriche par la loi du 25 décembre 1868, complétée par deux lois du 16 mars 1884, l'une, relative à l'annulation des actes concernant les biens d'un débiteur insolvable, l'autre, ayant pour objet de modifier et d'étendre certaines dispositions de la procédure d'exécution de manière à protéger les créanciers contre les actes préjudiciables de leur débiteur (1).

La loi hongroise (2) date du 29 mars 1881 ; elle est entrée en vigueur le 1er janvier de l'année suivante.

Avec ces législations — visiblement inspirées l'une et l'autre par la loi prussienne de 1855 — nous faisons un nouveau pas dans la voie de l'assimilation de la faillite et de la déconfiture. L'Espagne, nous venons de le voir, donne

---

(1) Autriche. Bufnoir (*Bul. S. Lég. com.*, t. 17, p. 366). — Challamel (*An. Lég. Etr.*, 1885, t. 14, p. 289 et 304). — Garraud, *op. cit*, p. 248. — Leroy, *Faillite dans les Etats autrichiens.* (*J. des Faillites*, 1883, p. 160. — 1884. p. 36, 167, 341 et 547). — Thaller, *op. cit.*, I, 94.

(2) Hongrie. Bufnoir (*An. Lég. Etr.*, 1882, p. 320. — ou *J. des Faillites*, 1883, p. 273 et 328.) — Thaller, *op. cit.*, I, 95.

Ajoutons qu'un projet de réforme des lois autrichiennes de 1868 et de 1884 est actuellement pendant devant le Parlement, depuis 1888.

à chacune de ces procédures un nom particulier, et en pose les règles fondamentales dans deux codes distincts. Il n'en est plus de même ici. Quelle que soit la profession du débiteur, son insolvabilité donne toujours ouverture au Concours, et produit les mêmes effets essentiels. Les différences apparaissent seulement dans la manière de régler les détails de marche du concours commercial et du concours ordinaire. Pour se convaincre de la justesse de cette observation, il n'y a qu'à jeter les yeux sur la table des matières de la loi autrichienne. — Elle comprend 257 paragraphes et se divise en deux parties (1).

La première est intitulée : *Des rapports juridiques qui naissent du Concours* /*von den Rechtsverhaltnissen im Concurse*/ et ne distingue pas entre Commerçants et Non-Commerçants. Elle traite des effets de l'ouverture du concours (titre 1), des droits de la masse (titre 2) et enfin de la situation juridique de l'insolvable après la clôture des opérations (titre 3).

La seconde est consacrée à la procédure /*von den Verfahren im Concurse*/. C'est là que se retrouve la distinction : le concours ordinaire fait l'objet d'un titre (*von dem ordentlichen Concursverfahren*, § 58-190) ; et la faillite Commerciale, d'un autre (*von dem Kaufmannischen Concurse* § 191-253) (2).

Laissant donc de côté les règles communes aux deux

---

(1) La loi hongroise de 1881 comprend deux parties : 1° *Conséquences juridiques de la faillite quant au fond du droit*, et 2° *Procédure organisée*.

La seconde partie (art. 72-271) se subdivise en 3 titres :

Titre I (art. 72-240). — *Règlement de la procédure de droit commun en matière de faillite.*

Titre II (art. 241-261). — *Dispositions spéciales au règlement de la faillite des commerçants et des sociétés de commerce, en tant qu'elles s'éloignent du droit commun.*

Titre III. — *Dispositions diverses et transitoires* (261 à 272).

(2) La 2ᵉ partie de la loi autrichienne contient aussi un titre final consacré aux dispositions transitoires.

institutions, nous voudrions simplement indiquer les principales différences qui subsistent entre elles (1).

Et d'abord elles ne s'appliquent pas dans les mêmes circonstances. En Autriche comme en Hongrie, le commerçant qui suspend ses paiements est déclaré en faillite ; mais on n'étend pas au débiteur civil un système aussi rigoureux. La loi prend soin d'énumérer un certain nombre de faits qui laissent présumer l'insolvabilité et permettent seuls de faire déclarer le concours ordinaire (*Loi autrichienne*, § 62, 63 et 64). (*Loi hongroise*, art. 244-248) (2).

La liquidation est préparée par les mêmes organes, d'abord par un « *Concurscommissar* », choisi parmi les membres du tribunal saisi de la demande de faillite, puis par les délégués des créanciers. A peine peut-on signaler quelques obligations particulières imposées aux commerçants — celle de présenter leurs livres par exemple (*Loi hongroise*, art. 244), — ce sont des détails... Il faut arriver

---

(1) Sont communes aux deux concours les dispositions des deux lois du 16 mars 1884. — Voir pour les détails de la loi sur l'annulation des actes passés par le débiteur : Challamel (*An. Lég. Etr.*, t. 14, p. 289).

Une seconde loi du 16 mars 1884, porte que, « lorsque les poursuites sont restées sans résultat, le tribunal fixe une audience spéciale dans laquelle le débiteur déclarera quelle est sa fortune et en quels lieux se trouve chacun des éléments qui la composent. »

Il doit lui déférer le serment que ses déclarations sont sincères et qu'il n'a rien célé de sa fortune. — Si le débiteur fait défaut ou refuse de prêter serment, le tribunal peut, sur la demande du créancier ordonner son arrestation. Au cas d'arrestation du débiteur, on applique les dispositions de la loi d'organisation judiciaire sur la contrainte par corps, qui ne peut durer plus de 6 mois.

(2) Suivant les règles de la procédure ordinaire, le concours peut s'ouvrir dans les quatre cas ci-dessous indiqués. — Un débiteur, dans l'impossibilité de payer ses dettes, provoque lui-même la déclaration de faillite ; — ou bien après la mort du débiteur, le concours est demandé par l'héritier ou le curateur de la succession ; — le concours peut être également ouvert sur les poursuites des créanciers quand le débiteur ne comparait pas ou qu'il est hors d'état de payer ses dettes ; — enfin, quand le débiteur est en fuite ou se cache et qu'on ne peut voir à ces faits d'autre cause que l'insolvabilité.

aux solutions de la procédure pour trouver une différence plus importante. Le négociant peut obtenir un concordat de majorité, en est-il de même de l'insolvable civil ? — La loi autrichienne ne l'admet pas. Le débiteur doit traiter avec l'unanimité de ses créanciers, s'il veut bénéficier d'une transaction ou d'un arrangement quelconque. Ce point établi, les deux concours prennent un aspect tout différent. « L'un est, comme la faillite française (1), un moyen d'exé-« cution rigoureux contre le débiteur ruiné, mais en même « temps un mode de liquidation qui lui permet de tenter « de nouveau la fortune et de continuer les affaires, allégé « des charges sous lesquelles il a succombé. — L'autre est « seulement une mesure de rigueur, une menace et un « moyen de pression terrible contre le débiteur récalci-« trant ».

La loi hongroise, qui imite bien souvent la loi de 1868, ne l'a pas suivie sur ce point, et à raison, croyons-nous. Elle autorise le concordat dans les deux faillites et aux mêmes conditions (art. 207).

SECTION 3. — SUÈDE ET PAYS SCANDINAVES (2)

Dans ces diverses législations, la distinction de la déconfiture et de la faillite est de plus en plus effacée.

1° A peine l'aperçoit-on encore dans la loi suédoise du 19 septembre 1862, récemment modifiée le 13 avril 1883 (3)

---

(1) Leroy, *op. cit.* (*J. des Faillites*, 1883, p. 560).

(2) Russie. — En Russie, la faillite s'applique aux non-commerçants et aux commerçants, mais elle n'est pas régie par les mêmes lois. — Voir Thaller, *op. cit.*, I, p. 96, et *An. Lég. Etr.*, 1880, p. 708 et 709.

(3) Suède. — Voir *An. Lég. Etr.*, 1878, p. 666. Notice de Dareste — et 1884, p. 681.

En Suède, les différences entre commerçants et non-commerçants insol-vables sont si peu importantes que quelques auteurs considèrent la Suède comme un des pays organisant une seule faillite pour tous. — La question nous paraît assez dépourvue d'intérêt.

et le 5 juillet 1884. — Pour les commerçants et les non-commerçants la procédure est la même, les solutions identiques. — Une seule différence subsiste cependant : la faillite est prononcée contre tout négociant qui a cessé ses paiements depuis plus d'une semaine : elle ne frappe un débiteur ordinaire que dans certains cas d'insolvabilité manifeste limitativement énumérés par la loi (1).

2° La même observation peut être faite à propos des lois danoise et norwégienne (2), entre lesquelles existent d'ailleurs beaucoup de points communs. Parmi les causes d'ouverture de la faillite, deux sont d'une application générale, à savoir la fuite ou la disparition du débiteur (3) (N. 2 — D. 41) et l'insuffisance démontrée de ses biens (N. 3 — D. 41). [La troisième est spéciale aux commerçants et n'est autre que la suspension de ses paiements. (N. 5. — D. 43).

Dans ces législations toutefois l'assimilation n'est pas si près d'être réalisée qu'en Suède.

---

(1) Voici l'énumération de la loi : Le débiteur a quitté le pays pour cause de dette et sans esprit de retour — ses biens ont été l'objet d'une saisie inutile — le débiteur se livre à des manœuvres frauduleuses vis-à-vis de ses créanciers — ou bien, lorsqu'une dette est échue, il se cache sans avoir laissé un mandataire pour le représenter ou un actif suffisant. — La loi du 13 avril 1883 (art. 5), a ajouté un autre cas : lorsqu'un créancier privilégié, à raison d'une inscription pour avances à l'industrie, voit saisir par un autre créancier les biens affectés à son privilège et a de justes raisons de craindre que son privilège n'ait plus une assiette suffisante.

(2) Voir Beauchet (*Bul. S, Lég. comp.*, t. 14, p. 64 et suiv.).

Loi norwégienne du 6 juin 1863 — complétée par celle du 3 juin 1874.

Loi danoise du 29 mars 1872, en 19 chapitres et 170 articles.

(3) La faillite peut s'ouvrir dans trois circonstances différentes :

1° Sur la demande du failli (N., art. 1er. — D. art. 40) ;

2° Sur la demande d'un créancier (N. art. 2-5. — D. art. 41, 42, 43).

3° Après le décès du débiteur, sous trois conditions en Danemark, lorsqu'un créancier en fait la demande, que l'insolvabilité de la succession, est établie et que les héritiers l'ont acceptée sous bénéfice d'inventaire. (D., art. 145.)

En Norwège, toute succession, acceptée bénéficiairement, peut être soumise au régime de la faillite. (N., art. 108.)

La faillite est bien portée devant le même tribunal, *le Sckifteret* ou tribunal des partages ; la liquidation est confiée aux mêmes agents, mais les solutions peuvent être bien différentes. — L'article 100 de la loi danoise (1) et 60 de la loi norwégienne ne permettent pas à tout insolvable d'obtenir un concordat de majorité. Pour qu'il puisse présenter une demande de cette nature à l'assemblée des créanciers, il doit être commerçant, fabricant ou armateur. La loi norwégienne étend cette faveur aux propriétaires de mines.

Dans la dernière partie de cette étude (Ch. III) nous apprécierons les détails d'organisation de chacune des législations exposées dans ce chapître. Qu'il nous suffise de rappeler ici qu'elles s'inpirent des deux idées que nous adoptons :

---

(1) Les lois danoise et norwégienne ont un système de nullités différemment organisé. — La loi danoise (art. 24), autorise la faillite à demander la nullité de tout acte par lequel le failli a favorisé un de ses créanciers ; la loi norwégienne au contraire ne permet que l'annulation des actes que l'expérience prouve être surtout pratiqués pour porter préjudice aux créanciers (art. 44 à 47). — A côté du principe général posé dans l'art. 24, la loi danoise renferme une série de dispositions annulant certains actes par lesquels un créancier a été payé, soit par anticipation, soit d'une manière normale (art. 20, 21, 22, 23, D).

(2) Finlande. Loi du 9 novembre 1868. Voir Lyon-Caen et Renault. (*Tr. des Faillites*, I, p. 35) — et *An. Lég. Etr.*, 1888, p. 744.

(3) Aux Etats-Unis, il n'y a pas de loi fédérale sur les faillites. La Constitution (ch. 1er, art. 8, n° 4) fait bien rentrer dans les attributions du Congrès le droit d'établir des *Bunkruptcys laws* pour les divers Etats ; mais aucune des tentatives, en vue d'unifier les faillites, n'a pu réussir. — Lapremière date du 4 avril 1800 ; la seconde, du 19 août 1841 ; la troisième, de 1867. — La loi du 2 mars 1867 sur la *Bankruptcy* a été abrogée le 7 juin 1878. — Depuis lors, chacun des Etats a vécu sous un régime particulier. — Beaucoup d'Etats organisent l'*Insolvency* à côté de la *Bankruptcy*. — Citons seulement l'Illinois (loi du 10 avril 1872. *An. Lég. Etr.*, 1873, p. 64) ; — l'Etat de New-York (22 mai 1878. *An. Lég. Etr.*, 1879, p. 684) ; — la Californie. (*An. Lég. Etr.*, 1883, p. 1021.) — Voir Thaller, *op. cit.*, I, p. 116 et suiv.

1º Il faut organiser pour l'insolvabilité civile une procédure de liquidation collective ;

2º Mais il convient de maintenir certaines différences entre cette procédure et la faillite commerciale.

CHAPITRE SECOND

Législations soumettant tous les insolvables à un même régime

Ce groupe comprend par ordre de date les lois de l'Allemagne, de la Grande-Bretagne et des Pays-Bas. Nous consacrons une section à chacune d'elles.

SECTION 1re. — ALLEMAGNE (1)

La première, en 1877, l'Allemagne a opéré une assimilation complète entre la déconfiture et la faillite. — Avant cette époque, la loi qui jouissait de l'autre côté du Rhin du crédit le plus considérable était le Code du 8 mai 1855. Ses dispositions se retrouvent presque textuellement dans la loi autrichienne actuelle (2); elles nous sont connues...

---

(1) Bufnoir, *Bul. Soc. Lég. Comp.*, t. 17, p. 366. — Fitting. *Das Reichs-Concursrecht und Concurs verfahren.* — Garraud, *op. cit.*, p. 253. — Gérardin (*An. Lég. Etr.*, 1878, p. 102). — Kohler. *Lehrbuch des Concursrecht et An. Dr. Com.*, 1886-87, p. 98. *Les faillites en Allemagne.* — Lehr. *Eléments de droit civil germanique.* — Leroy. *De la faillite dans l'empire allemand*, texte de la loi (*J. des Faillites*, 1882, p. 361, 503, 566). — De la Porte. *Communication sur le projet de loi relatif aux faillites en Allemagne, Bul. Soc. Lég. Comp.*, 1875, t. 7, p. 386. — Rauter (*Rev. de Dr. franç. et étr.*, I, p. 577). — Thaller, *op. cit.*, p. 86. — Weber. *Etude critique et comparaison de l'exécution forcée en droit français et en droit allemand*, thèse 1899, Paris.

(2) Pour les différences entre les deux concours sous la loi de 1855 nous renvoyons à ce que nous avons dit pour la loi autrichienne.

Sur une résolution du Conseil fédéral du 21 février 1870, un nouveau Code du Concours fut préparé par le Gouvernement prussien. Soumis en 1874 à l'examen d'une commission de jurisconsultes et porté l'année suivante devant le Parlement, il était voté le 10 février 1877 et devenait obligatoire dans tout l'Empire à partir du 1er octobre 1879.

Il comprend 231 §§ et se divise en quatre parties : une loi d'introduction et trois livres, intitulés : le premier, *Du droit en matière de faillite ;* le second, *Procédure*, et le dernier, *Dispositions pénales*.

Le trait caractéristique de cette œuvre est la suppression complète, absolue, de toute distinction entre l'insolvable civil et le commerçant. Nous ne trouvons plus pour l'un et pour l'autre qu'une seule procédure de concours. Il y a toujours même cause d'ouverture — l'impossibilité de payer *[Zahlungsunfœhigkeit]* ; même tribunal compétent — le tribunal de canton (*Amtsrichter*, § 64) ; mêmes organes de liquidation (§ 70 et 72) ; mêmes solutions ; mêmes incapacités pour le débiteur et enfin mêmes pénalités, si le failli a agi en fraude (§ 209, 210, 211). A peine peut-on relever dans ces derniers articles une différence insignifiante : les commerçants seuls encourent la banqueroute pour omission et destruction de leurs livres, parce que seuls ils sont obligés d'en posséder (§ 209).

Diverses raisons paraissent avoir amené le législateur de 1877 à adopter ce système (1). Il y a d'abord des considérations économiques : « La limitation de la faillite aux « commerçants, lisons-nous dans l'Exposé des motifs de la

---

(1) Le vote du code civil allemand, le 1er juillet 1896, a déterminé un certain nombre de changements à la loi des faillites. — On a agité la question de savoir s'il ne fallait pas modifier la loi de 1877 sur des points essentiels — rendre la faillite plus dure pour le débiteur — ou bien créer, à côté du concours une procédure plus douce analogue à notre liquidation judiciaire. — On s'est arrêté à de simples modifications de détail, réglées dans un projet déposé au Reichtag, le 26 janvier 1898.

« loi, pouvait se justifier autrefois. Le commerce était
« une profession à part, le crédit en était le signe distinctif,
« la capacité d'émettre des lettres de change était d'ordi-
« naire réservée aux commerçants et ils étaient soumis à
« des mesures d'exécution plus sévères. — Toutes ces
« raisons ont disparu aujourd'hui. Le droit relatif à la
« distribution par contribution s'applique d'après le sens
« des mots et la réalité des choses, à tout et à tous. »

Mais ce qui a particulièrement conduit les Allemands à
cette solution, c'est la tournure d'esprit de leurs juristes,
la méthode de leurs législateurs. — Le premier soin, la
préoccupation la plus constante de tous est de dégager le
caractère juridique de la faillite. — Une fois le principe
établi, toutes les conséquences en seront logiquement
déduites.

Il importe donc de préciser la conception allemande
de la faillite. Elle peut, semble-t-il, se formuler ainsi.

Quiconque traite à crédit confère à ses créanciers un
droit éventuel de saisie planant sur tous ses biens (1), droit
qui, suivant l'expression de M. Thaller, domine une masse
sujette à des fluctuations journalières. La déclaration de
faillite intervient lorsque ce droit est menacé. « C'est une
« simple voie d'exécution, une mesure de contrainte dont
« le but est de coordonner la saisie de tous les créanciers,
« de manière à prémunir chacun d'eux contre les suites
« préjudiciables de règlements isolés (2). »

La loi allemande a tiré de cette idée plusieurs règles
différentes de celles qui ont cours chez nous. La première
est qu'il appartient aux intéressés seuls de provoquer l'ouverture d'un Concours : le tribunal de canton ne peut pas
l'ordonner d'office (§ 95).

---

(1) Thaller, *op. cit.*, I, p. 346 et suiv.
(2) Kohler, *op. cit.* (*An. Dr. Com.*, 1886-87, p. 98).

En second lieu, le dessaisissement ne frappe que l'ensemble des biens appartenant au débiteur insolvable au moment de la déclaration de faillite. Tous ceux qui lui adviennent postérieurement (1) demeurent en dehors de la procédure (§ 1 ; § 11).

La dernière enfin — pour ne citer que les plus importantes — est relative aux incapacités encourues par le failli. En France, elles ne disparaissent que par la réhabilitation. — En Allemagne, au contraire, la clôture du concours a pour effet immédiat de mettre fin à toutes les déchéances attachées à cet état. Leur seule raison d'être était de faciliter la saisie collective ; pourquoi les maintenir lorsque la liquidation est opérée ? — Le caractère reconnu à la faillite devait entraîner une autre conséquence. Il n'était pas rationnel de placer au Code civil ou au Code de commerce les règles relatives à une mesure d'exécution. Il fallait l'organiser d'une manière uniforme, et en faire une dépendance des lois de procédure.

La réforme a été réalisée par le législateur de 1877 poussé sans doute autant par cette idée théorique que par les considérations rapportées plus haut. Elle n'a pas produit de mauvais résultats. Il est permis de s'en étonner, car il ne paraît pas possible de trouver une procédure — assez lente pour ne pas exproprier trop commodément le paysan — et pourtant, assez prompte pour atteindre le commerçant de mauvaise foi.

---

(1) ART. 1. — Le concours s'étend à la totalité des biens appartenant au débiteur insolvable au moment de l'ouverture et qui tombent sous le coup des voies d'exécutions, § 1, loi de 1877.

ART. 2. — La masse de la faillite sert au paiement commun de tous les créanciers personnels qui, au moment de l'ouverture de la procédure, ont un droit fondé sur la fortune du failli.

Voir aussi art. 11. — La procédure de Concours a pour but de donner une satisfaction collective aux créanciers contemporains de son ouverture sur les biens dont le patrimoine du débiteur se compose à cette date.

Fitting, *op. cit.*. § 4, III.

En Allemagne, la jurisprudence des tribunaux de canton a sauvé la situation. C'est à eux qu'il appartient de décider souverainement ce qui constitue *l'impossibilité de payer*. Ils jouissent sur ce point d'une liberté d'appréciation (1), théoriquement dangereuse, mais dont ils ont fait bon usage. A leurs yeux, il y a impossibilité de payer, pour le commerçant, quand il suspend ses paiements et pour un débiteur ordinaire, lorsqu'il se trouve dans un état d'insolvabilité manifeste; voilà rétablie dans la pratique la distinction que la loi prétendait supprimer! Elle a seulement changé de place : des textes législatifs, elle est passée dans la jurisprudence où elle se maintiendra longtemps.

SECTION 2. — ANGLETERRE

La loi du 25 août 1883 (2) soumet à la même procédure collective tous les insolvables sans distinction. Mais le législateur anglais n'a pas toujours adopté cette solution; il y est arrivé peu à peu et comme par étapes. Nous retracerons les diverses phases de ce mouvement, et signalerons ensuite les traits les plus saillants de la faillite actuelle.

§ 1. — *Avant l'act du 25 août 1883*

La première mesure relative à l'insolvabilité est, en

---

(1) En ce sens : Fitting, *op. cit.*, p. 280, note 4. « Le juge obéira à la considération suivante : On compte sur une ponctualité absolue des paiements quand le débiteur exerce un commerce ou une profession voisine ; par conséquent le fait de transgresser l'échéance éveille chez lui la supposition d'une incapacité de payer, tandis que pour la dette particulière cette simple omission ne suffit point à elle seule à engendrer la même présomption ».

(2) Sur la législation anglaise, voir ; Garraud, *op. cit.*, p. 239. — Glasson, *Histoire du droit et des institutions de l'Angleterre*, t. 5 et 6. — Hubert-Valleroux. *Analyse d'une enquête sur la contrainte par corps* (*Bul. Soc. Lég. Comp.*, 1874, t. 3. p. 202 et suiv. et 252) — Lehr. *Éléments de droit civil anglais.* — Lyon-Caen. *Loi anglaise sur la faillite.* Traduction et introduction historique — et aussi exposé (*Bul. Soc. Lég. Comp.*, 17, p. 292). — Thaller, *op. cit.*, I. p. 105 et suiv.

Angleterre comme en France, une loi pénale. — Elle date
de 1543, sous le règne d'Henri VIII (1), qualifie de *Bankrupt*, et punit de peines assez fortes les débiteurs, commerçants ou non, qui, par des moyens frauduleux, cherchent
à se soustraire au paiement de leurs dettes.

Quelques années plus tard, en 1571, un *act* d'Elisabeth (2) vint organiser pour les commerçants une procédure de liquidation. C'est la première apparition de la
Bankruptcy, créée pour une classe particulière d'insolvables et qui devait leur rester spéciale pendant près de trois
siècles.

D'abord uniquement loi de rigueur, cette *Bankruptcy*
était adoucie et, pour ainsi dire, transformée par un statut
rendu en 1706 par la reine Anne (3). Le législateur d'alors
estima que dans l'intérêt même des créanciers, il importait souvent de soustraire à leurs poursuites le débiteur
exproprié. De cette façon, il pouvait plus facilement revenir à meilleure fortune et prendre sa revanche après un
premier insuccès. Aussi l'*act* de 1706 permit-il d'accorder
à celui qui s'est conformé aux dispositions légales un certificat, qui libérait le failli de toutes ses dettes *(Certificate
of conformity)*. Primitivement, il devait être consenti par
la majorité des créanciers et homologué par le Lord
Chancelier (4) ; en 1843, une nouvelle disposition vint donner à la Cour le pouvoir d'accorder ce certificat libératoire
sans le consentement des intéressés. La *Bankruptcy* paraissait donc alors une loi de faveur protégeant dans une large
mesure le failli plus malheureux que coupable.

Beaucoup plus dure était la situation du non-commerçant au-dessous de ses affaires. Pour lui, la cession de

---

(1) 34 et 35, Henri VIII, ch. IV.
(2) 13, Elisabeth, ch. VII.
(3) 4, Anne, ch. XVII.
(4) 5 et 6, Victoria, ch. CXXII.

biens n'était pas possible ; il restait toujours soumis, sur
son patrimoine et sur sa personne, aux poursuites individuelles de ses créanciers, qui devaient se hâter de faire
valoir leurs droits car aucune mesure n'avait été prise pour
maintenir l'égalité entre eux.

La procédure des saisies, lente et coûteuse, servait assez
mal les intérêts des créanciers ; mais ceux-ci trouvaient
dans la contrainte par corps une arme d'une rigueur exceptionnelle (1). Elle était employée contre tout débiteur condamné pour plus de 20 livres ; elle pouvait l'être aussi
avant toute condamnation. Le demandeur se présentait
devant la Cour, affirmait sous la foi du serment que telle
personne lui avait causé un préjudice et obtenait du juge
un ordre d'arrestation, auquel le prétendu débiteur ne pouvait échapper qu'en fournissant caution.

Cette extrême dureté de l'emprisonnement pour dettes fit
apparaître, à côté de la faillite, un mode nouveau de liquidation, l'*Insolvency*. — Au commencement du siècle, en
effet, la rudesse de la contrainte par corps souleva, en
Angleterre, l'indignation des esprits généreux (2) ; et bientôt un *act* fut rendu sous Georges III (3) pour restreindre ce mode d'exécution dans de plus justes limites. —
Mais il ne suffisait pas d'atténuer cette voie de contrainte
brutale mais efficace ; il fallait encore la remplacer. Le
législateur anglais le comprit ; et en 1813, un statut du
même Georges III (4) vint organiser sous le nom d'*Insolvency* une procédure assez analogue à la cession de biens
romaine.

L'*Insolvency* n'y est établie, il est vrai, que provisoire-

---

(1) M. Lyon-Caen, *op. cit. Introduction.* p. 9, dit qu'on voyait des débiteurs
qui passaient 30 ou 40 ans en prison.
(2) Thaller, *op. cit.*, I, p. 111.
(3) 48. George III, ch. 123.
(4) 53. George III, ch. 102 — connu sous le nom de *Lord Redesdale's act.*

ment et à titre d'essai, mais l'expérience ayant été concluante, des dispositions postérieures vinrent la consacrer définitivement. Pour diriger la procédure nouvelle, une juridiction particulière fut créée : la Cour pour la décharge des débiteurs insolvables (1) *(Court for the relief of insolvents debtors in England)*. L'*Insolvency* s'ouvrait à la requête du débiteur détenu pour dettes. Il s'adressait à la *Court of Insolvents* et demandait sa mise en liberté en déclarant faire à ses créanciers abandon de tous ses biens. — La Cour rendait un arrêt de dessaisissement *(vesting order)*, dont l'effet était de dépouiller le débiteur de l'administration de ses biens pour en investir une sorte de syndic qui portait le nom d'*Assignee*. La liquidation se poursuivait par les soins de ce dernier, ou par ceux d'un administrateur spécial que les créanciers pouvaient lui substituer. Le débiteur déposait son bilan à la Cour et comparaissait devant elle. — Après un débat auquel tout créancier pouvait prendre part, ce tribunal appréciait la conduite de l'insolvable.

S'il n'y avait ni dol ni faute grave à lui reprocher, la Cour prononçait sa libération immédiate ; sinon elle n'ordonnait sa mise en liberté qu'après six mois, un ou deux ans suivant la gravité des fautes par lui commises.

La procédure avait donc un premier avantage ; elle permettait au débiteur de bonne foi de se soustraire à la prison pour dettes ou au moins d'abréger le temps de sa détention. Elle en avait un second : elle assurait une liquidation plus rapide et plus équitable. Aussi admit-on bientôt les créanciers eux-mêmes à demander à la Cour l'ouverture d'une *Insolvency* (2).

L'Angleterre possédait alors une double organisation

_____

(1) 7. George IV, ch. 57.
(2) 1 et 2. Victoria, ch. 110, art. 36. Le créancier, qui avait provoqué l'incarcération, pouvait dans les 21 jours adresser une requête en ce sens.

collective : la *Bankruptcy* pour les commerçants et l'*Insolvency* pour tous les insolvables. Cette dernière supposait l'emprisonnement du débiteur, tandis que la première mettait le commerçant à l'abri de cette voie de contrainte. Enfin, et surtout, la faillite avait un effet libératoire. Le certificat de conformité valait quittance. — L'*Insolvency*, au contraire, laissait subsister les dettes du débiteur pour la portion non payée et si les créanciers ne devaient plus user de la contrainte par corps, ils gardaient toujours le droit de saisir les biens nouveaux que leur débiteur pouvait acquérir. Etait-il rationnel de maintenir ces deux systèmes parallèles ?

La question fit l'objet de nombreuses discussions. Beaucoup d'auteurs soutenaient que l'*Insolvency*, combinée avec la contrainte par corps, était d'une incontestable utilité pour empêcher les dissimulations et découvrir les fraudes. Et ils ajoutaient que les faveurs de la *Bankruptcy* n'étaient pas méritées par les non-commerçants. — En 1843 et en 1845 (1), cependant, un pas fut fait dans la voie de l'unification.

En vertu de ces lois, le non-commerçant ne fut plus obligé d'aller en prison pour pouvoir invoquer le bénéfice de l'*Insolvency*. Libre à lui de le faire dès que sa situation devenait mauvaise, au moins lorsque ses dettes ne dépassaient pas 300 livres. — Entre la *Bankruptcy* et l'*Insolvency*, il ne restait plus qu'une différence, différence essentielle il est vrai ; la première aboutissait normalement à libérer l'insolvable (2) ; la seconde prohibait la contrainte par corps mais laissait subsister la dette pour la portion qui n'avait pas été payée.

---

(1) 5 et 6. Victoria, ch. 126.
    7 et 8. Victoria, ch. 96.
(2) En 1849, les certificats de conformité étaient de trois classes, mais ils entraînaient, tous, libération du débiteur. — C'est en 1861 qu'ils furent remplacés par l'ordonnance de Décharge (*order of Discharge*).

Dans l'enquête de 1849 sur l'abolition de la contrainte par corps, beaucoup de témoins entendus réclamèrent l'extension de la *Bankruptcy* à tous les insolvables : c'était, pour eux, le seul moyen de supprimer sans inconvénients la contrainte sur la personne (1).

Quelques années plus tard, en 1861, la *Bankruptcy* était déclarée applicable aux non-commerçants (2) ; innovation qui eut pour conséquence nécessaire la suppression de l'*Insolvency* et de ·la Cour spéciale pour la décharge des insolvables. — Certaines différences subsistaient encore dans les détails ; elles furent reproduites dans la loi de 1869 (3). Il fallait, par exemple, pour donner ouverture à la *Bankruptcy* que la cessation des paiements ait duré sept jours pour un commerçant et trois semaines pour un débiteur ordinaire (4).

Elles ont complètement disparu dans le bill, présenté en février 1883, à la Chambre des Communes par M. Chamberlain et qui est devenu la loi du 25 août 1883.

§ 2. — *Loi actuelle des Faillites*

Deux doctrines ont successivement prévalu dans la législation anglaise des faillites. L'une, dite de l'*Officialism*, est fondée sur ce principe que les insolvabilités ne sont

---

(1) Voir la déposition de M. Hawes, citée par Garraud, *op. cit.*, page 244.

(2) 24 et 25. Victoria, ch. 123. (Loi de 1861).

(3) 32 et 33. Victoria, ch. 71. (Loi de 1869). A noter que la loi des faillites de 1869 fut promulguée le même jour que la loi sur les débiteurs (*Debtors act*) du 9 août, portant abolition de l'emprisonnement pour dettes.

(4) Parmi les différences entre les commerçants et les non-commerçants consacrées par la loi de 1869, il en était une, relative à l'application de la théorie de la propriété présumée (*Reputed Ownership*). D'après cette théorie, les syndics ont le droit de se mettre en possession, non-seulement de tous les biens qui appartiennent au failli, mais encore de toutes les choses mobilières qui se trouvent en sa possession, du consentement de la personne qui en est propriétaire. — Cette théorie n'était applicable qu'à l'insolvable commerçant. (Voir Lyon-Caen, *op. cit. Introd.*, p. xli).

pas de pures questions d'intérêt privé, et que leur bonne administration importe à la prospérité du commerce. L'autre, dite *Voluntarism*, y voit seulement une affaire entre créanciers et débiteur, sans importance pour les relations générales.

La loi de 1869 sacrifiait au *Voluntarism*, elle supprimait les syndics officiels et laissait aux administrateurs, choisis par les créanciers, la direction exclusive de la faillite (1). Les abus auxquels elle donna lieu amenèrent un retour au système contraire et depuis la loi de 1883, l'autorité publique exerce un contrôle rigoureux pour assurer la moralité et la sécurité des affaires.

La *Bankruptcy* a une portée à la fois plus restreinte et plus large que notre faillite. Plus restreinte — car elle ne s'applique pas aux sociétés jouissant de la personnalité civile, aux *Registered Companies*, dont la mise en liquidation par ordre de la cour est réglée dans la loi sur les sociétés (2). Plus large, — puisqu'elle est possible pour tous les individus commerçants ou non. Il y a cependant une exception : les femmes mariées ne sont soumises aux lois sur la faillite qu'autant qu'elles exercent un commerce séparé (3).

La procédure ne s'ouvre jamais d'office (art. 5) ; mais à la requête de l'insolvable — c'est une innovation de la loi

---

(1) Il y avait aussi un *Comitee of Inspection* formé par l'assemblée des créanciers.

(2) Loi du 7 avril 1862, art. 79-92.

(3) La loi du 18 avril 1882 (45 *et* 46. *Victoria, ch.* 75) décide dans sa section 5 que toute femme exerçant un commerce indépendant de son mari serait, sur ses biens séparés, soumise au statut de la faillite. — D'autre part, l'art. 152 de la loi de 1883 sur les faillites spécifie qu'aucun changement ne sera apporté aux dispositions de la loi de 1882, concernant les femmes mariées. — Il en faut conclure, comme le fait M. Lyon-Caen (*op. cit.*, p. 3 note) qu'aujourd'hui la femme mariée n'encourt la faillite en Angleterre qu'à la condition d'être commerçante. (Thaller, *op. cit.*, p. 149, note 1.)

de 1883; — sur la demande de ses créanciers, lorsque leurs créances atteignent cinquante livres (art. 6) et qu'ils peuvent invoquer un des *Acts of Bankruptcy* limitativement énumérés par la loi (art. 4) (1).

La Cour rend une ordonnance, portée à la connaissance du public (art. 13) et désigne un séquestre officiel (*official Receiver*) (art. 9). C'est le premier acte d'une procédure innommée dont le but est de permettre aux créanciers et à l'autorité d'apprécier la conduite du débiteur. L'ordonnance de séquestre laisse à l'insolvable la propriété de ses biens et le dépouille seulement de la faculté d'en disposer et de contracter de nouvelles dettes. Le droit de poursuite individuelle des créanciers est suspendu (art. 9). Le séquestre se met en possession des biens et, s'il s'agit d'un commerce un peu compliqué, un administrateur spécial peut lui être adjoint (art. 12).

Afin de mieux connaître les causes des mauvaises affaires du débiteur, la loi multiplie les éléments d'information. C'est d'abord l'enquête poursuivie par le *Receiver* sous le contrôle du *Board of Trade* (art. 16); puis l'interrogatoire de l'insolvable devant la Cour (art. 17); enfin la comparution de ce dernier à l'assemblée des créanciers, qui se réunit dans les quatorze jours, depuis l'ordonnance de séquestre (art. 18 et 19).

Après vérification de leurs titres, les créanciers prononcent sur la demande de concordat amiable. Sous l'empire de la loi de 1883, une seconde assemblée était

---

(1) Lyon-Caen (*op. cit.*) résume ainsi les dispositions de l'art. 4 : Quelque variés que soient les actes énumérés par l'art. 4, on peut les ranger en trois classes : 1° les uns sont des actes concernant la personne même du débiteur, tels que son départ d'Angleterre... 2° les autres concernent ses biens comme l'acte par lequel un débiteur constitue frauduleusement un droit de préférence au profit d'un de ses créanciers ; 3° les autres enfin sont des actes qui paraissent démontrer son insolvabilité...

nécessaire pour rendre le vote définitif (art. 18, § 2), une seule est suffisante depuis l'*act* du 18 août 1890 (1).

Voté par la majorité, le concordat doit être homologué par la Cour, après rapport du *Receiver*. L'*act* de 1890 (art. 3) ordonne à la Cour de repousser l'homologation, si le débiteur ne promet pas 37 fr. 50 °/₀ au moins sur les créances chirographaires. — Ici s'arrête cette première période. Si le concordat est homologué, la procédure est terminée. Le débiteur, en exécutant la convention, échappe à la faillite et n'encourt aucune déchéance politique.

En cas contraire, la *Bankruptcy* est prononcée. Le jugement déclaratif est publié dans la *Gazette de Londres* et dans un journal local (art. 20, § 2).

Le failli encourt un certain nombre de *Disqualifications* énumérées aux articles 32 et suivants de la loi. Il est dessaisi, ou plus exactement il est exproprié, car ses biens deviennent immédiatement partageables entre ses créanciers (art. 44).

Ceux-ci élisent un syndic qui prend la place de l'*Official Receiver* (2). — La liquidation se poursuit sous la surveillance de la Cour et du *Board of Trade* (91, § 2 et 3) ; sous la direction du syndic, d'un comité de surveillance (art. 32) et de l'assemblée des créanciers. C'est la *Bankruptcy* qui peut se clore par un concordat, mais qui se termine ordinairement par une ordonnance de décharge, rendue par la Cour sans consulter les créanciers. Il n'y a qu'un cas où cette solution n'est pas possible : celui où le débiteur a commis un délit (3). Dans tous les autres, la Cour jouit des

---

(1) L'*act* du 18 août 1890 est venu modifier l'art. 18 § 2 ainsi conçu : *Le concordat ou le projet d'arrangement ne lie les créanciers qu'autant qu'il sera adopté par une délibération prise dans une assemblée de créanciers subséquente et homologué par la Cour.*

(2) En principe, l'*Official Receiver* n'est pas syndic, mais il est considéré comme tel, jusqu'au jour où les créanciers ont fait leur désignation (art. 54); il remplace le syndic en cas de vacance (art. 87, § 4) : il en exerce les fonctions dans les petites faillites (art. 121, § 1).

(3) Voir les art. 28 à 31. — De la décharge du failli (*Discharge of Bankrupt*).

plus larges pouvoirs d'appréciation ; elle peut accorder immédiatement la décharge, en suspendre les effets pendant un certain délai ou la subordonner à des conditions spéciales.

Les *Disqualifications*, entraînées par la faillite, ne cessent pas par l'ordre de décharge ; il faut, de plus, une déclaration de la Cour, affirmant qu'il n'y a aucun reproche à adresser au failli (art. 132, § 2 b.).

La loi anglaise consacre un titre spécial à l'organisation des petites faillites *(Small Bankruptcies)* (titre VII) (1).

Telles sont les grandes lignes de la *Bankruptcy*. Il reste à nous demander quels sont les résultats de la loi nouvelle. Nous avons pour nous renseigner des rapports annuels présentés aux deux Chambres du Parlement (2), par le *Board of Trade*. La loi a fait sur plusieurs points l'objet de sérieuses critiques qui ont déjà, pour la plupart, abouti à des réformes (3) ; mais la question qui nous occupe particulièrement — l'application d'une même procédure de liquidation à tous les insolvables — ne paraît pas avoir soulevé de nombreuses protestations.

---

(1) Pour ces faillites — celles dont l'actif ne semble pas vouloir dépasser 300 liv. st. — les règles ordinaires de la procédure subissent les modifications suivantes : 1º le séquestre officiel est syndic ; 2º il n'y a pas de comité de surveillance ; 3º les règlements faits pour l'exécution de la loi peuvent admettre d'autres dérogations... Seules, les dispositions concernant l'interrogatoire public du débiteur et la décharge ne peuvent être écartées ni modifiées. — Lyon-Caen, *op. cit.*, p. LII.

(2) Voir les rapports de 1884 à 1887 analysés par Lyon-Caen, *op. cit.*, p. LV et suiv.

(3) Le statut du 25 août 1883 a été complété et modifié : 1º par une loi du 16 septembre 1887, relative à l'enregistrement des actes d'arrangement privés *(Deeds of arrangement act)*. Voir : Lyon-Caen. *Loi anglaise*, p. 159 et suiv.;

2º Par un *act* du 18 août 1890, traduit et annoté par M. Lyon-Caen (*An. Lég. Etr.*, 1891, p. 156 et suiv).

Adde : deux lois relatives aux créances privilégiées en matière de faillite — du 26 juin 1885 (*An. Lég. Etr*, 1887, p. 42) — et du 24 décembre 1888 (*eod. loc.*, 1889, p. 221).

Au surplus, cette assimilation, loin d'avoir été opérée brusquement, a été l'œuvre de plusieurs siècles. Elle paraissait plus facilement réalisable en Angleterre que partout ailleurs : la simple cessation des paiements n'a jamais été suffisante pour faire ouvrir une *Bankruptcy* ; de plus cette procédure n'entraîne pas dans l'opinion cette note déshonorante qui s'attache à notre faillite ; enfin elle est libératoire toutes les fois que le débiteur ne s'est pas rendu indigne d'une ordonnance de décharge. Aussi les insolvables ne se sont-ils jamais plaints d'un mode de liquidation assez peu rigoureux et dont l'effet est de les soustraire aux poursuites de leurs créanciers. — Seuls, ces derniers ont quelquefois élevé la voix contre une disposition jugée trop clémente, mais ils trouvaient dans l'organisation collective de la *Bankruptcy* un mode de liquidation plus avantageux.

Aussi ces protestations, de moins en moins nombreuses, n'ont pas empêché l'Irlande de suivre l'exemple de l'Angleterre. Par une loi du 30 août 1889, le Parlement irlandais a assimilé complètement au point de vue de la faillite tous les débiteurs, *traders and non traders* (1).

SECTION 3. — PAYS-BAS

Jusqu'à la loi du 30 septembre 1893 — entrée en vigueur le 1ᵉʳ septembre 1896 — les Pays-Bas avaient conservé une double organisation collective : une faillite réglée au code de commerce du 10 avril 1838 (titre III, art. 764-923) et une déconfiture, à laquelle étaient consacrés les articles 822 à 899 C. pr. civile, de 1828.

Entre les deux institutions les différences n'étaient pas nombreuses. La principale avait trait au point de départ

---

(1) Voir *An. Lég. Etr.*, 1889, p. 156.

de la procédure : c'était la suspension des paiements pour la première (1), et, pour la seconde, certaines circonstances démontrant l'insolvabilité du débiteur (2).

Une révision était réclamée aussi bien pour la faillite, jugée trop rigoureuse, que relativement à la déconfiture dont les lacunes étaient manifestes. Aussi le gouvernement néerlandais nomma-t-il le 22 novembre 1879 une commission chargée d'étudier la réforme et de présenter un projet. L'œuvre des commissaires ne vit le jour que le 28 février 1887. Le projet — devenu la loi du 30 septembre 1893 — s'inspire très certainement des idées allemandes sur le concours.

La déclaration de faillite est pour les jurisconsultes hollandais (3), comme pour ceux d'outre-Rhin, une « saisie « opérée sur les biens du failli par ordre judiciaire et dans « l'intérêt commun des créanciers ». Elle enlève au débiteur l'administration de ses biens mais n'a pas d'influence sur sa capacité civile.

Les engagements qu'il contracte sont valables, et peuvent donner lieu à des actions en justice contre lui. Seulement les jugements prononcés à l'encontre du failli ne seront pas exécutoires sur les biens de la masse, et en fait, ils resteront sans effet, à moins que le créancier ne trouve des parties de l'actif sur lesquelles il puisse les exécuter après la clôture de la liquidation (art. 123).

Le débiteur reste propriétaire des biens compris dans la

---

(1) Voir : Asser. *Projet de loi néerlandais sur la faillite et les sursis de paiement* (*Rev. de Dr. Int.*, 1887, p. 258). — Jitta. (*An. Dr. Com.*, 1896, p. 303.) — Mulder. *Projet de code néerlandais* (*Bul. S. Lég. comp.*, 1891, p. 621) et *Analyse de la loi* (*An. Lég. Etr.*, 1894, p. 400).

(2) La loi énumérait restrictivement les trois faits suivants : l'exécution de la contrainte par corps, le concours de plusieurs saisies et la fuite du débiteur.

(3) La loi a 247 art. et se divise en deux titres : 1° *Des faillites*, et 2° *des sursis de paiements*.

masse, — la déclaration de faillite n'étant qu'une saisie et ne transférant pas la propriété. — Après la réalisation des biens et la distribution des deniers, tous les anciens droits renaissent et le débiteur se trouve vis-à-vis de ses créanciers dans la même situation que si la faillite n'avait jamais été prononcée contre lui. Il est relevé de toutes les déchéances qu'il avait encourues (1).

A l'exemple de la loi allemande, la loi néerlandaise (2) supprime aussi toute distinction entre la déconfiture et la faillite (3). Les causes d'ouverture sont les mêmes pour tous les insolvables. *Est passible de la faillite,* dit l'art. 1ᵉʳ, *le débiteur qui se trouve dans la situation d'avoir suspendu ses paiements.*

M. Jitta (4) retrace, dans une lettre adressée aux *Annales de Droit Commercial,* l'histoire et les mésaventures de cet article 1ᵉʳ. Rien ne montre mieux les difficultés presque insurmontables auxquelles on se heurte lorsqu'on veut étendre aux non-commerçants toutes les règles de la faillite commerciale !

Le projet de la commission permettait de mettre en faillite *tout débiteur qui suspend ses paiements;* mais cette formule souleva dans la seconde Chambre des États-Généraux une opposition redoutable. — Pour les commerçants, disait-on, l'expression est suffisamment précise. — Un

---

(1) Mulder, *article cité.* (*Bul. S. Lég. Comp.,* 1891, p. 621.)

(2) En Hollande, il n'y a pas de tribunaux de commerce. La loi néerlandaise n'attribue pas, comme en Allemagne, compétence aux juges du degré inférieur. La compétence des tribunaux de 1ʳᵉ instance est maintenue ; cependant on a tenu compte des réclamations des commerçants, en prescrivant que les pièces les plus importantes de la procédure soient déposées non-seulement au greffe du tribunal de 1ʳᵉ instance, mais aussi à celui du tribunal cantonal.

(3) Une procédure plus douce — le sursis de paiements — peut être accordée par le tribunal de 1ʳᵉ instance.

(4) Jitta, *article cité.* (*An. Dr. Com.,* 1896, p. 301.)

5

négociant doit payer à guichet ouvert ses dettes exigibles; la cessation de ses paiements est la mort de son crédit. — Le non-commerçant au contraire n'est pas obligé d'avoir à tout moment de l'argent disponible. Il serait injuste de le déclarer en faillite par cela seul qu'il ne paie pas à première réquisition.

A la suite de ces critiques, un amendement fut proposé, substituant au texte cité de l'art. 1ᵉʳ la rédaction suivante : *Le débiteur qui suspend ses paiements est déclaré en faillite, si le juge considère cette mesure comme utile dans l'intérêt commun de ses créanciers.*

La loi, ainsi amendée, fut votée par la seconde Chambre. — Ce fut alors la première Chambre, dit M. Jitta, qui ne voulut plus de la rédaction acceptée par la seconde, — et avec raison, selon nous. — Le juge, ne possédant aucun élément d'appréciation, ne peut pas deviner au début d'une instance ce que prescrit l'intérêt commun des créanciers.

La situation était assez difficile et la loi menaçait de ne jamais aboutir lorsqu'un membre de la deuxième Chambre, M. Pijnappel eut l'heureuse idée de corriger légèrement la formule et de libeller l'article 1ᵉʳ de la façon suivante : *Est failli tout débiteur qui se trouve dans la situation d'avoir suspendu ses paiements.*

L'article ainsi modifié fut voté par les deux Chambres. La rédaction en est ingénieuse mais ne vaut cependant pas mieux que les précédentes. — De quelles circonstances résultera cette situation ? L'article 1ᵉʳ ne le dit pas et abandonne au juge le soin de le déterminer.

Nous trouvons exorbitant et dangereux ce pouvoir discrétionnaire donné à un juge dans une matière aussi délicate et pour un événement aussi grave qu'une déclaration de faillite. Il est probable qu'aux Pays-Bas, comme en Allemagne, les tribunaux n'apprécieront pas d'après les mêmes principes le cas d'un commerçant et celui d'un débiteur ordinaire et maintiendront ainsi entre les deux insolvabilités la distinction nécessaire que les textes ont supprimée (1).

CHAPITRE TROISIÈME

Loi fédérale suisse du 11 avril 1889

La loi fédérale du 11 avril 1889 a réglé pour toute la Suisse les poursuites pour dettes et les faillites. Avant d'étudier ses principales dispositions et ses conséquences pratiques, nous devons dire quelques mots de l'état de la législation avant elle.

Ce chapitre se divisera donc en trois sections, consacrées : la première, aux *divers projets qui ont précédé la loi nouvelle;* la seconde, *à l'analyse;* la troisième, aux *résultats et à l'appréciation critique de la loi du 11 avril 1889.*

SECTION 1re. — LA SUISSE AVANT LA LOI FÉDÉRALE (2)

Jusqu'en 1889, la Suisse présentait au point de vue des poursuites pour dettes les systèmes les plus variés : « De « canton à canton, disait en 1874 le professeur Heusler, la

---

(1) En Hollande comme en Allemagne, une différence subsiste entre la faillite des commerçants et celle des non-commerçants, au point de vue des cas de banqueroute. Si la loi nouvelle réunit dans une même institution la faillite et la déconfiture, elle n'abolit pas tous les effets attachés à la qualité de commerçant — par exemple l'obligation de tenir des livres.

(2) Favey. *De l'organisation judiciaire en Suisse (Bul. S. Lég. Comp.* 1881). — Grivet. *Commentaire de la loi fédérale.* — Martin. *Législation suisse (Rev. Dr. Int.,* 1886, p. 353). — Nessi. *Le tribunal fédéral (Rev. Dr. Int.,* 1893, p. 578). — Oltramare. *Commentaire de la loi fédérale.* — D'Orelli. *Du développement de la législation en Suisse depuis 1872 (Rev. Dr. Int.,* 1880, p. 70, 153 et 349). — De Riedmatten *(Bul. S. Lég. Comp.,* 1880, p. 455, et 1881, p. 146). — Rivier. *De la contrainte par corps en Suisse (Rev. Dr. Int.,* 1870, p. 42). — Thaller, *op. cit.,* I., p. 96 et suiv. — et *(An. Lég. Etr.,* 1889 p. 666).

« bigarrure était telle qu'on ne pouvait trouver deux légis-
« lations concordantes. » Ainsi, à Lucerne, à Saint-Gall, à
Argovie et à Zurich, la procédure d'exécution était exclusivement dirigée par le maire de la commune (1), tandis que
presque partout ailleurs, elle devait être autorisée par le
juge de paix ou le président du tribunal de district avant
d'être confiée aux soins des huissiers.

La question la plus intéressante pour nous est celle de
savoir comment se continuait la poursuite ainsi commencée, et quelle en était l'issue. Aboutissait-elle à des
saisies ou à une déclaration de faillite? Les divergences
les plus graves apparaissaient sur ce point.

Mettons d'abord de côté les cantons romands (2) dont les
lois reproduisaient presque textuellement les dispositions
de nos Codes. A Genève, comme à Fribourg ou dans le
Valais, la faillite était réservée aux commerçants; les saisies constituaient, ainsi que chez nous, le mode ordinaire
d'exécution. Une innovation, bien digne de remarque, avait
cependant été tentée dans certains de ces cantons (3),
notamment dans le Valais où l'on avait organisé, sous le
nom de *Mise en discussion*, une sorte de faillite civile sim-
plifiée. Prononcée à la requête des créanciers contre tout
débiteur insolvable ou en fuite, cette *mise en discussion*
entraînait le dessaisissement de l'obligé et la vente de ses
biens en justice. Elle remplaçait très avantageusement la
déconfiture bien imparfaite de la loi française.

Des principes tout différents régnaient dans les législations des autres cantons.

---

(1) D'Orelli. *Projet de loi sur la poursuite pour dettes et la faillite* (*Rev. Dr.
Int.*, 1881, p. 146).

(2) Pour Genève, en particulier, il y avait une loi de procédure civile de
1819 et la loi sur les faillites et banqueroutes du 19 octobre 1861, qui s'inspirait de la loi française de 1838.

(3) De Riedmatten. *Mouvement législatif en Suisse.* (*Bul. S. Lég. Comp.*,
1880, p. 455 et suiv.)

L'admission simultanée de la faillite et de la saisie leur paraissait irrationnelle (1): l'une des procédures devait exclure l'autre.

Pour beaucoup, l'issue normale de la poursuite était la saisie (2). Quand il n'y avait plus de biens saisissables — et seulement alors — les créanciers pouvaient requérir la mise en faillite de leur débiteur : dernier moyen pour eux de découvrir les ressources cachées de l'insolvable. Cette mesure frappait indistinctement toutes les personnes, mais risquait fort d'arriver trop tard, puisque les saisies avaient ordinairement épuisé tout l'actif existant.

Seules, les lois de Lucerne (3), de Bâle-ville, d'Argovie et de Soleure suivaient un système absolument opposé. La procédure d'exécution devait aboutir dans tous les cas à une déclaration de faillite. Elle commençait par une mise en demeure adressée au débiteur, qui pouvait à son choix, ou acquitter la dette, ou donner au poursuivant, et dans un délai déterminé, un gage suffisant pour le couvrir de sa créance. S'il ne prenait aucun de ces partis, il était impitoyablement mis en état de faillite.

Entre les nombreuses législations de la Suisse existaient encore bien d'autres différences, dans le détail desquelles nous ne pouvons pas entrer. Qu'il nous suffise d'indiquer les inconvénients de cette diversité de lois ; ils étaient manifestes... C'était une entrave au développement du commerce, une gêne pour les relations d'affaires intercan-

---

(1) Thaller, *op. cit.*, I, p. 97.
(2) Berne, Zurich, Neufchâtel.
(3) D'Orelli, *op. cit.* et *loc. cit.*, p. 181 et suiv.
(4) Quelques cantons, par exemple, faisaient de la saisie un mode de liquidation des meubles, réservant aux immeubles la procédure de faillite : ainsi Lucerne et Zurich. — Pour trouver d'autres différences, il faudrait se reporter aux systèmes adoptés en matière de privilèges ou d'hypothèques, car les dispositions régissant les droits des créanciers dans une faillite s'y rattachent de la façon la plus étroite.

tonales. Aussi chercha-t-on de bonne heure à doter notre matière d'une réglementation uniforme.

Dès 1868, deux commissions furent nommées, chargées l'une de rédiger le Code des obligations et l'autre d'élaborer un projet sur la faillite. Après quelques premières études publiées en 1869, en 1870 et en 1872, l'œuvre parut un moment abandonnée; elle fut reprise avec une ardeur nouvelle, deux années plus tard, à la suite du vote populaire autorisant la Confédération à légiférer sur l'organisation des poursuites. L'année qui avait vu proclamer ce principe allait-elle voir aussi une disposition fédérale consacrer pour toute la Suisse un mode d'exécution identique? — On put l'espérer un instant, mais il n'en fut rien et la loi désirée devait se faire attendre plus de quinze ans encore. La date de 1874 doit cependant être retenue, car c'est à cette époque qu'apparut le premier projet définitif, accompagné d'un volumineux rapport de Heusler.

Ce projet (1), connu sous le nom de *projet Heusler*, comprenait 165 §§ et se divisait en deux parties : la première, consacrée à la poursuite pour dettes; la seconde, à la faillite.

Avec une logique et un esprit de méthode dignes d'un Allemand, Heusler faisait reposer tout son système sur un double principe. — Il faut, d'une part, appliquer la même procédure à tous les débiteurs, car il n'existe aucun motif de créer pour les commerçants une situation privilégiée; et, d'autre part, il n'y a qu'un seul mode d'exécution : la faillite.

La poursuite commençait donc par une sommation de payer et se continuait par la déclaration de faillite, si le débiteur n'avait pas acquitté sa dette ou offert des garanties suffisantes.

---

(1) Avant-projet, traduction française de MM. Carrard et Verrey. — *Lausanne. Bridel*, 1874.

Le professeur de Bâle généralisait et étendait ainsi à toute la Confédération la procédure d'exécution de sa ville natale (1). Dans un long exposé des motifs, il répondait par avance aux critiques que soulèverait son projet : « Des « exceptions, disait-il, il résulte qu'il dépend du débiteur, « qui a de quoi couvrir son créancier, d'éviter la faillite et « qu'ainsi la dureté qu'on reproche à ce mode de procéder « n'existe réellement plus. — Ce mode, ajoutait-il, a plu- « sieurs avantages ; il est d'une expédition plus facile pour « les employés chargés de la poursuite et dépend moins, « quant à sa réussite, de la bonne volonté et de l'activité « de ces employés — ce qui a son intérêt pour le créancier. « — D'autre part, il est moins cher pour le débiteur en ce « qu'il cherche immédiatement à contraindre celui-ci à « payer par la menace de la mise en faillite, au lieu de le « charger de nouveaux frais résultant de chaque saisie « pour aboutir néanmoins finalement à la faillite... (2). »

Ces arguments entraînèrent la conviction de la majorité de la commission et l'adoption du projet. En somme, disaient ses partisans, le système n'est pas d'une rigueur excessive ; la faillite sera prononcée seulement contre le débiteur insolvable ou contre celui qui ne peut donner des gages sans se ruiner ; mais la saisie le ruinerait également ment...

Le projet Heusler eut le sort de toutes les propositions radicales. Il rencontra des défenseurs convaincus, mais souleva aussi des critiques passionnées. Le Département fédéral de la Justice résolut de s'éclairer. Aux termes d'une circulaire du 8 août 1874, il communiquait le projet aux

---

(1) En somme, dit M. Thaller (op. cit. I, p. 40), le créancier non payé cherche, dans la menace de la faillite, la concession volontaire d'un gage de la part de son débiteur, surseoit aux poursuites quand ce gage lui est fourni sauf à exécuter la garantie donnée, fait ouvrir la faillite dans le cas contraire.

(2) D'Orelli, op. cit. (Rev. Dr. Int., 1881, p. 180).

tribunaux supérieurs de tous les cantons et les invitait à lui faire parvenir leurs observations et leurs vœux (1). La plupart des réponses furent défavorables.

Sur ces entrefaites, un contre-projet paraissait à Lausanne (2). Il était l'œuvre de la minorité, qui, au sein de la commission des faillites, avait énergiquement défendu le système de la saisie (3).

Il commençait par un *Exposé des motifs* (4) où la plupart des critiques adressées au projet Heusler se trouvaient résumées. « Dans la Suisse allemande, y lisons-nous, les « avis sont très partagés à son égard ; dans la Suisse « romande, il est repoussé unanimement par tous les can- « tons. Cette unanimité ne provient point d'une opposi- « tion systématique, elle s'est produite spontanément. Le « projet n'a guère trouvé là que des adversaires soit dans « les tribunaux, soit dans la presse, soit dans le public...

« La loi de la faillite, disait-on ensuite, dépouille trop « facilement et à vil prix le paysan de son patrimoine, au « profit de ceux qui ont en mains le capital... Le système « de la faillite est dur pour la population agricole. On l'a « dit cent fois, le commerçant vit de son crédit. Par la « vente de ses marchandises, il peut trouver de l'argent. « Dans les temps de prospérité et dans les villes on vend « aisément une maison. Au contraire, il est fréquent qu'un « agriculteur, débiteur d'une somme à peine égale aux 2/3 « ou aux 3/4 de la valeur de son bien, ne trouve ni à ven- « dre sa terre, ni à emprunter en la donnant à hypothèque. « Mis en faillite à la demande d'un seul créancier trop

---

(1) Le nombre des cantons qui y donnèrent leur assentiment se réduisit à trois ou quatre. — Parmi les cantons allemand : Berne, Uri, St-Gall, n'ac- ceptèrent pas cette élimination de la saisie. .

(2) Avant-projet de la minorité. — *Lausanne. Howard-Delisle*, 1875.

(3) Cette minorité se composait de MM. Ruchonnet, Friederich, Carrard et Lambellet.

(4) D'Orelli, *loc cit.*, p. 182.

« ardent, il sera ruiné et sa ruine entraînera parfois celle
« de ses autres créanciers.

« Dans une démocratie, ajoutait-on encore (1), il faut
« tendre à relever le citoyen, beaucoup plus qu'à l'abais-
« ser ; on ne doit pas transformer en valets et en prolé-
« taires des villes la classe des petits agriculteurs. »

Cette critique du projet Heusler était suivie de l'exposé
de l'organisation nouvelle proposée par la minorité. Elle
se rattachait manifestement au système français. La faillite était une procédure exclusivement commerciale, elle
devenait cependant applicable à tous les débiteurs dans
certains cas d'insolvabilité notoire. Ainsi toute personne
pouvait être mise en faillite sur sa demande ; elle l'était
aussi à la requête de ses créanciers lorsqu'elle avait commis des actes de fraude, dissimulé ses biens ou pris la
fuite et enfin quand le mauvais état de ses affaires nécessi-
tait la nomination d'un séquestre (2).

Ce projet n'aboutit pas plus que le premier et pendant
de longues années la réforme des faillites demeura station-
naire. Les jurisconsultes, découragés par l'échec des tentatives de 1874 et de 1875, portèrent leurs efforts sur d'autres parties de la législation (3). — En 1876, puis en 1884,
la *Société des Juristes suisses* essaya, mais en vain, de
remettre la question à l'ordre du jour. — Une distinction
nouvelle fut même admise par l'assemblée de cette société
tenue à Zug, en 1884 (4). La faillite et la saisie seraient

---

(1) *L'exposé des motifs* contenait encore les observations suivantes : « Il ne
« nous a pas semblé que la solution du problème posé par la Constitution
« pût être cherchée dans une œuvre nouvelle, faite au point de vue de la
« science et sans se préoccuper des habitudes et des traditions qui ont créé,
« en cette matière, des lois connues par la population de nos cantons. »

(2) La faillite était encore possible contre tout débiteur pour effets de
change ; elle s'appliquait aussi aux successions vacantes.

(3) En particulier sur le Code des Obligations qui aboutit en 1881.

(4) Thaller, *op. cit.*, p. 102.

maintenues, avec un champ d'application différent : l'une consacrée aux fortes dettes ; l'autre, aux dettes minimes.

Le 11 décembre de la même année, une motion du Conseil national (1) rappela au Département de la Justice que l'œuvre d'unification était urgente. Aussitôt une commission fut nommée et un projet, rédigé par M. le conseiller Ruchonnet, mis à l'étude. Il fut définitivement arrêté le 23 février 1886, à la suite d'un rapport favorable du professeur Speiser. Le 6 avril suivant, il était transmis à l'Assemblée fédérale et, trois ans plus tard, après avoir subi de nombreux renvois et de longues discussions, il devenait la loi du 11 avril 1889. Consacrée par un vote populaire du 17 novembre 1889, elle est entrée en vigueur le 1er janvier 1892.

SECTION 2. — ANALYSE DE LA LOI DU 11 AVRIL 1889

Elle comprend 335 articles et constitue un véritable code des poursuites (2). Nous en exposerons seulement les dispositions essentielles sous les trois paragraphes suivants :

§ 1. — *De l'organisation des agents de poursuite ;*

§ 2. — *De la procédure ordinaire de la poursuite pour dettes ;*

§ 3. — *Du concordat amiable et des cas où la faillite s'applique à tous les débiteurs.*

---

(1) *La Société des Voyageurs de Commerce* participa aussi au mouvement qui amena la réforme. Voir Thaller, *op. cit.*, I, 102.

(2) La loi est divisée en 12 titres : — I. *Dispositions Générales.* — II. *De la poursuite pour dettes.* — III. *De la poursuite par voie de saisie.* — IV. *De la poursuite en réalisation de gage.* — V. *De la poursuite par voie de faillite.* — VI. *Des effets juridiques de la faillite.* — VII. *De la liquidation de la faillite.* — VIII. *Du séquestre.* — IX. *Dispositions particulières sur les loyers et fermages.* — X. *De l'action révocatoire.* — XI. *Du Concordat.* — XII. *Dispositions transitoires.*

§ 1. — *De l'organisation des agents de poursuite*

Aux termes des premiers articles de la loi, il est créé, dans chaque canton, deux organes chargés d'assurer le fonctionnement de la procédure : l'*Office des poursuites*, avec un préposé, secondé par un ou plusieurs substituts ; et l'*Office des faillites*, dont les attributions sont moins importantes.

Nous aurons à revenir sur les fonctions du *Préposé* aux poursuites ; elles sont très nombreuses. Toutes les demandes de paiement se trouvent centralisées entre ses mains ; il rédige le commandement initial et le notifie au débiteur ; il dirige enfin le reste de la procédure, si celle-ci suit son cours et ne se résout pas en faillite.

Pour protéger les intéressés contre les pouvoirs exorbitants de ces officiers publics, la loi prend deux sortes de mesures. Elle reconnaît d'abord au Conseil fédéral un pouvoir de haute surveillance sur tous les préposés de la Confédération (1) ; puis elle déclare ces fonctionnaires — et subsidiairement le canton qui les a nommés — civilement responsables des torts causés par leurs fautes aux particuliers (2).

Il appartient aux Conseils cantonaux de régler librement les détails de l'organisation. A eux de diviser leurs territoires en un certain nombre d'arrondissements de poursuites ; à eux encore de nommer les préposés, de fixer leur traitement et de désigner les autorités chargées de surveiller leur gestion.

Parmi les nombreuses lois cantonales qui ont paru à la

---

(1) Art. 15 et 16. — La loi confère de plus au Conseil fédéral le soin de dresser les tarifs des poursuites.

(2) Art. 6 et 7. — L'action en responsabilité doit être introduite dans le délai d'un an à partir du moment où la partie lésée aura eu connaissance du dommage.

suite de la loi de 1889 et pour en assurer l'exécution, citons, à titre d'exemple, celle du canton de Genève (1). Au système des fonctionnaires nombreux et des petites circonscriptions, le grand Conseil Genevois a préféré celui de l'arrondissement unique. Un seul préposé pour tout le canton — touchant une rétribution en rapport avec sa responsabilité et l'importance de ses fonctions — et, sous ses ordres, un chef de bureau substitut, un commis-comptable et quelques huissiers — voilà pour l'*Office des poursuites*. — L'*Office des faillites* est organisé sur le même modèle ; il se compose d'un directeur, d'un sous-directeur et d'un certain nombre de commis. — Ces divers fonctionnaires doivent verser un cautionnement et sont soumis au contrôle de la Cour d'Appel.

§ 2. — *Procédure ordinaire des poursuites*

A la différence du projet Heusler, la loi de 1889 ne supprime pas la saisie ; elle la maintient à côté de la faillite. Il faut donc délimiter le champ d'application de chacune de ces procédures. Dans ce but, elle fait intervenir une distinction nouvelle que nous devons mettre en évidence avant de décrire la marche générale de la poursuite.

Pour comprendre le système adopté, il convient de rappeler que le code fédéral des Obligations a introduit en Suisse le *Registre du commerce*. C'est un livre tenu dans chaque canton et destiné à recevoir deux sortes d'inscriptions : *des inscriptions forcées* de la part des industriels et des commerçants et *des inscriptions facultatives*, de la part de toute personne capable qui en fait la demande (865, C. O. 2e al.). Toutes les mentions du registre sont publiées sans retard dans la *Feuille officielle du commerce* paraissant

---

(1) Nessi. *An. Dr. Com.*, 1892, p. 82.

à Berne, suivant les formes prescrites par des règlements fédéraux, dont le dernier date du 6 mai 1890 (1).

Le législateur de 1889 a eu l'heureuse idée de recourir à cette institution. Les débiteurs, obligatoirement ou volontairement inscrits au registre, sont seuls soumis à la faillite; les autres ne sont poursuivables que par voie de saisie. Voilà la classification originale substituée à l'ancienne distinction des commerçants et des non-commerçants. Elle lui est incontestablement supérieure, étant à la fois et plus précise et plus large. — Plus précise, car le préposé, saisi d'une demande de poursuite, n'a qu'à consulter la Feuille officielle, pour savoir le mode d'exécution qu'il doit employer. — Plus large, puisqu'elle permet à toute personne d'augmenter son crédit en se soumettant volontairement à cette procédure rigoureuse.

Cette partie de la loi fédérale a été particulièrement bien accueillie par les juristes. Le rapport du professeur Speiser ne saurait trop recommander « ce système qui renonce à « décider lui-même quelles personnes, par des considé- « rations d'ordre plus ou moins commercial, doivent être « soumises à la procédure par voie de faillite, mais qui « laisse à la vie quotidienne et à son libre développement « le soin de trancher souverainement cette question. Le

---

(1) Nous avons sous les yeux le *Règlement du 6 mai 1890* que M, le professeur Roguin, de Lausanne, a eu l'amabilité de nous communiquer. — *Les cantons sont tenus*, aux termes de l'art. 1er, *d'établir un registre du commerce, dans lequel sont faites les inscriptions prescrites par le Code fédéral des obligations ou par d'autres lois fédérales.*

Le registre du commerce est divisé en 3 parties : le *Registre principal*, le *Registre spécial* et le *Registre des procurations non commerciales.* — Dans le premier, figurent les inscriptions concernant les entreprises commerciales, industrielles ou les autres métiers exploités en la forme commerciale. — Si le commerçant ne se fait pas inscrire, il est passible d'une amende (art. 26) et est inscrit d'office.

Dans le *Registre spécial* sont inscrites toutes les personnes qui réclament leur inscription en se basant sur l'art. 865, § 1, du C. des Obligations.

« législateur s'efface et abandonne la décision aux besoins
« du moment ; son action se borne à ce que ces besoins
« puissent se développer sans entraves. »

Cette distinction ainsi dégagée, il sera facile de comprendre les détails de la procédure (1).

Elle commence par une réquisition (art. 67) adressée par le créancier impayé au *Préposé* du domicile de son débiteur (art. 46). — Le fonctionnaire répond à cette réquisition en signifiant à l'intéressé un commandement de payer (2).

Ouvrons une parenthèse pour faire remarquer que le poursuivant n'a pas besoin d'être muni d'un titre exécutoire. Il peut agir avant que son droit soit établi. Sa demande est alors une simple prétention dont le débiteur poursuivi peut ou non reconnaître le bien-fondé. Un délai de dix jours à partir du commandement lui est accordé pour prendre parti (art. 74). — Acquiesce-t-il à la demande; il laisse expirer le délai sans protester, et la procédure suit son cours ; on a simplement économisé les frais d'un jugement de condamnation.

Si, au contraire, il la conteste, il forme opposition entre les mains du *Préposé* et cette simple protestation du débiteur a pour effet d'obliger le poursuivant à faire judiciairement reconnaître son droit (3).

Lorsque le commandement n'a pas été frappé d'opposition, ou lorsque le créancier agit en vertu d'un titre

---

(1) Les articles 56 à 64 s'occupent des *Féries et Suspensions.* — Ces jours fériés, où l'on ne peut pas poursuivre et où l'on doit interrompre la procédure commencée, sont très nombreux ; en tout, plus de deux mois.

(2) *Notifications,* art. 64-67.

Art. 71. Le commandement doit être notifié au débiteur au plus tard le jour qui suit celui où la réquisition de poursuite a été remise à l'office.

(3) Cet acte ne change pas les positions respectives, en faisant du débiteur un demandeur en opposition, et du créancier un défendeur. Il n'y a ni demandeur ni défendeur, puisque l'opposition n'est en fait que la simple déclaration du débiteur présumé qu'il ne reconnaît pas le bien-fondé des premières poursuites (art. 80).

exécutoire (1), la procédure va se bifurquer suivant la distinction dont nous parlions tout à l'heure. D'un côté, elle se poursuit dans les formes des saisies ; de l'autre, elle aboutit à une déclaration de faillite.

1º *De la poursuite par voie de saisie*

Le commandement est le point de départ d'une période de 20 jours, pendant laquelle le débiteur est mis en demeure de payer. Si ce délai expire, sans qu'il y ait eu exécution volontaire, le poursuivant adresse à l'*Office* une réquisition de fin de saisie. L'*Office* doit y faire droit dans les trois jours. Il met la main sur les biens des débiteurs jusqu'à concurrence des causes de la poursuite, en commençant par les meubles et parmi ceux-ci, par ceux qui seront le plus facilement convertis en argent (art. 195). Un mois après, la mise en vente peut en être demandée (art. 116).

Il est intéressant de savoir si la saisie fait acquérir au poursuivant un droit exclusif sur les biens qui en sont l'objet, ou si, au contraire, les intéressés peuvent à tout moment se joindre à la procédure déjà ouverte. On peut formuler de la façon suivante le système admis par la loi fédérale. La saisie ne fixe pas définitivement le droit du poursuivant ; mais ce résultat est produit par l'expiration du délai d'un mois après cet événement. — Pendant ces trente jours, tout créancier peut participer à l'opération en faisant valoir ses droits : mais passé ce délai, il n'est plus temps. Personne ne peut plus venir partager avec le saisissant les biens qui ont été mis sous la main de la justice (2).

---

(1) La situation serait tout autre, si le créancier agissait en vertu d'un titre exécutoire. Le créancier n'aurait qu'à demander la mainlevée de l'opposition, et la charge de la preuve incomberait au débiteur présumé (art. 81 et 82).

(2) Cette disposition de l'art. 110 est assez critiquée. Elle ne peut se justifier que par le désir bien évident d'empêcher que la réalisation soit par trop

Les créanciers retardataires ou négligents n'ont d'autre ressource que de former de nouvelles saisies. Elles peuvent ainsi se succéder de mois en mois et n'ont rien à réclamer aux procédures antérieures, même non suivies de réalisation. En réalité et quel que soit le motif de leur retard, ils perdent toute action utile sur les biens de leur débiteur.

La répartition des deniers est minutieusement réglée par la loi (1); enfin, à la clôture des opérations, les créanciers entièrement désintéressés remettent à l'*Office* leurs titres acquittés ; les autres obtiennent un certificat, appelé « *Acte de défaut de biens* », indiquant les sommes qui ont été payées et celles qui leur sont encore dues (2).

2º *De la poursuite par voie de faillite* (3)

Reprenons la poursuite (4) au point où nous l'avons laissée avant de parler spécialement de la saisie. Le délai de 20 jours depuis le commandement est expiré. Le créancier peut, nous l'avons vu, faire mettre sous la main de justice les biens de son débiteur, a-t-il aussi le droit de demander immédiatement sa mise en faillite ? La symétrie paraîtrait l'exiger, mais la loi ne l'a pas permis ; elle voit

---

retardée, à la suite d'interventions venant à se produire après de longs délais. — Cette disposition est néanmoins fâcheuse, car la durée, relativement courte du délai d'un mois, peut causer du préjudice à des créanciers de très bonne foi que les circonstances seules auront empêchés d'être aussi diligents que les autres.

(1) Art. 144-148.

(2) Art. 149.

(3) Nous laissons de côté le titre IV, relatif à la *poursuite en réalisation du gage*, art. 151-158.

(4) Il y a trois sortes de poursuites par voie de faillite :

1º La *poursuite ordinaire* (art. 159-176), qui est celle que nous exposons en ce moment;

2º La *poursuite pour effets de change* (art. 178-189);

Et 3º la *faillite sans poursuite préalable* (art. 190-196) dont nous parlerons au § suivant.

dans la déclaration de faillite un événement particulièrement grave et exige, avant qu'elle soit possible, un second
commandement portant sommation de payer dans les
20 jours, avec menace de la faillite en cas de refus,
art. 160 (1).

Elle ne peut donc être déclarée qu'à l'expiration de cette
période de temps. — Elle est alors prononcée, sur requête
du créancier, par le juge devant lequel les parties ou leurs
fondés de pouvoirs ont dû être préalablement convoqués
(art. 168).

Le jugement déclaratif est communiqué à l'*Office des
Faillites* qui, à dater de ce moment, remplace l'*Office des
Poursuites* dans la direction de la procédure. C'est le *Préposé aux faillites* qui est chargé des premières opérations :
il procède aux mesures conservatoires urgentes, reconstitue
la masse, convoque l'assemblée des créanciers et lui présente un rapport. Son rôle peut quelquefois s'arrêter là.
L'assemblée des créanciers est en effet le véritable organe
de l'administration de la masse, elle délègue ses pouvoirs
à qui elle veut. Le plus souvent l'administrateur ainsi dési-
gné est l'*Office des Faillites ;* mais il peut être aussi un
tiers quelconque.

Une dernière question se pose. On peut se demander,
dit M. Oltramare (2) dans son commentaire de la loi fédérale, si la faillite est le seul mode d'exécution possible
quand on poursuit une personne inscrite au registre du
commerce. Pour arriver à la réalisation d'une seule créance,
même de minime importance, devra-t-on déposséder entièrement le débiteur, constituer une masse, procéder à une
liquidation ? — Dans certains cas, ne sera-t-il pas permis
au poursuivant de se contenter d'une simple saisie ?

---

(1) Cette mesure a lieu au moyen d'un acte que la loi désigne sous le nom
de *Commination de faillite* (art. 160).

(2) Oltramare, *op. cit.*, p. 35 et suiv.

Il y aurait de très bonnes raisons pour admettre l'affirmative. — Ce serait souvent un moyen plus commode de se faire payer ; et toujours une charge moins lourde pour le débiteur. Le créancier pourrait donc invoquer l'adage ; *Qui peut le plus, peut le moins*.

La solution contraire doit cependant l'emporter. La « poursuite par voie de faillite », telle qu'elle est réglée au titre de la loi, exclut tout arbitraire du *Préposé* et ne lui permet pas de prendre une telle initiative. En un mot, conclut Oltramare, la faillite s'impose, elle est forcée, parce que tous les textes l'indiquent et qu'aucun ne réserve au poursuivant la faculté de choisir (1).

§ 3. — *Du Concordat amiable et des cas où la faillite*
s'applique à tous les débiteurs

1o *Du Concordat amiable*

Le débiteur trouve dans cette institution (2) le moyen d'échapper aux rigueurs de la faillite ou des saisies. Sans attendre les poursuites, il va prendre les devants et adresser à la justice un projet de concordat signé de la majorité de ses créanciers.

Au juge de décider si la demande doit être agréée. Si elle est repoussée, l'insolvable reste sous l'empire du droit commun ; mais si au contraire elle est prise en considération, ce seul fait entraîne à son profit un sursis de deux mois (art. 295). Le voilà pour tout ce temps, à l'abri des poursuites individuelles de ses créanciers et en revanche, dans l'impossibilité de faire aucun acte de nature à diminuer son patrimoine. Sous le contrôle d'un commissaire de surveillance, il s'occupe de mettre de l'ordre dans ses

---

(1) Nous ne pouvons rentrer dans les détails de l'*Action révocatoire*; ils sont réglés au titre X, art. 285-292.

(2) Titre XI, art. 293-316.

affaires. Un inventaire est dressé ; les créances produites sont provisoirement vérifiées ; et, toutes ces opérations terminées, les créanciers sont convoqués en assemblée générale pour entendre les propositions de leur débiteur.

Si le concordat est voté par eux, puis homologué par le tribunal (1), l'insolvable n'a qu'à exécuter la convention.

En cas contraire, le sursis est révoqué. Les créanciers peuvent pratiquer des saisies sur les biens des débiteurs, ou le faire immédiatement déclarer en faillite s'il est inscrit sur le registre du commerce. C'est, nous le verrons, un des cas de faillite sans poursuite préalable.

Telle est cette organisation de faveur, applicable à tous sans distinction. Après avoir fait cette remarque, M. Oltramare se demande si les non-commerçants en useront souvent. « Non, dit-il ; car l'arrangement des affaires d'une « personne de cette catégorie se fait ordinairement par « d'autres moyens. » — Cette considération ne suffit pas à nous convaincre et nous croyons que les débiteurs civils se serviront de plus en plus d'un mode de liquidation si avantageux.

2o Cas où la faillite s'applique à tous les débiteurs

Lorsque l'exécution est poursuivie contre un débiteur simplement récalcitrant, il est parfaitement exact de dire que la faillite est spéciale aux personnes inscrites au registre du commerce ; mais doit-on admettre encore ce principe, quand elle est dirigée contre un insolvable ? et ne peut-on pas plutôt soutenir que la même procédure collective s'applique alors à tous les obligés (2) ? — La loi ne le dit

---

(1) Pour homologuer le concordat, l'art. 306 recommande aux juges de s'assurer : 1o que le débiteur n'a commis aucune fraude au détriment de ses créanciers ; 2o que la somme offerte à ses créanciers est en proportion de ses ressources ; 3o que le débiteur a fourni des garanties suffisantes.

(2) Les commerçants seront presque toujours soumis à une procédure de faillite plus rapide que la procédure ordinaire. — Les art. 177 à 189 ont

pas formellement, mais les dispositions de ses articles 190 et 193 nous permettent de le penser.

1° Il y a d'abord la faillite volontaire, sur dépôt de bilan. Toute personne peut demander l'ouverture de ces sortes de cessions de biens, qui sont assez fréquentes. Dans le canton de Genève en particulier, nous écrivait M. le professeur Rehfous, les faillites de non-commerçants ont lieu le plus souvent à la requête d'employés non inscrits au registre du commerce. Ils obtiennent ainsi un avantage très appréciable, puisque, aux termes de l'article 265 § 2 de la loi, ils ne peuvent être poursuivis que s'ils reviennent à meilleure fortune. Ils échappent dès lors aux saisies sur leurs appointements ou leurs salaires.

2° Voici en second lieu une série de circonstances dans lesquelles le créancier a le droit de demander, directement et sans commandement préalable, la mise en faillite de son débiteur. — Elles constituent de véritables présomptions d'insolvabilité, que l'article 190 énumère ainsi :

« Le créancier peut requérir la faillite sans poursuite préalable :

1° *Si le débiteur n'a pas de résidence connue ;*

2° *S'il est en fuite* — la loi ajoute un peu naïvement peut-être : *dans l'intention de se soustraire à ses engagements ;*

3° *Si le débiteur commet ou tente de commettre des actes en fraude des droits de ses créanciers, soit en aliénant ses biens qui sont leur gage, soit en faisant à quelques-uns d'entre eux des avantages au détriment des autres ;*

4° *S'il a contrevenu aux dispositions de la loi en dissimulant ses biens ou en en disposant au mépris de la saisie.*

3° Citons enfin l'article 193 relativement aux successions

---

pour objet d'accélérer la procédure en cas de poursuite pour effets de change — et ce sera presque l'hypothèse normale au commerce. — Ajoutons aussi la faillite sans poursuite préalable contre tout commerçant qui a cessé ses paiements (art. 190, § 2.)

vacantes. Les héritiers qui refusent une hérédité reconnaissent et déclarent l'état d'insolvabilité dans lequel se
trouvait le défunt. C'est pour ce motif, écrit Oltramare, que
sans faire de distinction entre les commerçants et les non-
commerçants, la loi confie à l'*Office* le soin de liquider les
successions répudiées et ordonne que cette liquidation ait
lieu suivant les règles de la faillite (art. 193).

Toutes ces dispositions paraissent bien justifier la proposition que nous formulions tout à l'heure : la loi fédérale
soumet à une même liquidation collective tous les patrimoines insolvables.

SECTION 3. — CONSÉQUENCES PRATIQUES DE LA LOI DE 1889

APPRÉCIATION PRATIQUE

Telle est la loi fédérale du 11 avril 1889. Les éloges ne lui
ont pas manqué. Elle n'était pas encore votée que le professeur Serafini de Pise, appelé pour la traduction italienne,
déclarait qu'il ne connaissait pas de loi supérieure. Les
résultats des premières années ont-ils confirmé une
appréciation aussi flatteuse ?

Tous les auteurs s'accordent à le reconnaître. « On est
« en général satisfait d'un bout à l'autre de la Suisse de la
« loi sur la poursuite pour dettes et la faillite, écrivait en
« 1892 M. Nessi ; et dernièrement au Conseil National, M.
« Ruchonnet ministre de la Justice a pu dire, que, d'après
« les renseignements qui lui viennent de toutes parts,
« l'application de la loi et ses effets ont dépassé les espé-
« rances les plus optimistes » (1).

Il importe de chercher, parmi les innovations de la loi
fédérale, celles qui ont eu les conséquences les plus heureuses.

---

(1) Nessi, *An. Dr. Com.*, 1892, p. 83.

§ 1. — De la distinction des personnes, inscrites ou non au Registre du commerce

Cette distinction ingénieuse laisse aux nécessités de la vie quotidienne, suivant l'expression de Speiser, le soin de déterminer les personnes soumises à la faillite. Qu'allait-il se produire? Tous les débiteurs viendraient-ils se faire inscrire en masse? ou les prêteurs prendraient-ils l'habitude d'exiger de leurs emprunteurs une inscription sur le registre du commerce?

Nous avons, pour répondre à ces questions, une statistique très instructive *du Département fédéral de Justice et de Police* (1). Le registre B — destiné à recevoir les inscriptions volontaires — a reçu en 1883 l'inscription de 2097 personnes, dont 45 se sont fait radier la même année, de sorte qu'à la fin de 1883 il restait 2052 personnes inscrites.

Voici le chiffre des inscriptions que portait le registre B à la fin de chaque année.

1884.....................	2094
1885.....................	2133
1886.....................	2127
1887.....................	2072
1888.....................	1817
1889.....................	1808
1890.....................	1732
1891.....................	1049
1892.....................	1004
1893.....................	982
1894.....................	973
1895.....................	977
1896.....................	781
1897.....................	758
1898.....................	755

(1) C'est encore à la bienveillance de M. le professeur Roguin que nous devons la communication de ce document.

« La forte diminution qu'accusent les années 1891 et
« suivantes, conclut l'auteur, paraît provenir du fait de
« l'entrée en vigueur de la loi fédérale sur les poursuites et
« la faillite : c'est-à-dire de la crainte qu'éprouvaient les
« personnes inscrites d'être soumises à la poursuite par
« voie de faillite (1) ».

Dans le district de Lausanne en particulier, très peu de
non-commerçants se sont fait inscrire. Il y a eu seulement
8 inscriptions au courant de l'année 1883, avant la loi des
poursuites; depuis 1892 il n'y en a plus. — Somme toute,
nous écrivait M. le professeur Roguin, l'institution de l'inscription facultative joue en Suisse un rôle peu important.

Elle a peu de succès auprès du débiteur — et cela est
évident — car, si elle augmente son crédit, elle a le grand
inconvénient de le soumettre à une procédure d'exécution
rigoureuse. — Elle n'en a pas davantage auprès du créancier — et cela paraît au premier abord plus étonnant. Mais
qu'on se rappelle le caractère de la faillite dans la loi fédérale : elle est forcée, elle est la seule voie de contrainte
contre le débiteur qui en est passible.

En réclamant l'inscription de son emprunteur, le créancier se lie les mains et s'interdit d'avoir recours aux saisies.
On comprend qu'il hésite à le faire (2).

Voilà, à notre avis, les considérations dont il faut tenir
compte pour comprendre cette statistique et ne pas en
exagérer la portée.

---

(1) Conclusion de la statistique du Département fédéral de Justice et de
Police.

(2) « Quant au créancier, nous écrivait M. Roguin, il hésitera — dans le
« canton de Vaud du moins — à réclamer l'inscription de son débiteur
« parce que, en cas de faillite, il est obligé de subir le concours des autres
« co-créanciers. — Cela est aussi le cas en matière de saisies, mais dans une
« bien moindre mesure. Le créancier peut donc préférer conserver le droit
« de pratiquer une exécution individuelle sur les biens de son débiteur, dans
« l'espérance qu'aucun autre créancier ne saisira les mêmes choses dans le
délai du concours (un mois). »

§ 2. — *Cas ou la faillite s'applique indistinctement à tous*

Nous avons là une procédure parfaitement organisée pour la plupart des cas de déconfiture, soit du vivant de l'insolvable, soit après son décès. — La lacune de nos codes n'existe pas dans la loi fédérale : et les dispositions des articles 190 et 193 sont suffisantes. Voilà ce qui pourrait encore expliquer le peu d'empressement des créanciers à réclamer l'inscription de leur débiteur au registre de commerce.

En fait, les faillites de non-commerçants sont peu nombreuses. A Genève, par exemple elles ne représentent guère plus du dixième du total des faillites (1).

§ 3. — *Des autres innovations de la loi*

La loi fédérale contient plusieurs innovations qui paraissent de bonne venue et qui ont puissamment contribué à son succès. Nous en signalerons deux seulement.

La première est la création de l'*Office des poursuites*. Le créancier y trouve une exécution régulière garantie par une série d'autorités de surveillance et par la responsabilité pécuniaire du *préposé* et du canton. Beaucoup de ces Conseils cantonaux, ont pris, à l'exemple du Grand Conseil Genevois (2), une mesure très sage. Ils ont décidé que les taxes et les émoluments perçus sur les particuliers seraient encaissés pour le compte de l'Etat ; c'est le meilleur moyen d'empêcher l'*Office* d'augmenter le coût et le nombre des poursuites.

La seconde est la possibilité du commandement sans titre exécutoire : réforme qui s'inspire des idées allemandes

---

(1) Nous devons ces renseignements à l'obligeance de M. le professeur Rehfous, de Genève.

(2) Voir aussi l'organisation des Grisons (*An. Lég. Etr.*, t. 20, p. 622) avec une notice de M. de la Grasserie.

et italiennes sur la force exécutoire des titres privés et qui ouvre aux législateurs de tous les pays des horizons nouveaux.

Les adversaires de la loi pensaient que la plupart des débiteurs feraient opposition et forceraient leurs créanciers à faire reconnaître leurs droits en justice. On n'aurait fait ainsi qu'ajouter les frais dus à l'*Office* à ceux du jugement (1). — Il n'en a rien été. Les débiteurs ont compris qu'ils n'avaient point intérêt à multiplier les frais qui, en fin de compte, doivent retomber sur eux. — En 1892, la proportion des commandements de payer auxquels il a été fait opposition n'a été que de 15 %. Aussi le nombre des affaires introduites devant les tribunaux a-t-il été considérablement diminué : de 10.400 en moyenne, il est tombé à 3.364 en 1892.

Les créanciers de petites sommes ne sont plus enfin retenus par la crainte de frais hors de proportion avec leurs créances. De là une augmentation notable du nombre des poursuites. Il y a eu, en 1892, 22.823 réquisitions, dont 1.400 n'ont pas été suivies d'exécution. Beaucoup ont abouti à des réglements amiables, car le débiteur ne voit plus le capital de sa dette accru d'une foule d'accessoires et arrive plus facilement à se libérer.

Ces excellents résultats ont été remarqués aussi bien pour les faillites que pour les saisies. A Genève par exemple, le directeur de l'Office constate « qu'en ce qui concerne « les faillites commerciales (2) les opérations peuvent être « conduites plus rapidement qu'autrefois, et que l'écono- « mie des frais de procédure peut être estimée annuelle- « ment à une centaine de mille francs. »

---

(1) Nous empruntons les chiffres qui suivent à l'article de Nessi dans les *An. Dr. Com.*, 1892, *loc. cit.*

(2) Nous devons cette communication à l'obligeance de M. Rehfous, professeur de droit commercial à l'Université de Genève.

En résumé et comme conclusion de cette étude déjà longue, la loi fédérale de 1889 prend pour les non-commer- çants deux sortes de mesures. Elle les soumet à une procé- dure de liquidation collective dans certains cas d'insolva- bilité notoire et les autorise toujours à bénéficier d'un concordat amiable. Elle leur permet, en second lieu, de se faire inscrire au registre du commerce et les assimile alors aux commerçants. Il faut se garder de donner à cette der- nière disposition une importance qu'elle n'a pas en réalité; mais on doit accorder bien des éloges à une loi qui, de l'avis de tous, a rendu les poursuites plus simples, plus rapides, et infiniment moins coûteuses : ce dont chacun profite.

TROISIÈME PARTIE

APPRÉCIATION CRITIQUE — CONCLUSION

Cette partie comprend trois chapitres.

Dans le premier, nous nous proposons d'établir la *nécessité d'organiser la déconfiture.*

Ce point admis, nous nous demanderons s'il ne convient pas *de soumettre à une même procédure de liquidation tous les insolvables, sans distinction de profession :* ce sera l'objet de notre chapitre second.

Nous indiquerons enfin *les principales dispositions de la faillite commerciale, qui devraient être transportées dans la déconfiture.*

CHAPITRE PREMIER

De la nécessité d'organiser la Déconfiture

Après avoir indiqué, dans une première partie les principes de la déconfiture française et dans une seconde les diverses organisations collectives de l'insolvabilité, le moment est venu de nous demander si ces deux systèmes méritent également les suffrages des juristes. Celui-ci ne devrait-il pas céder la place à celui-là ? et ne conviendrait-il pas de créer pour la déconfiture, comme pour la faillite, une procédure de liquidation collective ?

Au point où nous en sommes arrivés, nous possédons tous les éléments nécessaires pour répondre à cette question. Elle est complexe et se pose à un double point de vue. Il faut rechercher d'une part si la procédure collective ne protège pas d'une façon plus efficace les droits des créanciers ; et de l'autre, il importe de savoir s'il est utile d'améliorer la condition de ces derniers en introduisant dans nos lois une organisation spéciale pour l'insolvabilité civile.

SECTION 1re. — NÉCESSITÉ AU POINT DE VUE JURIDIQUE (1)

On a dit souvent et avec raison qu'une bonne loi sur l'insolvabilité est à peu près irréalisable (2). Les intérêts

---

(1) La première infériorité de la déconfiture sur la faillite, c'est qu'elle n'est organisée par aucun texte. Au code de commerce nous avons une loi claire, précise, bien ordonnée ; tandis que c'est seulement grâce à quelques idées générales et aux décisions judiciaires que l'on parvient à dégager les principes de la déconfiture. — Rien de précis, mais quelque chose d'incertain, qui, selon l'expression de Montluc (*Rev. Dr. Int.*, I, p. 569), flotte à la merci des interprétations contradictoires des Cours et Tribunaux.

(2) Les lois sur cette matière vivent en général peu de temps. — En Angleterre, écrit M. Thaller, on évalue à 15 ans au plus la durée moyenne des

que le législateur doit concilier sont tellement opposés qu'il lui est bien difficile d'échapper à l'une ou à l'autre de ces critiques : ou on l'accusera de trop de sévérité pour l'insolvable, ou on lui reprochera de ne pas garantir suffisamment les droits des intéressés. Ces deux reproches s'adressent à la fois à notre loi civile, car débiteurs et créanciers peuvent également se plaindre du défaut d'organisation de la déconfiture.

Laissons de côté le débiteur malhonnête... Seul, peut-être, il trouvera son compte au système français actuel. Grâce à l'insuffisance des saisies, il lui est assez commode de mettre de côté le plus clair de son avoir ; et pour un individu acculé à la ruine, la tentation sera réellement bien forte. Presque toujours, il y succombera puisque l'impunité lui est assurée (1).

Si la situation de cet insolvable sans scrupules est trop douce, il est permis de trouver bien rigoureuse celle du débiteur de bonne foi. Poursuivi sans répit par ses créanciers, avec d'autant plus d'ardeur que chacun d'eux s'efforce de prendre jugement et de faire inscrire avant les autres ; sans espoir d'obtenir un concordat de majorité, l'insolvable se trouve dans une condition plus dure que le failli. Il demeure, il est vrai, à la tête de son patrimoine et n'encourt aucune déchéance ; mais sa situation en vaut-elle beaucoup mieux ?

Bien différents sont les effets de la faillite. Sévère pour le commerçant qu'elle dessaisit et frappe de certaines incapacités, elle présente cependant pour lui des avantages

---

statuts ayant la *Bankruptcy* pour objet ; au total, de 1820 à 1888, pendant cette période de 60 ans, il n'a pas été fait moins de 41 lois sur la matière (*op. cit.*, I. p. 107).

(1) Il n'y a pas de pénalité analogue à celle de la banqueroute ; il n'y a même plus la crainte de la prison pour dettes, puisqu'elle a été abolie en matière civile et commerciale par la loi du 22 juillet 1867.

considérables. Elle le met à l'abri des poursuites individuelles (1) de ses créanciers, rend plus économique la
liquidation de son patrimoine et lui permet d'obtenir un
concordat. Loi de rigueur par certains côtés (2), la faillite
est donc aussi loi de faveur, surtout depuis qu'elle a été
complétée par la liquidation judiciaire.

Il est temps de parler des créanciers ; ce sont principalement leurs droits que la faillite et la déconfiture ont
mission de protéger. Assurer la conservation de leur gage,
maintenir entre eux l'égalité la plus parfaite ; établir enfin
une procédure de liquidation rapide et économique : voilà
le triple idéal que poursuit toute bonne loi sur l'insolvabilité. L'organisation collective de la faillite obtient-elle ces
résultats (3) ? — Il serait peut-être téméraire de l'affirmer ;
elle a tout au moins le mérite de chercher à y parvenir et
de prendre dans ce but toute une série de précautions.

A peine l'état de cessation des paiements est-il constaté
que l'actif du patrimoine est consigné dans le bilan fourni
par le débiteur ou dressé par les soins du syndic. L'insolvable est dessaisi ; et son actif ne peut plus disparaître et
se fondre pour ainsi dire entre ses mains ; il va même
s'augmenter de toutes les acquisitions postérieures au
jugement de faillite ; il peut enfin être reconstitué par l'effet
de l'annulation des actes passés par le failli pendant la
période suspecte et même avant, s'ils tombent sous le coup
de l'action paulienne.

Les mêmes mesures — dessaisissement et système de

---

(1) Cet effet de la faillite présentait surtout de l'intérêt pour le commerçant
lorsque la contrainte par corps existait : on a dit, en ce sens, que la loi du
22 juillet 1867 avait profondément troublé l'économie de notre loi des faillites.
(Bufnoir. *Bul. S. Lég. Comp.*, t. 17, p. 366 et suiv.)

(2) Stelian. *La faillite*, étude de législation comparée et de droit international.

(3) Nous reviendrons au chapitre suivant sur les critiques adressées à la
faillite et à la liquidation judiciaire.

nullités spéciales — ont encore un autre avantage. Elles empêchent le failli de payer l'un de ses créanciers ou de lui accorder des sûretés particulières au détriment des autres, et assurent ainsi un traitement identique à tous ceux qui ont les mêmes droits. — C'est également dans ce but que la loi commerciale suspend le droit de poursuite individuelle des créanciers et organise une procédure collective, portée à la connaissance de tous par divers moyens de publicité (1).

En réunissant ainsi en un faisceau toutes les actions individuelles, elle s'efforce d'obtenir une liquidation prompte et économique. C'est là peut-être le point le plus délicat de l'organisation de l'insolvabilité (2). A vouloir simplifier et accélérer la procédure, on risque fort de priver les intéressés des garanties nécessaires ; en sens inverse, on ne peut pas multiplier les mesures de protection, car toutes, elles aboutissent à des frais, frais privilégiés qui diminuent d'autant le gage des créanciers. — Il sera souvent de l'intérêt de ces derniers de consentir un sacrifice et de voter le concordat proposé par le failli : ce sera un moyen pour eux d'être rapidement fixés sur le montant de leurs pertes et obtenir aussi un dividende plus élevé (3).

Il faut signaler enfin le dernier but que poursuit la procédure commerciale. Elle veut rendre plus rares ces désastres publics qu'on appelle des faillites. Le meilleur moyen

---

(1) C'est toujours dans le même but que le législateur cherche à réduire au minimum les créances privilégiées et hypothécaires — le privilège du bailleur (*loi du 12 février 1872*), ou celui du vendeur d'effets mobiliers (*art. 576 C. com.*). Il s'efforce aussi de mettre obstacle aux divers moyens que pourrait employer la femme du failli pour exagérer le montant de ses reprises (*art. 557 et suiv., C. com.*).

(2) La faillite est souvent loin d'être une procédure rapide. M. Leroy-Beaulieu cite comme exemple la faillite du chemin de fer de l'Eure, ouverte en 1884 et qui n'était pas terminée en 1893. *L'Econ. Français*, 1893, I, p. 321.

(3) C'est là, à notre avis, un des principaux avantages du concordat.

d'y parvenir est d'inspirer aux commerçants une crainte salutaire : ainsi s'expliquent la mission de surveillance confiée à l'autorité, la déclaration d'office, les déchéances et les peines dont peut être frappé le failli.

Avons-nous besoin d'ajouter que la loi civile ne prend aucune de ces mesures préventives ? — Elle n'a même pas de dispositions spéciales pour assurer la liquidation du déconfit ; et les règles du droit commun, auxquelles on est obligé de recourir en l'absence de textes, sont loin de conduire à des résultats satisfaisants.

A chacun des créanciers de se protéger et de se servir, comme il l'entend, des armes que la loi met à la disposition de tous : l'action paulienne et la saisie. — Par la première, il atteindra assez commodément les actes à titre gratuit qui avaient appauvri, en fraude de ses droits, le patrimoine de son débiteur. En sera-t-il de même des actes onéreux ? — Loin de là ; car il faudra qu'il établisse la complicité du tiers qui a traité avec l'insolvable ; et cette preuve sera bien souvent impossible.

La seconde paraît être au premier abord une voie de contrainte aussi efficace que rigoureuse ; mais ce n'est là qu'une apparence. Ce n'est pas une arme bien redoutable pour le débiteur et elle cause souvent plus de mal à celui qui s'en sert qu'à celui contre lequel elle est dirigée.— Prenons en effet la saisie en apparence la plus simple (1) : la saisie-arrêt sur les sommes dues au débiteur. — Elle serait parfaite si le saisissant était sûr d'en profiter ; mais tous les créanciers ont le même droit et une saisie en provoquera nécessairement plusieurs autres ; quels sont les droits de ces divers saisissants ? Il y a sur cette question un certain nombre de systèmes différents (2). Autant de

(1) Laurent. *Avant-projet de réforme du C. civil*, IV, titre III.
(2) Garsonnet. *Voies d'exécution*, n°s 134 et 135.

chances de procès. — « Le saisissant voulait de l'argent, « conclut Laurent, il aura un procès, moyen infaillible de « tout perdre ».

Le créancier peut aussi saisir les immeubles du débiteur, mais il s'en gardera bien, dit encore Laurent, pour peu qu'il sache ce que c'est que la saisie-immobilière. Ce n'est pas lui qui en profiterait, ce seraient les gens de loi (1).

Reste la saisie-exécution : elle est moins coûteuse. Mais quelle valeur représente le mobilier que l'huissier pourra saisir ? — Presque rien. Le débiteur sera bien rarement assez honnête pour laisser figurer au procès-verbal de saisie les meubles précieux qu'il peut si facilement dissimuler; l'huissier se trouvera le plus souvent en présence d'un simple mobilier d'appartement qui se réduira à fort peu de chose, quand on en aura distrait les biens insaisissables (2).

---

(1) Il résulte des statistiques publiées par le ministère de la Justice, lisons-nous dans l'*exposé des motifs du projet de 1881*, que lorsque le prix d'adjudication est inférieur à 500 fr., les frais s'élèvent à 125 pour 100 de ce prix. Si le montant de l'adjudication est supérieur à 500 fr., et n'excède pas 1.000 fr., la proportion des frais relativement au prix, est de 55 pour 100. Au-dessus de 1.000 fr. et jusqu'à 2.000 francs cette proportion est encore de 25 pour 100. La loi du 23 octobre 1884 a diminué notablement les frais pour les immeubles dont la mise à prix ou le prix d'adjudication sont inférieurs à 1.000 ou à 2.000 francs. (Garsonnet. *Voies d'exécution*, n° 342.)

(2) *En ce sens* : Laurent. *Avant-projet*, IV, t. III. — Thaller, *op. cit.*, I. p. 134. — M. Lacombe disait au Sénat en 1888. (*Séance du 31 janvier 1888. Déb. Parl. Sénat. Janvier*, p. 66) : « Sans craindre d'être démenti par aucun « de ceux qui les ont vues de près, je dirai que la saisie-exécution et la « saisie-brandon peuvent être qualifiées de procédures véritablement barbares. « Elles n'aboutissent qu'exceptionnellement à un résultat utile et dans le plus « grand nombre de cas tout est dévoré : il arrive même souvent que le créancier « est obligé de supporter définitivement une partie des frais qui vient alors « augmenter le chiffre de la créance irrécouvrable. — Il y a en effet des frais « de garde qui peuvent être très élevés ; puis les autres créanciers intervien- « nent pour partager la curée ; ils font pratiquer des récolements ou des « oppositions, et cette intervention rend nécessaire la distribution par con-

En somme l'insolvable est le maître de la situation; s'il le veut, toutes les saisies n'aboutissent à rien; de plus, elles coûtent fort cher. Le créancier saisissant est tenu d'en avancer les frais; n'avions-nous pas raison de dire tout à l'heure que ce prétendu moyen de protection pouvait se retourner contre lui ?

Aussi le créancier prudent hésite-t-il à se lancer dans cette voie. Quelquefois il aime mieux abandonner sa créance. Le plus souvent il entre en négociations avec l'insolvable et secrètement, obtient une dation en paiement ou se fait concéder certains avantages qui lui sont privativement acquis. Tous ces paiements, toutes ces garanties, accordés la veille ou même le lendemain de la déconfiture constatée, sont parfaitement valables et ne peuvent être attaqués par l'action paulienne. On ne peut pas dire en effet que le créancier qui les a obtenus s'est rendu coupable d'un acte frauduleux.

De là, dès qu'un individu fait de mauvaises affaires, ces sollicitations secrètes, ces transactions, ces marchés par lesquels chacun essaye d'obtenir de lui une situation privilégiée (1). C'est le triomphe de l'effort individuel; mais que devient l'égalité qui doit régner entre tous les créanciers ? — L'article 2093 C. civil n'est-il pas en quelque sorte abrogé, puisque la loi ne fait rien pour en assurer le respect ?

Tout ce que nous savons de la déconfiture tendrait à le faire croire. Elle maintient la liberté des poursuites individuelles, n'établit pas de procédure collective et n'entoure

---

« tribution, procédure spéciale qui coûte des frais énormes hors de propor-
« tion avec les sommes souvent réduites qui en sont l'objet. »

(1) Toutes les fois qu'un débiteur civil est en péril, disait encore M. Lacombe, *loc. cit.*, il y a une véritable course au clocher entre ses créanciers : c'est à celui qui arrivera le plus vite, soit à prendre hypothèque, soit à en obtenir quelque garantie spéciale.

d'aucune mesure de publicité particulière la liquidation qui se poursuit discrètement par les soins de l'un des intéressés. Après le décès de l'insolvable, l'égalité des créanciers n'est pas mieux respectée. On trouve même, au titre des successions, un article 808 qui ordonne formellement à l'héritier bénéficiaire de payer créanciers et légataires à mesure qu'ils se présentent. Aux premiers arrivants, tous les deniers disponibles; et rien aux autres (*tarde venientibus ossa*) : voilà bien le principe qui préside à la liquidation d'une déconfiture.

Que reste-t-il donc de la règle si juste et si équitable de l'art. 2093? — Simplement le droit de former opposition et de réclamer l'ouverture d'une distribution judiciaire pour les deniers qui restent à répartir. C'est bien peu de chose; la loi civile a pensé que c'était encore trop, et a indirectement soustrait à son application les sommes provenant des immeubles du débiteur (1). Pour donner plus d'intérêt à la lutte de vitesse qui est engagée entre les divers créanciers, elle accorde aux vainqueurs un bénéfice particulier : celui d'être payés en qualité de créanciers hypothécaires sur le prix des immeubles non absorbés par les privilèges ou hypothèques déjà inscrits.

Au moindre soupçon de ruine les créanciers vont donc se presser, se bousculer (2), si on nous permet cette

---

(1) Supprimer l'art. 2093 en matière d'immeuble, tel est, dit M. Challamel, « *op. cit.*, le résultat de l'hypothèque. La théorie de l'égalité des créanciers, « continue-t-il, ne repose-t-elle pas cependant sur une idée vraiment respec- « table? — La convention qui fait la loi des parties est toujours équivalente « à elle-même, s'il n'y a cause légitime de préférence. La parole donnée vaut « aussi bien pour l'un que pour l'autre et les différents créanciers d'une « même personne, ayant eu même confiance, doivent avoir même fortune. »

(2) Le dommage causé par l'hypothèque judiciaire est parfois sans remède : car telle situation, qui, ménagée quelques jours de plus, se serait relevée, s'aggrave au contraire par l'acharnement des poursuites et s'effondre tout à coup. (Challamel, *op. cit.*) En ce sens aussi : de Vareilles-Sommières, *op. cit.*, p. 219. — Leclercq, *De la réforme de l'Hypothèque judiciaire*, p. 141. — Valette, *op. cit.*, p. 355.

expression, pour prendre jugement et faire inscrire. Les premiers seront peut-être intégralement désintéressés. Grâce à leur précipitation et à l'activité de leur avoué, et plus souvent grâce à la complaisance d'un greffier ou aux hasards de la mise au rôle, ils obtiennent un droit de préférence qui ne vient ni de la convention, ni de la loi et que rien ne peut justifier. La règle *Prior tempore, potior jure* se substitue, à tort, croyons-nous, au principe de l'art 2093 C. civil.

Voilà pourquoi la déconfiture est toujours précédée ou accompagnée d'une multitude de procès dont l'effet le plus certain est d'absorber une bonne partie de l'actif dans des frais inutiles. — Nous ne parlerons pas des incidents qui viennent presque fatalement se greffer sur la poursuite principale et qui arrivent à prolonger pendant des années des procédures de liquidation. Dans ce désordre, dans ce cahos, une seule chose apparaît toujours plus claire et aussi toujours plus longue : c'est la note des frais privilégiés. Lorsqu'on se décide enfin à faire une répartition, les créanciers ne touchent presque rien, heureux si le maigre dividende qu'on leur attribue suffit à les couvrir des frais qu'ils ont dû avancer.

Tels sont les résultats incontestablement mauvais de la déconfiture française. Ils ne peuvent même pas être comparés à ceux de la faillite (1). A côté du régime actuel de la déconfiture, l'organisation collective paraît une merveille ; elle devrait donc s'appliquer à tous les insolvables, sans distinction de profession. Voilà, selon nous, le seul moyen d'assurer le respect des principes établis pour tous, par les articles 2092 et 2093 C. civil.

---

(1) Après avoir constaté que le Code civil n'organise pas d'action commune des créanciers en cas de déconfiture et laisse à chaque créancier le soin de veiller à ses intérêts, Laurent ajoute : Si c'était un système, on devrait dire qu'il est détestable. (*Avant-projet*, IV. III).

Cette conclusion semble toute naturelle à un Allemand ou à un Anglais ; mais elle va trop directement à l'encontre de nos habitudes pour être admise sans difficultés chez nous. Elle effraie beaucoup d'auteurs qui, sans contester le bien-fondé des critiques adressées à la déconfiture, se contenteraient d'une réforme moins radicale.

De ce nombre est M. de Vareilles-Sommières (1). Après avoir développé tous les inconvénients de l'hypothèque judiciaire dont il réclame la suppression, le distingué professeur se demande s'il ne faudrait pas organiser la déconfiture. « Non, répond-il, je n'en vois point la nécessité... « Si la loi, ajoute-t-il, se mêlait de protéger les individus « contre les mille dangers qui menacent leur fortune, que « deviendrait l'initiative individuelle ? — Que le créancier « qui a obtenu jugement surveille son débiteur, qu'il « agisse promptement s'il découvre de la mauvaise foi « chez lui, qu'il demande des sûretés, s'il veut attendre « sans inquiétude — son activité personnelle, voilà une « sauvegarde qui me semble tout à fait suffisante. »

Nous acceptons, avec M. de Vareilles-Sommières, la suppression de l'hypothèque judiciaire, telle qu'elle fonctionne aujourd'hui. Sur ce point, d'ailleurs, l'accord paraît fait ou bien près de se faire (2). « Dans l'état actuel de la « science juridique et économique, écrivait récemment

---

(1) De Vareilles-Sommières, *op. cit.* Conclusion.

(2) La plupart des jurisconsultes demandent sa suppression. — Pour son maintien, on peut citer cependant Colmet de Santerre, IX, n° 86 *bis,* II.

En 1890, lorsque le Gouvernement proposa de mettre à l'étude la question du renouvellement du cadastre et qu'une sous-commission juridique fut créée sous la présidence de M. Dauphin, cette sous-commission se mit d'accord pour demander la suppression de l'hypothèque judiciaire.

En conséquence, le ministre de la justice, M. Darlan, s'appuyant sur les conclusions de la sous-commission juridique de la commission du cadastre, déposa au Sénat, à la session du 27 octobre 1896, un projet de loi sur la réforme hypothécaire. — Dans l'exposé des motifs, nous relevons cette proposition : *Nous supprimons d'une façon absolue l'hypothèque judiciaire.*

« M. Guillouard, nous croyons pouvoir aller jusqu'à dire
« que la question ne sera plus, au jour de la première
« réforme qui sera votée dans nos lois hypothécaires, de
« savoir si on supprimera l'hypothèque judiciaire. Elle
« est condamnée, au moins dans sa forme actuelle (1) ».

L'effet certain de cette suppression serait d'atténuer
dans une notable mesure les inconvénients du défaut d'organisation de la déconfiture. Mais n'est-ce pas s'arrêter en
chemin que de s'en tenir là ? Nous le pensons : on veut, en
effet, respecter en cette matière l'initiative individuelle et
laisser s'exercer l'activité personnelle, mais avec ces principes, la règle de l'article 2093 ne demeure-t-elle pas toujours lettre morte ?

Rien de mieux (2), nous le reconnaissons, que l'initiative de l'intéressé, s'il s'agit d'un droit purement individuel et si les choses sont entières. — Les parties se proté-
geront alors aussi bien que le législateur pourrait le faire.
— Quand le créancier, par exemple, est seul en face de son
débiteur, il connait parfaitement son droit et peut l'exercer
librement. Mais la situation n'est-elle pas changée lorsqu'il vient en concours avec d'autres sur le patrimoine
d'un insolvable ? — Ils sont là, nombreux, à se disputer
des biens qui sont leur gage à tous. Le droit de l'un est
restreint par celui des autres. Dans quelle mesure sa
créance doit-elle être réduite ? Le créancier ne peut pas le
savoir et, naturellement, il s'efforcera toujours de se faire
intégralement payer. — Les plus pressés, les plus habiles
pourront y parvenir au grand détriment des autres. Pour
éviter cet abus, il faut, de toute nécessité, mettre un frein
à l'initiative individuelle et faire intervenir l'autorité.
On ne peut pas assurer autrement l'égalité entre les
ayants-droit.

---

(1) Guillouard, *Traité des Pr. et Hyp.*, 1898, II, p. 361, nº 873.
(2) Laurent, *Avant-projet*, IV, III.

Les inégalités que nous venons de signaler sont la conséquence fatale de la liberté des poursuites. Tout le monde
le reconnaît ; mais certains auteurs prétendent les justifier
en invoquant le principe de l'activité personnelle : *Jura
vigilantibus prosunt, non dormientibus !* Tous les créanciers
ont les mêmes armes, disent-ils ; à eux d'en user comme
ils l'entendent (1).

Qu'ils aient les mêmes armes, cela est vrai théoriquement. Mais qui ne voit combien leur situation de fait peut
être différente ? — Voici un créancier qui demeure dans
le même pays que son débiteur ; il le surveille de près et,
au moindre indice de ruine, se fait accorder des sûretés
ou obtient un paiement intégral. Direz-vous encore que
celui qui habite une autre province ou un autre département peut prendre les mêmes précautions ? Et s'il ne les a
pas prises, peut-on réellement l'accuser de négligence et
justifier ainsi la perte qu'il va subir ?

Au surplus, cette prétendue règle — la loi ne protège
que les vigilants — n'est peut-être ni aussi vraie, ni aussi
juste qu'on veut bien le dire. — Les nécessités de la procédure, les raisons diverses qui ont amené le législateur à
déterminer des délais de péremption peuvent seules l'expliquer. — En donnant à cette maxime une portée plus
large, on arrive à légitimer bien des choses révoltantes...
Que peut-on reprocher, en effet, au créancier qui arrive
trop tard pour être payé ? S'il avait laissé passer des délais
légaux, il serait négligent ; mais on ne peut pas lui impu-
ter à faute de s'être laissé prévenir par un autre. La
déchéance n'est plus une peine ; c'est le paiement qui

---

(1) Du reste, cette maxime peut-elle être invoquée à l'égard des créanciers
à terme ? Evidemment non. Ils sont donc forcément, et sans qu'on ait le droit
de leur reprocher leur inertie, primés par les créanciers dont les créances
sont exigibles ; ils voient ces derniers s'emparer exclusivement d'un patrimoine qui était aussi leur gage. (De Vareilles-Sommières, *op. cit.*, p. 219).

devient une prime accordée au plus habile. — En résumé, pour obvier aux inconvénients du système actuel de la déconfiture, la suppression de l'hypothèque judiciaire serait insuffisante (1). Une situation nouvelle est créée par l'insolvabilité du débiteur ; il faut, pour assurer le respect des droits de chacun, une procédure spéciale, une organisation collective.

SECTION 2. — NÉCESSITÉ AU POINT DE VUE ÉCONOMIQUE

Conviendrait-il d'organiser cette procédure incontestablement plus parfaite ? — Et dans l'état actuel de nos mœurs une pareille réforme répondrait-elle à un besoin, à une nécessité ? — Voilà comment se pose la question, et c'est sur ce terrain qu'elle a surtout été discutée (2).

Elle s'est posée aux législateurs de 1804 et ils l'ont résolue par la négative. Ils ont vu dans la cessation des paiements d'un commerçant un événement grave, un point d'arrêt dans la marche des affaires ; mais il n'en est pas de même, à leurs yeux, de l'insolvabilité civile : ce ne peut être qu'un fait exceptionnel et pour lequel il est inutile d'organiser une procédure spéciale. Nous trouvons l'ex-

---

(1) M. Langlois allait même jusqu'à dire : « Pour nous, l'organisation de la déconfiture est la conséquence nécessaire de la suppression de l'hypothèque judiciaire.

Le crédit accordé à la personne est, ajoutait-il, essentiellement attaché à la considération que cette personne possède des biens qui deviendront une garantie certaine de paiement, si le débiteur ne s'acquitte pas à l'époque fixée par la convention.

Or, si on supprime le seul point de contact qui existe entre le crédit personnel et le foncier, c'est-à-dire l'hypothèque judiciaire, il est évident qu'on sape par la base le crédit personnel lui-même. Langlois, *Rev. Dr. fr. et étr.*, 1850, p. 319.

(2) La question à discuter est celle de savoir si ce n'est pas un cadeau dangereux que l'on fait au débiteur civil et si la facilité du crédit n'est pas en même temps une facilité de ruine. — C'est en ces termes que M. Lacombe posait le problème à la tribune du Sénat.

pression de cette idée dans un article du code civil, l'art. 2019 : *La solvabilité d'une caution*, dit ce texte, *ne s'estime qu'eu égard à ses propriétés foncières, excepté en matière de commerce et lorsque la dette est modique.* Les rédacteurs du code devaient avoir la même opinion sur le crédit que méritait un débiteur. — Possède-t-il des immeubles ? — Il trouvera des prêteurs ordinairement sur hypothèque. — S'il n'a que des meubles et s'il est commerçant, il peut encore avoir des créanciers : leurs droits seront sauvegardés par la faillite. — Mais arrivons au non-commerçant dont la fortune est purement mobilière : c'est pour lui que serait utile une organisation de la déconfiture. Elle n'est pas nécessaire, pense le législateur ; le débiteur civil, de même que la caution, ne doit trouver aucun crédit quand il n'a pas de propriétés foncières. — Que ses créanciers, s'il en a, ne se plaignent pas d'être mal protégés ! Ils ont commis une grave imprudence en prêtant à un individu aussi peu solvable.

La même question s'est présentée en 1881 et dans les années qui suivirent. On s'occupait alors de la refonte de notre loi des faillites, et une proposition, due à l'initiative de M. Saint-Martin, député de Vaucluse (1), étendait à tous les insolvables cette procédure de liquidation. Le rapporteur au Conseil d'Etat, M. Courcelle-Seneuil (2), conclut au rejet de cette réforme : « Les motifs, dit-il, qui ont dicté « la législation sur la suspension des paiements d'un com- « merçant, n'existent pas lorsqu'il s'agit de débiteurs « civils. Pour ces derniers, le crédit n'est pas nécessaire et « ceux qui sont sages en usent peu. Emprunter pour con- « sommer au-delà de ce qu'on a, est un acte bien différent

---

(1) *Proposition* Saint-Martin, du 15 juin 1880, art. 2 (*Doc. Parl. Ch. des D.*, 1881, p. 1811).

(2) Courcelle-Seneuil. *Rapport sur le projet de loi de la liquidation judiciaire*, publié dans *J. des Faillites*, 1882, p. 422 et 511.

« de celui par lequel on achète une marchandise pour la
« revendre. Il n'y a de semblable que l'obligation ; les
« visées et les habitudes des créanciers et du débiteur
« sont différentes. »

Le rapporteur à la Chambre des députés se borna à
écarter la proposition Saint-Martin pour des raisons de
détail, sur lesquelles nous reviendrons plus loin (1) ; mais
nous retrouvons les arguments de M. Courcelle-Seneuil,
quelques années plus tard, au Sénat, dans un discours de
M. Buffet. « L'honorable M. Lacombe, disait alors l'émi-
« nent sénateur, voudrait instituer, dans l'intérêt de l'agri-
« culture, ce qu'on a appelé tout à l'heure la faillite civile,
« c'est-à-dire la déconfiture organisée. Rien au monde,
« ajoutait-il, ne serait plus préjudiciable aux agriculteurs
« qu'une semblable disposition (2). »

Sans contester la supériorité juridique de l'organisation
collective, nos législateurs n'ont donc pas voulu jusqu'à ce
jour l'étendre à l'insolvabilité civile. Chose curieuse ! elle
leur paraît à la fois et trop douce et trop rigoureuse pour
le débiteur. Elle procurerait, d'une part, à des gens tombés sans excuse et ne méritant point une telle faveur, le

---

(1) *Rapport Laroze*. Mars 1884. *Doc. Parl. Ch. des D.*, 1884, p. 226. — 1° La
faillite civile multiplierait d'une façon exagérée le nombre des faillites ; 2° Les
engagements souscrits par le commerçant sont à peu près tous à terme : dans
la vie civile, il n'en est pas ainsi, la plupart des dettes n'ont pas d'échéance
précise ; de là des difficultés sans nombre pour la liquidation ; 3° Il faudrait
enfin modifier profondément la compétence et même la composition des tribunaux de commerce, car, juges naturels des faillites, ils devraient pouvoir
apprécier dans les faillites civiles bien des contrats qui sont étrangers à leurs
études.

(2) *Discours* de Buffet (*Sénat, Déb. Parl.* 31 janvier 1888, p. 74). « Comment !
disait encore M. Buffet, voilà un fermier auquel le propriétaire consentait à
accorder un certain délai pour le paiement de son terme, et un autre créancier, muni d'un billet à ordre, non payé le jour de l'échange, pourra mettre
ce fermier en déconfiture, le dessaisir de sa ferme au très grand dommage
non seulement de celui-ci, mais du propriétaire que ce dessaisissement mettra
souvent dans un grand embarras. »

moyen trop commode de se décharger de leurs dettes (1)
et d'autre part, en étendant la faillite aux non-commerçants, on donnerait aux créanciers une arme qui, dans l'état
normal des relations civiles, ne leur est pas nécessaire.
On les encouragerait en outre à proroger et à augmenter
les crédits qu'ils consentent au débiteur : résultat mauvais,
car l'homme est déjà suffisamment porté par sa nature
avide à courtiser la fortune, sans que la loi vienne encore
favoriser ses déportements et se constituer son bailleur de
fonds (2).

En somme les adversaires de la faillite civile paraissent
surtout frappés des dangers du crédit ; c'est pour préserver
les non-commerçants, et pour suppléer à leur inexpérience
qu'ils ne veulent pas établir pour la liquidation de l'insolvable civil une procédure moins imparfaite. La lacune
volontaire de nos lois constituerait donc pour eux une
véritable mesure de protection (3).

---

(1) Nous ne relevons cette considération que parce qu'elle a été souvent
mise en avant. Elle se comprendrait dans un pays où la faillite à un effet
libératoire (Angleterre, Etats-Unis) ; mais chez nous un pareil résultat ne
pourrait résulter que d'un concordat ; on ne critique plus le principe de
l'organisation collective ; on s'attaque à un détail qui pourrait ne pas être
maintenu.

(2) Voir Thaller. *Cours de droit commercial*, p. 811 et 812.

On trouve des arguments identiques dans Goldhammer, interprétant l'ancienne loi prussienne de 1855. 1° Les commerçants sont seuls obligés de
faire des dettes par la nature de leur activité, car le commerce repose sur le
crédit ; 2° le crédit du non-commerçant qui a des dettes ne doit pas dépasser
sa fortune, tandis qu'il la dépasse le plus souvent pour le négociant et quand
on vient à saisir la fortune entière de celui-ci, il faut bien que tous les créanciers le sachent pour qu'ils puissent faire valoir leurs prétentions sur la
masse. — Les créanciers du non-commerçant n'y ont pas le même intérêt,
parce qu'il est à présumer que le débiteur n'a pas plus de dettes que de biens
et que dès lors, chaque créancier du non-commerçant doit croire que malgré
des saisies antérieures, il en restera assez pour le satisfaire (Goldhammer.
Loi prussienne, p. 15 et suiv.)

(3) Un auteur italien Precerutti résume ainsi cette idée dans l'*Archivio
Giuridico*, IV, p. 525. « Le protectionnisme ne fut pas seulement proclamé

Ces considérations ne nous touchent guère; elles ont le tort, selon nous, de déplacer la question en exagérant outre mesure l'influence d'une procédure plus ou moins bien réglée sur le développement du crédit. L'emprunt conduit très souvent à la ruine ceux qui en usent; mais l'organisation d'une faillite civile aurait-elle donc pour effet de multiplier les offres de crédit aux non-commerçants, à un tel point que ceux-ci n'auraient pour ainsi dire plus la force de les refuser ? — Nous ne le croyons pas, car, après comme avant la faillite civile, les entreprises commerciales attireront à elles presque tout l'argent des capitalistes. Sans doute le crédit est synonyme de confiance et une bonne procédure de liquidation est favorable à son développement parce qu'elle rassure les prêteurs; mais ce n'est là qu'un détail. Ce qui fait l'attrait du commerce et de l'industrie, et qui restera longtemps encore leur apanage exclusif, c'est qu'ils peuvent réaliser des bénéfices énormes et procurer à leurs bailleurs de fonds une rémunération très avantageuse. — L'organisation de la déconfiture rendrait-elle l'emprunt plus facile ou moins onéreux pour les non-commerçants ? — Probablement; mais il n'est certainement pas à craindre (1) qu'elle introduise dans les rela-

---

« aux frontières ; il fut largement appliqué dans les lois civiles. Au nom de « la justice, le droit civil a aggravé son rigorisme avec une exubérance de « formes et de précautions... le droit commercial, au nom de l'équité, a rompu « les entraves et ouvert la voie de la liberté. » — Voir dans le même sens : Thézard, *Influence des relations commerciales sur le développement du droit privé.* — *Rev. Crit.*, III, nouv. série, p. 103.

(1) Nous insistons sur ce point parce qu'on se fait souvent illusion, croyons-nous, sur l'étendue du crédit que la faillite donnerait au non-commerçant.— Ce qui s'est passé en Suisse à cet égard est curieux à observer. — On aurait pu croire qu'en se faisant inscrire au registre du commerce et en se soumettant ainsi à la faillite, les non-commerçants allaient jouir d'un crédit égal à celui des commerçants. Il n'en fut rien cependant; les inscriptions au registre du commerce diminuèrent de plus de moitié en quelques années : preuve évidente qu'elles n'augmentaient pas sensiblement le crédit de ceux qui y avaient recours !

tions civiles les habitudes du négoce, ni qu'elle donne aux paysans ou aux rentiers les moyens de crédit dont jouissent les commerçants.

Au surplus, si ce résultat venait à se réaliser, il est bien difficile de dire s'il faudrait s'en plaindre ou s'en réjouir. Les avis sont très partagés et la question prête à de longs développements. L'agriculture, dit-on, végète faute d'avances et beaucoup d'autres professions sont dans le même cas (1). Nous ne suivrons pas les économistes sur ce terrain; il nous paraît peu solide et nous venons d'expliquer pourquoi; nous avons hâte de revenir à des considérations plus terre à terre, mais aussi beaucoup plus précises.

Sans se préoccuper des avantages ou des inconvénients du crédit, il est facile de constater, avec la statistique, que les commerçants ne sont pas seuls à en user (2).

---

(1) Voir Josseau, dans *Dictionnaire des Finances*, v° *Crédit Agricole*. — « L'agriculteur, dit-il, tend à se rapprocher de plus en plus des autres branches de l'industrie. En présence de la concurrence étrangère et des avantages qu'assurent aux autres pays de grandes terres inexploitées et un outillage perfectionné, notre agriculture ne pourra donner des bénéfices qu'à ceux qui emploieront les procédés les plus scientifiques. — Mais, sans le crédit, c'est en vain que la science découvrira de nouveaux éléments de fertilisation destinés à combattre l'épuisement du sol, c'est en vain que la mécanique inventera des engins pour suppléer au défaut de bras. »

(2) Il est assez difficile de se rendre un compte exact du nombre annuel des déconfitures, soit du vivant du débiteur, soit après décès.

Pour donner une idée approximative de l'importance de ces procédures, et pour montrer que les non-commerçants eux-mêmes ont recours au crédit, nous empruntons à *l'Annuaire de l'Economie politique et de la statistique*, 1893, les chiffres suivants.

En 1889, 10.758 ordres et 1.558 contributions ont été définitivement réglées.

Beaucoup de ces procédures étaient ouvertes pour un actif relativement important; 211 ordres et 11 contributions, pour un actif de plus de 100.000 francs; — 372 ordres et 24 contributions, de 50 à 100.000 francs; — 2962 ordres et 154 contributions, de 10.000 à 50.000 francs.

L'actif à répartir s'élevait au chiffre de 180.711.240 francs, dont 170.028.645 pour l'actif immobilier et 10.682.175 pour l'actif mobilier.

Le chiffre total des créances était de 368.413.272 francs, dont 303.239.085 pour les ordres et 65.174.187 pour les contributions.

« Le crédit, disait il y a quelques années un notable
« industriel de Paris, M. Legriel, le crédit est le principal
« agent de toute relation entre le vendeur et l'acheteur et
« toute la population du monde civilisé ne vit que par le
« crédit et sur le crédit. Consultez, ajoutait-il, les commer-
« çants fournisseurs et demandez aux bijoutiers, tapissiers,
« carrossiers et à tous nos industriels parisiens s'ils ont
« d'autres bases d'opérations que le crédit. C'est la condi-
« tion *sine quà non* de leurs affaires » (1).

Les fournisseurs, obligés de vendre à crédit, seront bien
souvent trompés par une clientèle plus élégante que fidèle
à payer ses factures. Ce qui va arriver alors est le comble
de l'iniquité : le commerçant, auquel on ne peut pas même
reprocher d'avoir été trop confiant, sera peut-être déclaré
en faillite, et le débiteur malhonnête n'encourra aucune
déchéance et se trouvera pour ainsi dire à l'abri de toute
poursuite. Qu'on vende son mobilier d'appartement, s'il en
a un qui lui appartienne : peu lui importe. Cela ne l'empê-
chera pas de toucher les arrérages de ses rentes sur l'Etat
et les revenus de ses valeurs mobilières.

La situation était plus égale lorsque le débiteur insolvable pouvait être retenu en prison ; elle devait aussi être
plus rare. — Vers 1865 un souffle de générosité passa sur
l'Europe ; il ne fallait plus d'une contrainte inutile et qui
paraissait empruntée aux procédés d'exécution d'un autre
âge. La loi du 22 juillet 1867 fut imposée par l'opinion ; elle
cédait au courant d'humanité qui entraînait dans un même
mouvement presque toutes les législations européennes (2) ;

L'importance de ces chiffres apparaitra quand on saura que, la même
année, les faillites et liquidations judiciaires s'élevèrent à 4.404 et distri-
buèrent un actif de 146.677.906 francs pour 540.199.434 francs de créances.

(1) Legriel. *Etude sur la faillite civile*, 1888. *J. des Faillites,* p. 46 et suiv.

(2) Elle a été supprimée en Autriche, le 4 mai 1868, et en Allemagne, le
29 mai 1868, mais avec des réserves nombreuses dans ces deux pays — puis
en Belgique (27 juillet 1871) ; — en Suisse (9 mai 1874) ; — en Norwège

mais n'est-on pas allé trop vite et la loi française n'est-elle
pas incomplète ? On l'admet généralement aujourd'hui.

Après avoir supprimé une mesure de rigueur qui avail
fait son temps, il aurait fallu, à l'exemple de l'Angleterre (1), combler la lacune que cette abolition venait de
créer. Cette mesure est indispensable (2) aujourd'hui puisque les débiteurs peuvent si facilement dissimuler leurs
biens. Il fut un temps où l'on disait couramment « *res mo-
bilis res vilis* »; le code civil renferme bien des traces de
cette maxime; mais que ce temps est loin et que les choses
sont changées ! Les valeurs mobilières entrent aujourd'hui
dans toutes les fortunes; elles constituent, comme tous les
biens du débiteur, le gage des créanciers; mais c'est un
gage sur lequel ceux-ci ne pourront presque jamais mettre
la main.

« Un débiteur civil, disait en 1868 M. Leveillé (3), em-

(3 juin 1874); — en Suède (Code de proc. du 10 août 1877); — en Italie
(6 décembre 1877).

En Angleterre, la contrainte, qui avait été rigoureuse, fut abolie en 1844,
pour les débiteurs qui devaient moins de 20 livres et qui étaient de bonne foi.
— Mais le fait d'emprunter, sans avoir le moyen de se libérer plus tard, étant
considéré comme un acte de mauvaise foi, la contrainte était en réalité
presque toujours applicable.

Certaines législations des Etats-Unis avaient précédé l'Angleterre dans cette
voie et aboli l'emprisonnement pour dettes, le cas de fraude excepté. New-
York (26 avril 1830. — Pensylvanie, 12 juillet 1842, etc.).

(1) Nous avons déjà remarqué qu'à toute atténuation de l'emprisonnement
pour dettes correspondait en Angleterre un progrès dans l'organisation de
l'*Insolvency*.

(2) *En ce sens :* Thaller, *op. cit.*, I, 140. — Legriel, *op. cit.*, *J. des Faillites*, 1888, p. 50 et suiv.

(3) Léveillé. *Rev. prat..* XXII, p. 319. *Abolition de la contrainte par corps.* —
En ce sens aussi : Deloynes. *Rev. crit.*, 1875, p. 799. *Notice bibliog. sur Har-
douin. Essai de l'abolition de la contrainte par corps.* « Faudrait-il rétablir la
« contrainte par corps ? Non, répond cet auteur. J'inclinerais personnelle-
« ment à penser qu'il y aurait lieu d'organiser la déconfiture, d'obliger
« l'insolvable à céder tous ses biens à ses créanciers et de frapper d'une
« peine tout détournement, toute dissimulation d'actif. »

« prunte audacieusement quelques centaines de mille
« francs, les convertit en rentes sur l'Etat (*on pourrait*
« *ajouter, ou en titres au porteur*); — L'échéance venue, il
« ne rembourse rien. — Cet emprunteur dans l'état actuel
« de notre législation ne peut être arrêté pour dettes; il ne
« peut être exproprié de son actif; il ne peut être poursuivi
« par le ministère public; il n'a commis aucune infrac-
« tion prévue par nos codes criminels. Il est à la fois mil-
« lionnaire, insolvable et au-dessus de toute répression ».

Voilà la situation absolument scandaleuse que l'organisation collective de la déconfiture a pour but de supprimer.

A ces avantages certains on oppose la prétendue nécessité de protéger le paysan contre les dangers du crédit.

L'exemple des législations étrangères nous permet de
contester la nécessité d'une pareille protection. Partout où
fonctionne une organisation collective, elle produit de
bons résultats. Il en serait très probablement de même en
France, car rien ne permet de supposer que nos agriculteurs soient moins instruits, plus avides ou plus téméraires que les habitants de la Hongrie ou de la Suède.

La loi française est l'une des dernières à résister au mouvement que nous avons signalé dans notre seconde partie
et qui tend à assimiler de plus en plus l'insolvabilité civile
et la faillite commerciale. — La jurisprudence a été plus
hardie. On se rappelle en effet les efforts persistants de
certaines cours d'appel pour baser sur la notion du séquestre une procédure de liquidation. La théorie du séquestre-
liquidateur ne se serait pas maintenue si longtemps, malgré
les arrêts de la cour suprême, si elle n'avait été qu'une
fantaisie de juriste et si elle n'avait pas répondu à un réel
besoin.

Ce besoin apparut particulièrement impérieux, il y a
quelques années, lors de la déconfiture de la société du
canal interocéanique de Panama. — La Compagnie avait
été reconnue société civile par la cour de Paris : un liqui-

dateur fut nommé; mais il ne pouvait être assimilé à un syndic et le droit de poursuite des créanciers n'était pas suspendu (1). — Laisser à chaque obligataire la faculté de faire valoir ses droits, c'était la conséquence fatale du défaut d'organisation de la déconfiture; mais c'était aussi rendre impossible toute liquidation. Dans ces conditions le législateur crut utile d'intervenir pour jeter les bases d'une organisation spéciale à la Compagnie de Panama et analogue à la faillite.

Un mois plus tard, le Parlement votait la loi du 1er août 1893, qui déclare sociétés commerciales toutes les sociétés en commandite ou anonymes constituées dans les formes du commerce. — Il avait encore présent à l'esprit l'exemple de la Compagnie fameuse pour laquelle une loi de circonstance avait été nécessaire; et l'un des buts les plus évidents qu'il poursuivait était de soustraire à la déconfi-

---

(1) La compagnie de Panama — qui, avec un actif peu considérable, devait faire face à 300 millions d'actions et à 1.035 millions d'obligations -- fut reconnue société civile par arrêt de la Cour de Paris, du 8 mars 1889. S. 89, II. 225. D. 90, II, 233.

M. Monchicourt fut nommé liquidateur; mais cette nomination n'empêchait pas les porteurs de titres de poursuivre individuellement la société, leur débitrice. Ainsi, le 12 juin 1889, le juge de paix du 9e arrondissement de Paris condamnait la Compagnie à payer des coupons d'obligations échus; il accordait seulement un délai de trois mois pour le paiement (An. Dr. Com., 1889, p. 230).

De même, le tribunal civil de la Seine la condamnait à payer des indemnités à ses employés (Tr. Seine, 18 avril 1889. An. Dr. Com., 1889, p. 183 — et 14 mai 1890. An. Dr. Com., 1890, p. 213).

Pour rendre possible la liquidation, une loi spéciale fut votée — la loi du 1er juillet 1893.

Elle étend à la déconfiture de la société de Panama les principales règles des faillites : les procédures individuelles sont suspendues, les opérations vont se concentrer devant le tribunal civil du siège social; le liquidateur procède à la vérification et à l'admission des créances, sauf au créancier dont le titre est contesté, le droit de se pourvoir en justice dans les trois mois.

Pour les actions en responsabilité, les obligataires ont un représentant autre que le syndic.

Cf. Paul Bressoles : Liquidation de la Comp. de Panama.

ture et de soumettre à la faillite les grandes sociétés (1).

L'impulsion était donc donnée; mais le législateur s'est arrêté en chemin. Pourquoi ? il est impossible d'en trouver la raison. Nous souhaitons qu'il achève bientôt son œuvre en créant pour les non-commerçants insolvables une procédure de liquidation collective. Cette réforme répondrait, croyons-nous, à une véritable nécessité, et pourrait seule assurer le respect des principes posés par les articles 2092 et 2093 C. civil.

CHAPITRE SECOND

Extension de la faillite commerciale aux non-commerçants insolvables

Lorsqu'on s'est mis d'accord sur la nécessité d'organiser la déconfiture, une nouvelle question se pose : celle de savoir dans quelle mesure il faut étendre à cet état les règles de la faillite. — Nous trouvons au Code de commerce une procédure bien ordonnée; suffit-il de la déclarer applicable à tous les insolvables ? — ou bien, tout en étendant à l'insolvabilité civile la procédure collective, convient-il de maintenir deux organisations parallèles suivant la profession du débiteur ? — C'est ce que nous allons rechercher dans ce chapitre.

L'exemple de l'Angleterre ou de l'Allemagne a inspiré à certains auteurs l'idée de l'unification des faillites. Un seul mode de liquidation pour tous les insolvables : voilà la formule de la théorie. Celle-ci a d'ailleurs des visées plus

---

(1) Loi du 1er août 1893, *portant modification de la loi du 24 juillet 1867 sur les sociétés par actions* ; art. 68.

hautes : elle s'attaque à la distinction même du droit civil et du droit commercial et tend à opérer entre ces deux branches du droit privé une fusion complète.

Après avoir exposé dans une première section la *théorie elle-même*, nous verrons dans une seconde les *objections* qu'elle soulève et qui la rende difficilement acceptable.

SECTION 1re. — THÉORIE DE L'UNITÉ DE LA FAILLITE

Les auteurs les plus favorables à la thèse sont les premiers à reconnaître qu'elle n'a pas en France de nombreux partisans (1). Développée vers 1869 par M. de Montluc (2), elle a aujourd'hui pour représentant autorisé M. Thaller, le savant professeur de l'Université de Paris qui consacre à ce système de longs développements dans son bel ouvrage *sur les faillites en droit comparé*.

Elle inspirait la proposition Saint-Martin (3) sur la réforme des faillites, et se retrouvait aussi dans la proposition Richard-Waddington et Dautresme (4), qui tendait à introduire, à côté de la faillite, les concordats amiables.

Inutile d'ajouter que ces tentatives n'aboutirent pas et

---

(1) Thaller, *loc. cit.*, I, p. 126.

(2) De Montluc. *De la faillite des non-commerçants.* (*Rev. Dr. Int.*, I, 1869, p. 569.)

(3) *Proposition* St-Martin, déposée le 15 juin 1880 et le 15 novembre 1881. (*J. O. Doc. Parl. Ch. des D.*, 1881, p. 1811.) — L'article 2 de la proposition était ainsi conçu : « *Les dispositions de la présente loi, relatives aux formes de la liquidation forcée des biens du commerçant en état de cessation de paiements, seront étendues à la liquidation des biens de tout débiteur, même non-commerçant et en état de déconfiture.* » — Une différence cependant, le débiteur civil ne pouvait pas obtenir de concordat; il profitait seulement d'un sursis d'un an (art. 120).

(4) *Proposition* Richard-Waddington et Dautresme, du 28 février 1882. (*J. O. Doc. Parl. Ch. des D.*, 1882, p. 371. « *Les dispositions de la présente loi*, disait l'art. 17, *sont applicables à tous les débiteurs, même non-commerçants, en état de déconfiture.* »

que la loi de 1889 sur la liquidation judiciaire est spéciale au commerce.

Le mouvement d'ailleurs n'est pas particulier à la France; et, si la théorie de l'unité de la faillite ne parait pas en honneur en Belgique, elle a, en Italie, des défenseurs convaincus; citons seulement parmi les plus connus, Ellero, Precerutti, Pennati et le professeur de Bologne Cesare Vivante (1). Elle a eu moins de succès auprès des pouvoirs législatifs et a été écartée par la commission italienne chargée de rédiger le nouveau code de commerce qui a force de loi depuis 1883 (2).

Tous les auteurs que nous venons de citer commencent par exposer les conséquences déplorables du défaut d'organisation de l'insolvabilité civile : elles nous sont connues...

Puis ils se demandent comment peut s'expliquer une classification des insolvables suivant leur profession. Par les principes juridiques ? — Evidemment non; le lien d'obligation est toujours le même. Les droits des créanciers sont identiques et identique aussi devrait être la procédure destinée à sauvegarder ces droits. — C'est ce qu'avait parfaitement compris l'esprit logique des Romains (3). Chez eux, dit-on, toute distinction entre le com-

---

(1) Ellero. *Programma dell'Archivio Giuridico*, 1868, p. 7. — Precerutti. *Leçon d'ouverture; Archivio Giuridico*, IV, p. 525. — Pennati. *Il fallimento dei non-commercianti* dans *Rassegna di Dir. Comm.*, 1885 , p. 153. — Cesare Vivante. *Archivio Giuridico*, XXXIX, fasc. 5 et 6, et aussi *Un code unique des obligations*, article traduit par Yseux dans *An. Dr. Com.*, 1893, p. 1 à 20.

On peut citer dans le même sens, en Italie : Carle. *Dottrina Giuridica del fallimento nel diritto privato internazionale*, traduit par 'Dubois, 1892, p. 30. — Cimbali. *La nuove fase del diritto civile*, p. 357.

En France, cette doctrine a été adoptée récemment par Ducos de la Haille, dans sa thèse sur la *Déconfiture*, 1894, et par Gauffre . *Tendance à l'unification du droit civil et du droit commercial*, 1898.

(2) Thaller. *Bul. S. Lég. Comp.*. t. 17, p. 536 et suiv.

(3) La distinction entre ces deux branches du droit privé était inconnue des jurisconsultes romains, écrit Vivante (*loc cit.*, p. 1). Les pérégrins, établis dans la capitale du monde, y introduisirent, il est vrai, par suite de leurs grandes

merce et le non-commerce était inconnue ; la procédure collective s'appliquait à tous.

Au Moyen-Age, en Italie, on a soumis la faillite à une sorte de restauration archéologique, suivant l'expression de M. Thaller, pour en faire profiter surtout le commerce. Aucun texte cependant n'en limitait la portée aux hommes de négoce, et si les commentateurs paraissent établir un lien entre le commerce et la faillite, il ne faut pas oublier, que dans les républiques florissantes de l'Italie, le développement du commerce était grand, à tel point qu'on avait coutume de dire : *Genuensis ergo mercator* (1).

En passant en France, les dispositions italiennes gardent le même caractère. D'une portée théorique générale, elles sont, en fait, réservées aux commerçants parce que ces derniers seuls font appel au crédit et sont exposés à faillir. La distinction juridique, peu précise encore dans l'ordonnance de 1673, n'est formulée que par les juristes d'après la Révolution.

Elle n'avait rien de choquant, cette distinction, lorsque le commerce était le monopole d'une classe privilégiée ; elle se comprenait encore au début du siècle lorsque le crédit personnel était peu développé, les grandes entreprises n'étant pas encore nées et les valeurs mobilières, considérées comme des quantités négligeables. Aujourd'hui le commerce est une fonction à laquelle participe plus ou moins tout individu et la distinction n'a plus de raison d'être.

---

spéculations un droit moins rigide, moins formaliste que le *jus civile* de l'ancienne Rome ; mais ces deux droits, tout en étant l'un toujours plus vigoureux, l'autre toujours plus archaïque, se réunirent par l'intermédiaire du préteur pérégrin en un droit éminemment cosmopolite. — Un droit spécial au commerce répugnait à la tendance unificatrice du génie juridique romain et celui-ci savait au moyen de son langage compréhensif, faire entrer dans ses larges conceptions des obligations, les formes variées et les clauses techniques des affaires mercantiles.

(1) *Rôle de Gênes,* CXXXIX, n° 10.

« Dans notre société moderne, écrit le professeur Vivante,
« les diverses classes de citoyens se rencontrent et s'entre-
« croisent dans tous les sens, étant toutes préoccupées de
« la lutte pour l'existence. Si le commerce exige la promp-
« titude et la ponctualité des affaires, ces bonnes habitu-
« des se sont infiltrées dans la vie du plus grand nombre
« par les chemins de fer, les télégraphes, les postes, les
« institutions de crédit... Les règles du commerce se répan-
« dent dans toutes les classes de la société, parce que la
« grande impulsion de la concurrence pousse l'activité
« mercantile jusque dans les centres les plus éloignés de
« la vie bourgeoise et agricole. Les commis-voyageurs des
« grands industriels, les agents des compagnies d'assu-
« rance, les Sociétés des Chemins de fer, frappent à l'hum-
« ble porte du paysan, de l'ouvrier, du bourgeois ; et au
« moyen de leurs formules imprimées, au moyen de leurs
« relations d'affaires, répandent dans toutes les sphères de
« la société la connaissance des usages commerciaux (1) ».

Si l'organisation d'une double procédure suivant la profession de l'insolvable a pu s'expliquer à certaines époques
elle ne répond plus aujourd'hui à aucun besoin.

Il faudrait donc étendre à tout le monde les règles de la
faillite ; mais cette réforme se heurte en France à des difficultés particulières. Nous avons des tribunaux consulaires, juges des faillites, conviendrait-il de les supprimer ?

---

(1) « L'expansion de la vie économique dans la société moderne, disait
« dans le même sens Ellero (*loc. cit.*, p. 7), et l'augmention variée, rapide et
« infinie des trafics, des transports, des contrats de tous genres semblent ne
« pas pouvoir s'accommoder avec le cercle étroit des anciennes formules. —
« De là la prédominance du droit commercial qui est lui-même partie du
« droit civil, mais partie progressive et envahissante, destinée à transformer
« le tout. »
Ce sont les mêmes considérations aussi que l'on peut lire dans l'*Exposé
des motifs* de la loi allemande de 1877. — Les barrières entre les diverses
classes de la société ont disparu, elles ne forment plus qu'un corps, et tous
les hommes doivent être régis par les mêmes règles..

ou devrait-on maintenir leur compétence à toutes les liquidations de patrimoines insolvables ? — Voilà certainement un obstacle très sérieux : M. Thaller prétend l'éviter en enlevant dans tous les cas aux magistrats consulaires la connaissance des faillites (1). — Leur compétence serait limitée à l'interprétation des contrats commerciaux.

D'un autre côté, la simple cessation des paiements suffira-t-elle à autoriser, en dehors du commerce, la faillite d'un débiteur ? — Non, c'est de toute évidence; mais au lieu de proposer des causes d'ouverture distinctes pour la liquidation civile, ne ferait-on pas mieux de rechercher ce que vaut la règle commerciale ? — M. Thaller s'élève avec force (2) contre le peu de précision de la formule du code de commerce et, à l'instar des lois anglaises, voudrait la remplacer par une énumération des faits entraînant faillite.

Il y aurait le dépôt du bilan, et surtout la sommation d'huissier, qui est bien, dit encore M. Thaller, l'acte entre tous sur lequel la demande en faillite devrait s'appuyer...
« Quand le refus par le débiteur d'y optempérer, au lieu
« de reposer sur une contestation sincère et loyale de la
« dette, tient à un manque d'argent — question de fait
« apparemment — ce manque d'argent cache la gêne et
« légitime l'ouverture d'une procédure collective sur les
« biens. — Qu'on accorde au retardataire, à partir de la
« sommation, un délai d'une certaine étendue, pour lui

---

(1) *En ce sens* : Bédarride (*Traité des faillites*, I, n° 5). — Thaller, *op. cit.* II, p. 162. — La faillite est en somme une procédure d'exécution et devrait être rangée sous la juridiction des tribunaux ordinaires ; ceux-ci seraient d'ailleurs mieux placés pour surveiller les syndics et déjouer les fraudes de l'insolvable.

(2) Ainsi, il a été jugé par la Cour de Besançon, le 19 janvier 1885, qu'une demande en déclaration de faillite ne doit pas être nécessairement accueillie si elle est contraire à la volonté et aux intérêts des créanciers. (*Journ. des faillites*, 1885, p. 295). Voilà une décision qui est au moins bizarre... on pourrait en citer beaucoup d'autres.

« laisser le loisir de faire appel au crédit, huit ou quinze
« jours, davantage même, si on le juge opportun, mais
« qu'on fasse, au civil comme au commerce, de la mise en
« demeure extrajudiciaire, de la sommation signifiée par
« un officier ministériel, l'acte initial de la procédure de
« faillite et la manifestation légale de la pénurie du débi-
« teur » (1).

Dans ces conditions, l'extension aux non-commerçants
de toutes les règles de la faillite paraît possible. Pourquoi
d'ailleurs s'effrayer de cette réforme, puisque l'expérience
a été faite à l'étranger et a bien réussi ? — L'Allemagne, on
le sait n'a pas de système d'exécution propre aux commerçants; l'Angleterre, les Pays-Bas sont arrivés au même
résultat après l'évolution que nous connaissons. Une
réforme, bonne pour nos voisins, serait-elle irréalisable
chez nous ?

L'extension de la faillite aurait enfin une portée plus
générale. Elle orienterait notre législation vers un but
d'unification. « Notre droit privé se sectionne en effet en
« deux branches. Les simples citoyens sont sous l'empire
« d'un code; — les commerçants , sous l'empire d'un
« autre. Distinction qui s'est formée au Moyen-âge mais
« que la Révolution française aurait dû logiquement
« effacer. Un statut propre aux négociants jure avec le sys-
« tème égalitaire inauguré en 1789 et il n'y a plus de raison
« de maintenir entre le commerce et le non-commerce cette
« muraille de droit ».

---

(1) Thaller, op. cit., I, p. 178.
    « M. Thaller ajoute qu'il y a ici un écueil à éviter. La faillite est une
« mesure trop grave pour pouvoir dépendre d'une cause pécuniaire minime.
« Quand on est en voie d'arrangements et que rien dans les négociations ne
« décèle au dehors la mauvaise foi, une conspiration tramée avec quelques
« créanciers contre les autres, il serait hors de proportion de mettre la
« faillite au service d'un irréconciliable ou d'un intransigeant... On ne peut
« admettre que le défaut de paiement d'une dette de 100 francs puisse cons-
« tituer la base d'une procédure de dessaisissement général. »

Cette classification des professions — commerciales ou non, — est d'autant moins soutenable qu'elle est établie sur une base peu solide (1). Comment distinguer en effet une entreprise commerciale d'une autre qui ne l'est pas ? Nous avons bien une définition et, dans les articles 632 et suivants du C. de Commerce une énumération des actes commerciaux; mais cette liste est forcément incomplète et il est bien difficile de dire à quel signe on reconnaît un acte de commerce (2).

Au surplus il est aisé de constater que la sphère d'action des lois commerciales tend de plus en plus à s'élargir et que leurs dispositions régissent même le monde des affaires civiles. Dans un certain nombre de pays, en Allemagne, en Italie, en Portugal (3) le code de commerce règle les conventions par lesquelles un simple particulier s'engage vis-à-vis d'un commerçant. — Chez nous, cette invasion du droit commercial a pénétré dans la pratique avant de passer dans les lois; ainsi les sociétés même civiles (4) empruntent les formes commerciales; tout le

---

(1) Ni la doctrine, ni la législation, écrit Vivante, loc. cit., ne sont encore parvenues à distinguer au moyen d'une ligne de démarcation nette et précise les relations juridiques qui doivent être réglées par la loi commerciale de celles qu'il faut soumettre à celles du droit civil.

(2) Voir sur cette notion de l'Acte de commerce : Thaller, An. Dr. Com. La série des actes commerciaux est devenue si considérable que les codes les plus récents ont cru opportun de ne pas les mentionner d'une façon expresse et se contentent de déclarer que l'on répute actes de commerce tous les actes qui sont régis par le C. de com. « ou qui ont une analogie avec eux ». Ce sont les termes des articles 2 et 3 du code de commerce portugais de 1888 — et de l'art. 2 du code espagnol de 1886.

(3) Code com. allemand, art. 277. — Code hongrois, § 264. — Code de com. italien, arr. 54. — Code portugais, art. 90. — Code roumain, art. 56.

(4) Vivante résume ainsi les lacunes du code civil : « L'organisme administratif des sociétés civiles est tellement mal réglé que leur gestion doit s'arrêter dès que le premier dissentiment a surgi entre les associés ; — le louage d'ouvrage n'absorbe qu'un article et est donc laissé à l'appréciation des magistrats ; — le dépôt irrégulier y prend une figure hybride qui n'est ni

monde souscrit des lettres de change ; les obligations hypothécaires peuvent être à ordre ou au porteur (1). Nous
pourrions multiplier les exemples; mais ceux-ci suffisent
pour montrer le « nouveau souffle de vie que le droit com-
« mercial simple, rigoureux, expéditif a communiqué à
« tant de vieilles institutions du droit civil. » La fusion des
deux codes est donc nécessaire. « Le droit commercial, dit
« encore Vivante, est le fruit le plus noble de la vie fermée
« des corporations mercantiles, mais en livrant des com-
« bats d'où devait sortir la victoire du crédit, le commerce
« travaillait pour tout le peuple et sa doctrine juridique
« est devenue un patrimoine commun (2),

L'unité de législation aurait en outre un avantage très
appréciable. Elle simplifierait la marche des procès et
découragerait la chicane (3). En effet tant qu'il y aura un
droit commercial et un droit civil distincts, on verra des
hommes traduits devant la justice en qualité de commerçants soutenir qu'ils ne le sont pas et inversement. De là
des longueurs, des frais et même de très sérieuses difficultés, car rien n'est plus fuyant que le problème de la commercialité des actes (4).

----

dépôt, ni prêt, incapable de garantir celui qui dépose son avoir dans les
banques ; — le contrat de rente viagère rappelle l'époque où, une fois de
temps en temps et pour tenter la fortune, on jouait sur la vie d'autrui,
etc., etc.

(1) Voir sur cette intéressante question, Cass., 9 novembre 1893. *P. F.*, 97,
I, 402, avec note.

(2) « En poussant à ce rapprochement en un code unique, on arrivera indu-
bitablement ajoute Vivante (*op. cit.*, p. 16) à une construction juridique de
la théorie générale qui sera plus parfaite, parce qu'elle sera plus précise et
plus compréhensible. »

(3) Thaller, *op. cit.*, I, p. 162. — Vivante, *op. cit.*. p. 13.

(4) A ces arguments, Vivante ajoute encore que la division du droit privé
exerce une néfaste et pernicieuse influence sur son développement scienti-
fique. Le droit commercial a trop de règles spéciales et manque de défini-
tions générales. — Il en est tout autrement du droit civil. Ses règles se déve-
loppent avec la logique précision des déductions, mais le souffle de la vie a
cessé d'animer nombre de ses institutions.

La faillite s'étendrait enfin aux insolvabilités après décès. Pour elles, il est vrai, le code civil est plus prévoyant que pour les liquidations ordinaires; mais il prend seulement des demi-mesures. L'organisation des successions vacantes ou bénéfiaires repose sur une présomption d'insolvabilité et a pour but d'assurer le remboursement des dettes. — Elle vient donc se fondre tout naturellement dans la faillite; « la liquidation actuelle n'est-elle pas déjà « une faillite ? — faillite à l'état d'ébauche, où la loi s'est « arrêtée à mi-chemin et qu'il suffit de perfectionner ?»

SECTION 2. — CRITIQUE

Tels sont les principaux arguments en faveur de l'unification de la procédure de l'insolvabilité. Il faut lire les développements donnés par M. Thaller. Sous la plume de l'éminent professeur, la théorie apparaît absolument séduisante. A la réflexion cependant, on ne peut s'empêcher de la trouver d'une réalisation bien difficile; il est impossible de s'associer aux critiques dirigées contre la distinction des commerçants et des non-commerçants et d'en réclamer la suppression.

La théorie a une portée immense : ce ne sont pas des réformes qu'elle propose…; elle tend plutôt à un bouleversement général, à une véritable révolution dans nos lois. Avant de se décider à l'opérer, il convient de se demander si la procédure que l'on veut généraliser produit dans le commerce des résultats satisfaisants. Des reproches très sérieux, il faut le reconnaître, sont adressés à la faillite (1).

_____

(1) Leroy-Beaulieu. — *L'Econ. Franç.*, 1893, I, 321. « Nous signalons, dit-il, ces choquants abus parce qu'ils renversent absolument toutes les situations. Entre le syndic et les créanciers, la relation juridique est celle-ci : les créanciers doivent être les maîtres et le syndic, le serviteur. Il est importe que les syndics soient rappelés à cette notion qui est en même temps la notion juridique et la notion morale.

Sans parler des lenteurs et des frais, des assemblées irré-
gulières de créanciers et des majorités fictives, tout le
monde s'élève avec raison contre les pouvoirs exagérés des
syndics « ces potentats superbes et sourds, qui vivent au
« milieu des ruines des faillites et qui semblent ignorer
« que les créanciers ont le droit d'avoir des renseigne-
« ments... »

La liquidation judiciaire a soulevé, elle aussi, de très
vives critiques (1). Accueillie favorablement à son apparition, saluée avec enthousiasme comme une loi humanitaire,
elle a fait, depuis, l'objet de nombreuses réclamations de
la part des Chambres de commerce (2). Une opération pré-
liminaire s'imposerait donc avant tout : la refonte de la
procédure commerciale.

La suppression des tribunaux consulaires : voilà une
autre conséquence de l'unification des faillites. M. Thaller,
il est vrai, maintient cette juridiction, et on a vu tout à
l'heure comment il limitait sa compétence à l'appréciation
des contrats commerciaux. — Au lieu d'écarter les difficultés, cette réforme partielle les ferait très probablement
surgir. Si on conserve le tribunal de commerce, même avec
cette compétence restreinte, n'est-on pas fatalement con-
traint de lui renvoyer, comme questions préjudicielles, la
plupart des contestations relatives à l'admission des créances ? — On serait obligé aussi de lui confier l'homologation des concordats commerciaux : de sorte que l'on voit
réapparaître les questions de compétence et, avec elles, les

---

(1) Il a été fondé en 1890 un Comité parisien pour la réforme de la loi
sur la liquidation judiciaire.

(2) Citons seulement une délibération de la Chambre de com. de Dijon en
date du 5 mars 1894 : « Nous pouvons affirmer hautement, y lit-on, que la
loi du 4 mars 1889 n'a point répondu aux intentions de ses auteurs et qu'il
est difficile sinon impossible aux tribunaux de commerce de pouvoir l'appliquer en conformité de l'esprit qui l'a dictée (*J. des Chambres de Commerce,*
1894).

inconvénients que la théorie de l'unité de la faillite prétend éviter. — Il faudrait donc supprimer les tribunaux
consulaires; mais cette abolition, opérée dans certains
pays (1), est-elle réalisable chez nous ? — Nous ne le pensons pas, actuellement au moins; elle irait trop directement contre les sentiments du commerce français qui
paraît sérieusement attaché à cette juridiction.

Voilà incontestablement de grandes difficultés de réalisation. Elles gênent le réformateur; mais, nous le reconnaissons, elles ne touchent en rien à la doctrine. Il est temps
de nous attaquer à cette doctrine même, de serrer de près
les arguments qu'elle invoque et d'en peser la valeur.

La théorie de l'unification du droit privé est passée presque inaperçue en France, mais elle a soulevé en Allemagne et en Italie une polémique assez vive (2). Parmi les

---

(1) Il n'y a pas de tribunaux de commerce en Angleterre, aux Pays-Bas,
depuis 1817, — en Espagne, depuis 1868. — Enfin, en Italie, une loi relativement récente, la loi du 25 janvier 1888, vient d'être votée, grâce à l'énergie
de M. Zanardelli ministre de la Justice ; elle abolit les tribunaux de commerce (An. Dr. Com., p. 127).

(2) Les auteurs qui ont pris part à cette polémique, du côté de l'unifica-
tion du droit privé, nous sont déjà connus (voir p. 181, note 1). De l'autre
côté, nous trouvons : Goldschmidt, dans Zeitschrift, XXXIII, p. 500 et suiv.
Ulysse Manara : Contra un codice unico delle obligazioni — lecture faite le
12 janvier 1893 — dans Giurisprudencia Italiana, XLVe vol., p. 39. — Georges
Cohn, Drei rechtswissenschaftliche Vortrœge, 1888, p. 69. — Sacerdoti, de
Padoue. Contra un codice unico dans Rivista italiana, V. p. 447 et suiv. —
Vidari — dans Legge, 1892, no 18 — ou encore dans un appendice du 1er vol.
de son Corso di diritto commerciale, paru en 1894.

Quels sont les principaux arguments qu'ils invoquent pour le maintien des
deux codes ?

1o L'usage, dit-on, remplit des fonctions différentes dans le droit civil et
dans le droit commercial et on ne peut lui assigner la même autorité dans
ces deux champs divers sans porter préjudice au développement de l'un
comme de l'autre.

2o L'unification n'enlèverait pas la nécessité de conserver certaines règles
spéciales pour les commerçants et par conséquent celle de déterminer qui a
ce caractère ou non.

nombreux auteurs qui sont venus rompre une lance en
faveur de la distinction des deux codes, citons Goldschmidt,
professeur à Berlin, Ulysse Manara et George Cohn, de
Gênes et de Heidelberg. Oui, disent ces jurisconsultes, il
faut laisser au droit commercial son autonomie et maintenir aux avant-gardes de la législation un code donnant
volontiers accueil aux réformes nouvelles et servant, au
besoin, de modèle aux autres parties de la loi. Les usages
du commerce pénètrent peu à peu les affaires civiles, cela
est vrai, mais ce travail utile ne peu pas s'opérer brusquement. Il faut laisser faire le temps, car, suivant l'ingénieuse comparaison de Goldschmidt, la loi commerciale
est semblable au glacier dont les cîmes se chargent sans
cesse de glaces nouvelles, tandis que les neiges du bas se
mêlent insensiblement au courant.

Nous n'insisterons pas sur cette polémique que nous
devions cependant signaler. — Dans les termes généraux
où on l'a posée, elle nous paraît être une pure controverse
de classification, assez creuse au fond; pour lui donner un
sens véritable (1), il faut, selon l'expression d'un auteur,
scinder la question et la ramener à une série d'études qui
comportent chacune un examen particulier.

Un seul point de cette discussion nous intéresse ici :
celui de savoir s'il convient de maintenir pour le monde
du commerce une organisation spéciale de la faillite : nous
n'en sortirons pas.

3° A fondre le droit commercial dans le droit civil, on risque fort de donner
au premier une stabilité qui lui serait nuisible.

4° Enfin, et cela paraît être l'objection capitale, la fusion des deux codes
serait un obstacle à l'uniformité internationale des lois, et si l'idée d'un code
de commerce général et uniforme pour divers pays est réalisable, il serait
dans tous les cas impossible d'unifier le droit complet des obligations.

Voir sur cette polémique un compte-rendu bibliographique, *An. Dr. Com.*
1894, p. 283.

(1) *An. Dr. Com.*, 1894, p. 283.

Nous ne faisons aucune difficulté pour reconnaître que le droit du créancier est toujours le même, quelle que soit la profession du débiteur. Rationnellement une procédure unique s'impose ; mais devons-nous appliquer aux rapports juridiques une logique aussi rigoureuse ?.— Nous pensons plutôt qu'il convient de laisser à chaque science ses procédés et sa méthode. A côté des exigences du raisonnement, il y a, dans notre domaine, les nécessités non moins impérieuses de la pratique et le juriste conçoit parfaitement, malgré l'identité du droit à sauvegarder, la possibilité d'une procédure différente suivant les besoins du débiteur et les devoirs de sa profession.

La distinction de l'insolvabilité — civile et commerciale — apparaît dès que le commerce a pris un certain développement. On enseigne parfois le contraire et nous avons besoin de justifier notre affirmation.

On répète souvent comme une vérité incontestable (1) *que les Romains n'ont pas, au point de vue juridique, distingué les commerçants des non-commerçants.* Nous reconnaissons l'exactitude de cette proposition pour la législation des XII Tables qui ignorait en effet toute distinction de classes. Mais dès que le préteur a tiré de la *loi Œbutia* des pouvoirs nouveaux, on voit se dessiner la distinction moderne de la faillite et de la déconfiture. — Comment ! direz-vous peut-être, la *Venditio* ou la *Distractio Bonorum* ne s'appliquaient-elles pas à tous les débiteurs ? — D'accord : mais ces procédures, ne l'oublions pas, ne visaient que les *sui juris* maîtres d'un patrimoine. Il y avait toute une classe d'individus — et de beaucoup la plus nombreuse, la plus active, la seule qui se livrât aux travaux de l'industrie et aux hasards du commerce — qui ne pouvait pas avoir

---

(1) *En ce sens :* Thaller, *op. cit.,* I, p. 145, nº 32. — Lyon-Caen et Renault. *Traité des faillites,* 1, nº 4.

de patrimoine et disposaient seulement d'un pécule (1).

Il est inutile d'insister sur les actions accordées contre le maître du pécule à celui qui traite avec *l'alieni juris*; — il suffit de rappeler qu'il y avait pour liquider un pécule insolvable deux moyens bien différents : l'action *de peculio* et l'action *tributoria*.

Dans la première (2), le maître prélevait ce qui lui était dû. C'était seulement sur le reste des biens que les créanciers étaient payés à mesure qu'ils obtenaient jugement. — La seconde au contraire s'inspirait d'un tout autre principe (3). *Non enim hæc actio, sicut de peculio occupantis meliorem conditionem facit, sed æqualem conditionem quandoque agentium : — æqualem conditionem !* voilà bien la formule de la faillite ! elle se traduisait en pratique par une contribution au marc le franc. La vigilance de l'un des créanciers ne pouvait plus devenir pour lui une cause de préférence et l'égalité de traitement était assurée à tous.

Pour savoir dans quelles circonstances cette liquidation plus équitable peut être imposée au maître du pécule, voici le criterium que nous indique Ulpien (4). Il faut

---

(1) Voir pour plus de détails : de Molènes. *Origines de la distinction entre la faillite et la déconfiture*, thèse 1889 — et De la Lande de Calan. *Le droit commercial chez les Romains*, thèse 1892.

(2) Avant tout, dans l'action *de Peculio*, il faut déduire de l'actif ce qui est dû au maître. *Peculium autem deducto quod domino debetur computandum esse, quia prævenisse dominus et cum servo suo agisse creditur.* — Ulpien, 9, § 2. *D. Pec.*, XV, 1. — Le maître est présumé s'être présenté le premier et avoir le premier exercé son droit contre son esclave. — De cette présomption, Ulpien tire cette conséquence qu'il doit être le premier désintéressé, même au détriment des autres; l'effort individuel triomphe. — Ce système régit aussi les rapports des créanciers entre eux : « *Si vero adhuc in suspenso est prius judicium de peculio et ex posteriore judicio res judicaretur, nullo modo debet prioris judicii ratio haberi in posteriore condemnatione, quia in actione de peculio occupantis melior est conditio ; occupare autem videtur non qui prior litem contestatus est, sed qui prior ad sententiam judicis pervenit.* Gaius, 10, *eod. tit.*, XV, I. Le système de la déconfiture est incontestable.

(3) Paul. 6, *D.* XIV, IV.

(4) Ulpien, 1 *pr. D.*, XIV, IV. — *Ulpianus libro vicesimo nono ad Edictum*

considérer les opérations faites par l'*alieni juris*, il faut
tenir compte de sa profession; et si l'esclave, au su et au
vu du maître, a employé à faire le commerce l'argent du
pécule, les créanciers sont en droit d'user de l'action tribu-
toire et de faire liquider leur gage d'après les principes de
la faillite et non d'après les règles de la déconfiture (1).

La distinction des procédures de liquidation suivant la
profession de l'insolvable n'est donc pas nouvelle. On peut
la faire remonter jusqu'au préteur. Elle se retrouve aussi
en France, dès la renaissance du commerce, et bien que la
question soit assez obscure (2), dès les ordonnances de
Louis XIV. — Une distinction aussi ancienne et aussi
vivace ne repose-t-elle plus aujourd'hui sur aucune base
solide et doit-elle être supprimée ? — Il est bien difficile
de l'admettre. Deux droits juxtaposés dans une société qui
ne connnaît plus les privilèges et les classes : voilà, dit-on,
une anomalie qui ne saurait subsister.

« Est-ce bien certain ? N'y a-t-il pas plutôt, selon l'ex-
« pression d'un auteur (3), comme une loi naturelle supé-

---

*Hujus quoque edicti non minima utilitas est ut dominus qui alioquin in servi
contractibus privilegium habet (quippe cum de peculio duntaxat teneatur, cujus
peculii æstimatio deducto quod debetur domino fit) tamen si scierit servum pecu-
liari merce negotiari, velut extraneus creditor in tributum vocatur.*

(1) En résumé, peut-on conclure avec de Molènes, à Rome la distinction
moderne entre la faillite et la déconfiture était en pleine vigueur dès l'époque
classique pour la liquidation des pécules, avec ce point particulier et tout à
fait digne de remarque que la commercialité des opérations réalisées four-
nissait le criterium de l'application de l'une et de l'autre.

(2) Nous renvoyons pour cette question délicate à notre *introduction*, p. 5,
note 1. — Nous y exposons la controverse et les raisons qu'on peut invoquer
dans les deux sens. — A notre avis, la faillite visait alors — sinon les commerçants, c'est-à-dire les membres des corporations de marchands — du
moins « *tous marchands, négociants, banquiers et autres particuliers s'occupant
du commerce* », suivant la formule d'une ordonnance du Châtelet de Paris,
rendue le 12 mars 1678 et rapportée dans Renouard. (*Des faillites*, I. Introduction.)

(3) Note non signée sous les articles de Vivante dans les *An. Dr. Com.*,
1893, p. 20.

« rieure à toutes les distinctions de classes et qui leur sur-
« vit ? — Nous le croyons et il semble qu'on puisse répar-
« tir les hommes en deux catégories dont l'une cherche la
« richesse et se livre aux aventures, tandis que l'autre fait
« contre-poids à la première, comprime cette soif de for-
« tune d'un spectacle peu exemplaire le jour où elle se
« généraliserait, vit de ce qu'elle a, et non de ce qu'elle
« aura, entretient l'esprit de conservation avec la sagesse
« d'une position moyenne ennemie des escalades ! »

L'exactitude de ces observations paraît incontestable (1).
Que tout le monde puisse être obligé, à un moment
donné, de faire appel au crédit : nous l'admettons et nous
voulons organiser la déconfiture afin que chacun puisse
offrir au créancier les garanties sans lesquelles tout crédit
est impossible. Mais de cette faculté d'emprunter au crédit
commercial, il y a très loin. Voyez ce qui se passe dans le
monde du négoce ; comment se traitent les affaires ? Comment s'opèrent les paiements ? Bien rarement en argent ;
presque toujours en promesses de payer affectant la forme
des billets à ordre ou des lettres de change. Ce papier de
crédit constitue véritablement la monnaie commerciale.
Pour qu'il remplisse ce rôle, il faut qu'il présente pour le
porteur une valeur presque équivalente à celle du numéraire ; il faut que son paiement — et son paiement au jour
dit — ne fasse l'objet d'aucun doute.

Le commerçant, en effet, se trouve engagé de tous côtés
dans les affaires comme dans un vaste engrenage. Il est
toujours à la fois créancier et débiteur, et s'il reçoit en
paiement des effets de commerce, il en souscrit aussi pour
son compte. Il est donc obligé de combiner ses échéances

---

(1) Dans le même sens, Milone disait que pour la distinction des commerçants et des non-commerçants, il fallait distinguer la vérité de l'exagération. — *Il concorso o fallimento. Studio di legislazione comparata* in
Archivio Giuridico, 1876, t. 16, p. 169, 200. 293 et 320.

et ses rentrées de manière à faire face aux premières avec le produit des secondes (1). Tel est, dans sa forme la plus simple, le mécanisme délicat du crédit. Il est le grand ressort du commerce et produit des résultats merveilleux ; mais, dans cette machine compliquée, toutes les pièces sont solidaires. Si une seule vient à manquer, si une créance n'est pas payée au moment voulu, ce simple retard peut jeter un trouble sérieux dans les affaires, entraîner parfois la ruine de plusieurs maisons ou porter une rude atteinte à leur réputation commerciale. Voilà pourquoi, sans se préoccuper de la solvabilité du débiteur, la faillite apparaît dès qu'un commerçant ne fait plus honneur à sa signature et qu'il suspend ses paiements.

Dans l'état économique actuel, les relations civiles n'exigent pas — et n'exigeront pas de longtemps, croyons-nous — une précision et une ponctualité pareilles. Les intéressés ne sont pas ainsi jetés dans le monde des affaires. Le plus souvent, les créanciers sont uniquement des créanciers ; ils comptent rarement sur leurs rentrées pour se libérer eux-mêmes et peuvent, sans de grands inconvénients, accorder à leurs débiteurs des délais plus ou moins longs. L'essentiel pour eux est d'être payés : peu leur importe de l'être seulement quelques jours après l'échéance.

En somme, nous avons établi, au chapitre précédent, la nécessité d'une procédure de liquidation collective pour toute insolvabilité. — C'est le seul moyen d'assurer la conservation du gage des créanciers et le maintien de l'égalité entre eux.

Lorsqu'on passe aux détails d'organisation, il n'y a rien d'illogique à distinguer suivant la profession de l'insolva-

---

(1) On dit souvent dans le même sens que le crédit commercial est une chaîne dont tous les anneaux sont solidaires.

ble et à faire aux commerçants et aux non-commerçants des applications — différentes dans certaines parties secondaires — d'une théorie supposée commune.

Entre le crédit du commerce et la faculté d'emprunter dont tout le monde peut avoir besoin, il y a, nous venons de l'indiquer, des différences essentielles : différences qui doivent se retrouver dans la procédure de liquidation, dans ses causes d'ouverture comme dans sa marche générale. La faillite commerciale est un instrument destiné à assurer le bon fonctionnement du crédit : elle doit le rester... Pour nous, la déconfiture organisée serait au contraire une saisie perfectionnée et plus puissante, qui interviendrait seulement lorsque les voies ordinaires d'exécution seraient inutiles.

On ne peut pas opérer une fusion entre ces deux procédures, au moins actuellement. Si l'unification était tentée chez nous, elle resterait probablement purement théorique, comme en Allemagne ou aux Pays-Bas. — Sinon, et sous prétexte d'établir une construction juridique plus harmonieuse, on arriverait fatalement à fausser l'une ou l'autre de ces institutions, à rendre trop tardive et inefficace la procédure commerciale, ou à faire de la faillite civile un moyen d'expropriation hâtif et d'une rigueur exagérée.

CHAPITRE TROISIÈME

Organisation d'une faillite civile

Deux points nous paraissent établis : il convient d'organiser la déconfiture ; mais il n'est pas possible — actuellement au moins — d'opérer entre cet état et la procédure de liquidation commerciale, une assimilation complète.

Les deux situations sont analogues, elles ne sont pas identiques.

A l'exemple de la loi autrichienne ou espagnole, nous
voudrions donc établir une double règlementation parallèle et organiser la déconfiture en empruntant à la procédure collective ses traits essentiels. A la fin, et comme
conclusion de ce travail (1), nous devons essayer de préciser cette idée en indiquant les circonstances qui permet-
traient, selon nous, de déclarer la déconfiture et les effets
de cette déclaration (2). Ce chapitre se divisera en deux
sections, consacrées, la première, *aux causes d'ouverture ;*
la seconde, *aux conséquences de la faillite civile.*

SECTION 1re. — CAUSES D'OUVERTURE DE LA FAILLITE CIVILE

La loi commerciale reconnaît aux tribunaux le droit de
déclarer la faillite d'office ; et ceux-ci en usent relativement souvent. — Sur 6033 faillites ouvertes dans l'année
1895, 576 ont été prononcées de cette manière (3). Certains
auteurs s'élèvent contre ce principe que beaucoup de lois
étrangères ont repoussé (4). — Sans entrer dans cette dis-

---

(1) Voir les auteurs cités dans notre *Introduction*, p. 9 et suiv.

(2) Pour préciser les effets que doit entraîner une déclaration d'insolvabilité,
un célèbre ministre anglais employait en 1883, une formule qui mérite d'être
retenue. « Le législateur, disait alors M. Chamberlain à la Chambre des
Communes, doit s'efforcer de diminuer le nombre des naufrages (*to diminish
the number of the wrecks*), et de protéger le sauvetage (*to protect the salvage*).
— Formule reproduite par M. Lyon-Caen : *Loi anglaise sur la faillite, introduction*, p. 11. (*Chambre des Communes, séance du 19 mars 1883*).

(3) Voir : Compte rendu général de la justice commerciale pour 1895,
publié dans les *An. Dr. Com.*, 1899. — Pour avoir un chiffre total exact des
insolvabilités commerciales, il faut ajouter 2514 liquidateurs judiciaires,
sollicités par le débiteur.

(4) La déclaration d'office est admise par le C. com. italien (art. 684), et la
loi belge (art. 442). — Elle n'est pas admise en Allemagne (art. 95) : *La procédure ne peut s'ouvrir qu'à la suite d'une demande. Le failli et tout créancier
ont droit de former la demande* — en Angleterre (art. 5) — en Espagne

cussion, nous n'étendrons pas à la déconfiture un mode
d'ouverture dont l'opportunité au commerce est déjà bien
contestable. Il est facile, en effet de remarquer qu'une
pareille intrusion de la justice dans les affaires privées ne
se justifie ici par aucune raison d'intérêt public.

Elle serait même très dangereuse. Les signes extérieurs
d'une insolvabilité civile sont bien moins apparents que
ceux d'une faillite. Sur quels indices le tribunal se déci-
dera-t-il à agir ? — Sur une rumeur vague, sur une notoriété souvent trompeuse... Nous ne voulons pas que, par
une entrée en scène intempestive, il puisse rompre violem-
ment des accords et des compositions, qui, en fin de
compte, sont toujours plus utiles et plus désirables (1).

C'est donc seulement aux intéressés — au débiteur lui-
même et aux créanciers — qu'appartient l'initiative de la
déclaration de faillite civile.

§ 1. — *Faillite sollicitée par l'insolvable lui-même*

Ce mode d'ouverture est admis par toutes les lois commerciales (2). La loi anglaise a été la dernière à le reconnaître. Pour elle, la *Bankruptcy* aboutit normalement à une
ordonnance de décharge et la faillite volontaire risquait de

(art 875) — en Portugal (art. 696) — en Suisse, où la faillite est assimilée
complètement à une voie d'exécution.

La plupart des législations qui n'admettent pas la faillite d'office, reconnaissent au tribunal de 1re instance la faculté de prescrire des mesures conservatoires pour des cas particulièrement urgents. (C. civ. espagnol, 1027).

(1) *En ce sens* : Thaller. *op. cit.*, II, p. 169, n° 157.

Vidari. *Corso di diritto commerciale*, VIII, n° 4337.

(2) Certaines lois font au commerçant insolvable l'obligation de déclarer
sa situation, ainsi : loi belge (art. 440) ; Cod. com. italien (art. 686) ; portugais (art. 697). — Pour l'insolvable civil cette obligation n'existe que dans
la loi espagnole (art. 1913 C. civil). — La loi anglaise de 1883, la loi allemande (art. 95 et 96), n'imposent à aucune personne une obligation de ce
genre. La loi autrichienne (art. 193) ; hongroise (art. 82 et 244) en font un
devoir pour le commerçant, non pour l'insolvable civil.

devenir un moyen bien commode de se libérer de ses
dettes en n'en payant qu'une faible partie.

Le même danger n'est pas à craindre dans notre faillite
civile qui ne sera jamais libératoire. Nous n'hésitons donc
pas à admettre la déconfiture volontaire. Elle remplacera
la cession de biens, telle qu'elle était comprise au temps de
la contrainte par corps. — Ce bénéfice, devenu un secours
platonique depuis 1867, mentionné au code civil et au
code de procédure dans les textes tombés en désuétude,
disparaîtrait une bonne fois avec son aspect démodé, suivant l'expression de M. Thaller (1), pour renaître sous la
rubrique suivante : Faillite sollicitée par le débiteur.

§ 2. — *Faillite provoquée par les créanciers*

C'est le mode d'ouverture le plus ordinaire. — En 1895,
sur 6033 faillites déclarées, 3861 l'ont été sur poursuites des
créanciers. Il en sera très probablement de même pour la
déconfiture organisée (2). — Mais dans quelles circonstances le créancier pourra-t-il obtenir la mise en faillite
de son débiteur ? quelle preuve devra-t-il fournir ?

Voilà peut-être la plus grosse difficulté de la matière. Au
commerce, nous le savons, la cause déterminante de la
faillite est la cessation des paiements (3). Et cela s'explique. Il n'est pas possible de connaître l'état exact du patrimoine embarrassé ; il faut s'en tenir à certains indices

---

(1) Thaller, *op. cit.*, n° 41, p. 173.

(2) La proportion des déconfitures ouvertes à la demande des créanciers
sera même beaucoup plus forte, parce que les débiteurs ne seront pas obligés,
d'après la loi, de déposer leur bilan lorsqu'ils deviendront insolvables.

(3) C'est la cause d'ouverture que l'on retrouve avec quelques différences
de détails dans la loi belge (art. 437), le code de commerce italien (art. 683).
Le code de commerce portugais (art. 692), admet bien que le commerçant
qui cesse le paiement de ses obligations commerciales doit être présumé en
état de faillite, mais reconnaît en outre qu'antérieurement à la cessation de
paiements, la faillite peut être déclarée, le failli entendu, s'il est justifié que
l'actif est manifestement insuffisant pour couvrir le passif.

extérieurs qui laissent présumer l'insolvabilité et légitiment l'intervention de la justice. Le commerçant trahit un état de gêne certain ou tout au moins très probable quand il ferme ses guichets et ne fait plus honneur à ses échéances (1).

Des habitudes moins rigoureuses règnent dans les relations civiles et le même fait n'y présente pas la même signification. Force est donc, dans la réglementation d'une faillite civile, de chercher d'autres signes dénonciateurs de la gêne.

Ainsi ont fait toutes les législations qui organisent la déconfiture. — En Espagne par exemple, le commerçant failli est celui qui surseoit au paiement courant de ses dettes (art. 870, 871, 876 et 877); tandis que la déclaration de *Concurso* ne peut avoir lieu que lorsque les biens du débiteur, frappés déjà de plusieurs saisies, sont reconnus insuffisants pour payer les dettes produites (1150 *Ley. Enjuic. Civil*).

Il en est de même en Hongrie et en Autriche, où la cessation des paiements suffit à faire déclarer le concours commercial (art. 198). Pour faire ouvrir le concours ordinaire les créanciers doivent en outre établir un des faits suivants : la fuite du débiteur pour se soustraire à ses créanciers (art. 64); ou la pluralité des poursuites à fin d'exécu-

---

(1) Ducos de la Haille, *op. cit.*, p. 241, voudrait étendre à la déconfiture les causes d'ouverture de la faillite commerciale. — « Tout le monde aurait à gagner, dit-il, à ce que les échéances fussent régulièrement observées. »

Dans le même sens on peut citer une boutade de Serrigny : Je me souviens, disait-il, d'avoir vu dans ma jeunesse les diligences ou messageries publiques attendre les voyageurs, alors ceux-ci n'arrivaient jamais à l'heure du départ. Aujourd'hui les wagons de chemin de fer partent à heure fixe et je remarque que les voyageurs sont toujours arrivés avant le départ.

Il en serait de même des débiteurs s'ils savaient qu'à défaut du payement ils seraient privés d'une propriété qui peut avoir une valeur plus considérable que celle de leurs créances. (*Rev. de Dr. français et étranger*, 1850, p. 257 et 310).

tion contre l'insolvable, qui, mis en demeure de prouver sa solvabilité ou de donner une garantie, s'abstient de répondre à cette injonction (art. 63) (1).

Dans les législations qui ont opéré entre la faillite et la déconfiture une assimilation complète, la détermination d'une cause d'ouverture uniforme a toujours été le point le plus délicat. Nous n'avons qu'à rappeler ce qui s'est passé récemment aux Pays-Bas. La réforme des faillites allait échouer, lorsqu'un député eut la bonne fortune de découvrir une formule, acceptable par tous, mais tellement vague qu'elle laisse subsister dans la pratique la distinction théoriquement supprimée (2).

La loi allemande de 1877 n'est pas plus précise. — Aux termes de l'art. 94, l'impossibilité de payer (*Zahlungs Unfœhigkeit*) détermine l'ouverture du concours. — Mais que signifie cette formule ? à quelle situation répond-elle ? Les *Motifs* de la loi se gardent bien de le dire. « L'im-« possibilité de payer, y lit-on en effet, n'est pas définie « par la loi parce qu'elle résulte d'un état de fait, variant

---

(1) Il en était de même — avant la loi du 30 septembre 1893 — dans les Pays-Bas. D'après le code de com. hollandais (art. 764) la cessation des paiements était pour le commerçant la cause de la faillite. — Au contraire, d'après le code de procédure civile (art. 882 et 883), le non-commerçant était déclaré en état d'insolvabilité notoire lorsqu'il se trouvait dans l'impossibilité de payer ses dettes : état qui peut être établi dans l'un des cas suivants : 1° Lorsqu'un débiteur est emprisonné pour dettes... 2° Lorsqu'il est poursuivi par plusieurs créanciers simultanément et que ses biens sont saisis de manière que son avoir est anéanti ; 3° Lorsque le débiteur poursuivi a pris clandestinement la fuite sans mettre ordre à ses affaires. — Ce système était bon à rappeler mais il n'est plus en vigueur depuis la loi du 30 septembre 1893.

En Norwège (art. 2 à 5) et en Danemark (art. 41 à 44) le commerçant peut être déclaré en faillite quand il a cessé ses paiements ou laissé en souffrance une de ses dettes après une sommation. — Pour le non-commerçant, au contraire, il faut l'insuccès d'une voie d'exécution ou le fait par le débiteur d'avoir quitté le royaume ou de se tenir caché sans que son absence puisse s'expliquer autrement que par son insolvabilité.

(2) Voir IIe partie, p. 129 et 130.

« suivant des circonstances innombrables, pour l'examen
« duquel il faudra s'en rapporter aux éléments de l'espèce,
« aux habitudes du commerce, à l'appréciation raisonnée
« du juge. Celui-ci, ajoute Fitting (1), obéira aux considé-
« rations suivantes : on compte sur une ponctualité abso-
« lue de paiements, quand un débiteur exerce un com-
« merce ou une profession voisine; et par conséquent le
« fait de transgresser l'échéance éveille chez lui la suppo-
« sition d'une incapacité de payer; tandis que pour les
« dettes particulières cette simple omission ne suffit point
« à elle seule à engendrer la même présomption ».

Voilà bien la distinction. Elle n'est pas reproduite par la
loi, mais elle subsiste dans la jurisprudence. En Allemagne comme chez nous, la suspension des paiements donne
ouverture au concours commercial; elle ne suffit pas à
faire déclarer le concours ordinaire (2).

L'Angleterre est le seul pays qui ait réellement pour
toutes les faillites les mêmes causes d'ouverture. — Elle
emploie, il est vrai, un tout autre procédé. Elle énumère
une série d'*acts*, — parmi lesquels ne figure pas la cessation des paiements, — véritables présomptions d'insolvabilité qui donnent ouverture à la *Bankruptcy* (3).

M. Thaller (4) a proposé de ne plus faire dépendre d'une

---

(1) Fitting, *Das Reichs-Concursrecht und das Concursverfahren*, p. 280.
(2) L'art. 203, loi all. de 1877, dit formellement que l'insolvabilité est la
condition de la déclaration de faillite d'une succession.
(3) Voir loi anglaise de 1883, art. 4. Un débiteur commet un acte susceptible d'entraîner la faillite dans chacun des cas suivants : a) Lorsqu'en
Angleterre ou ailleurs il fait un transfert ou une cession de biens à un ou
plusieurs *trustees* au profit de tous ses créanciers ; b) Lorsqu'en Angleterre ou
ailleurs il fait frauduleusement une cession, une donation, une livraison de
tout ou partie de ses biens ; c) Lorsqu'il fait une cession de tout ou partie
de ses biens ou constitue sur eux quelque charge réelle qui, en vertu de la
loi présente, serait nulle comme attribuant frauduleusement un droit de préférence et le débiteur était déclaré en faillite ; Suivent cinq autres *acts of
Bankruptcy*, sur lesquels nous aurons à revenir tout à l'heure.
(4) Thaller, *op. cit.*, I, p. 171.

cause unique la déclaration de faillite commerciale et de dresser, à l'exemple de la loi anglaise, une liste des faits entraînant faillite. La nécessité de cette réforme ne nous paraît pas démontrée, et la règle du code de commerce mérite, croyons-nous, d'être conservée. Le fait de ne pas payer à l'échéance est en effet pour le négociant un signe presque certain de ruine, il est tout au moins l'indice évident d'un état de gêne et de désordre, funeste au développement des affaires. Dans les deux cas une procédure de liquidation collective s'impose.

Il n'en est pas de même en matière civile où la déconfiture suppose essentiellement l'insuffisance des biens ; et rigoureusement on devrait exiger du créancier qui veut la faire déclarer contre un de ses débiteurs, la preuve de l'insolvabilité de celui-ci. Ce serait rendre à peu près impossibles les déconfitures forcées, car comment apprécier du dehors, et sans s'immiscer dans les affaires d'un particulier, la consistance de son patrimoine ? et peut-on comparer deux masses sur la composition desquelles on n'est pas complètement fixé ? — Aussi le devoir du législateur est de venir au secours des créanciers et d'établir, à la place de la cessation des paiements, dont la signification n'est pas bien nette en matière civile, une série de faits qui donneront ouverture à la faillite civile. Ce seront des présomptions d'insolvabilité; fondées les unes, *sur une sorte d'aveu du débiteur*; les autres, *tirées des manœuvres auxquelles il se livre*, ou *résultant des mesures d'exécution dont ses biens sont déjà frappés.*

1º *Présomptions fondées sur une sorte d'aveu*

Nous ne faisons pas allusion ici à un aveu formel suivi d'une demande de déconfiture volontaire ; nous voulons parler de certaines circonstances où la conduite du débiteur manifeste son insolvabilité.

1º Dans une lettre missive à l'un de ses créanciers, ou

par une circulaire adressée à tous, un particulier sollicite une remise partielle de dette ou un arrangement amiable (1). — N'est-ce pas reconnaître qu'il se trouve dans un état complet de ruine, ou, tout au moins, dans une situation voisine de l'insolvabilité ? Aussi, à l'exemple de la loi anglaise, nous donnerons aux créanciers le droit de demander, en ce cas, la mise en faillite de leur débiteur.

2° L'insolvable reconnaît aussi son impuissance à satisfaire ses créanciers quand il prend la fuite pour se soustraire à leurs poursuites (2). Lorsque l'absence du débiteur ne peut pas s'expliquer par d'autres raisons, ce fait constitue bien une preuve évidente de l'insolvabilité, et c'est un de ceux qui exigent le plus impérieusement l'ouverture d'une liquidation collective. — Nous suivrons donc l'exemple de la grande majorité des législations étrangères et verrons, dans la fuite du débiteur, une cause d'ouverture de la faillite civile.

3° A la mort d'une personne, son patrimoine passe de plein droit à l'héritier appelé. Si celui-ci répudie la succession qui lui est acquise, ou s'il ne l'accepte que sous bénéfice d'inventaire, il paraît bien reconnaître que cette succession est presque certainement mauvaise (3). A l'ins-

---

(1) C'est un fait dans lequel la jurisprudence française voit une preuve de l'insolvabilité suffisante pour faire prononcer la déconfiture (voir 1re partie, p. 25). La loi anglaise de 1883 dit, dans le même sens, qu'il y a lieu à faillite : *Lorsque le débiteur donne avis à l'un quelconque de ses créanciers qu'il a suspendu ou est sur le point de suspendre le paiement de ses dettes*, art. 4, § 1, h.

(2) Ce fait est reconnu presque partout comme une des causes les plus certaines de la faillite civile ou commerciale : en Angleterre (art. 4, § 1, d, loi de 1883) ; en Autriche (art. 64) ; — en Norwège (art. 2) ; en Danemark (art. 41) ; en Suède (art. 2, § 19, 10).

Dans la loi fédérale suisse, la fuite du débiteur est une cause d'ouverture de la faillite pour tous, et sans poursuite préalable (art. 190).

(3) Nous avons signalé dans notre première partie les inconvénients du principe de la division des dettes entre les divers héritiers ; pour y remédier le nouveau code civil espagnol (art. 1084) a supprimé ce principe. — Nous n'irons pas jusque-là, et verrons simplement une insolvabilité présumée dans

tar de nombreuses législations étrangères, nous permettrons aux créanciers de s'emparer de cet aveu des successibles pour demander la mise en déconfiture du défunt.

2o Présomptions tirées de certaines manœuvres du débiteur

Lorsque les affaires d'un individu sont en mauvais état, il n'est pas rare de voir apparaître toute une série d'actes équivoques ou de manœuvres frauduleuses. Ce sont des aliénations, des remises de dettes, des donations au profit d'un tiers quelconque. Il en coûte bien peu d'être généreux avec l'argent de ses créanciers ! Ou bien ce sont des opérations tendant à retarder l'heure de la faillite : des paiements, des constitutions de gage ou de sûretés réelles au profit de certains créanciers plus intraitables.

Quelques législations ont vu dans ces actes une présomption d'insolvabilité suffisante pour faire déclarer la déconfiture (1). C'est avec raison, croyons-nous, et nous admettrons une demande de mise en faillite civile, lorsqu'un créancier pourra prouver à la charge de son débiteur une de ces manœuvres révélatrices de l'insolvabilité.

3o Présomptions résultant des mesures d'exécution

La mise en déconfiture est-elle possible sans qu'il y ait

une succession vacante ou acceptée seulement sous bénéfice d'inventaire. *Dans ce sens*, loi anglaise, art. 125, — loi fédérale suisse, art. 193, — loi allemande. art. 203.

En Danemark, lorsqu'un créancier héréditaire en fait la demande, que l'insolvabilité de la succession est établie et que les héritiers ont accepté sous bénéfice d'inventaire (art. 145); en Norwège, toutes les fois que la succession est acceptée sous bénéfice d'inventaire (art. 108), il peut y avoir lieu à déclaration de faillite.

(1) *En ce sens :* loi anglaise de 1883, art. 4, § 1, *c.* — et loi fédérale suisse de 1889, art. 190. — Il y a lieu à faillite pour tout le monde, sans poursuite préalable : *c)* Si le débiteur commet ou tente de commettre des actes en fraude des droits de ses créanciers, soit en aliénant ses biens qui sont leur gage, soit en faisant à quelques-uns d'entre eux des avantages au détriment des autres — (*et aussi :* Suède, art. 2, § 1er, 3e).

aveu ou fraude du débiteur ? — Elle le sera toutes les fois que l'insuffisance des biens se trouvera établie au cours d'une procédure d'exécution (1).

Bien plus, avant toute saisie commencée, nous admettrons la déclaration de faillite, lorsque l'obligé veut manifestement se dérober aux justes réclamations de son créancier. — Après avoir pris un jugement contre son débiteur, le créancier lui fait commandement de payer. Le débiteur peut répondre en offrant de fournir des garanties ou en sollicitant un arrangement ou des délais, il n'encourt pas, pour ce fait, la faillite civile. Mais s'il a été touché par l'exploit d'huissier et si, pendant les quinze jours suivants, il refuse de répondre, son silence ne peut s'expliquer que par une mauvaise volonté dont la faillite seule peut triompher, ou par une insolvabilité totale qui, elle aussi, justifie cette mesure de rigueur (2).

Telles sont les diverses causes d'ouverture de la déconfiture organisée. Montrer que le débiteur tombe bien sous le coup de l'une des présomptions légales : voilà la seule preuve que le créancier poursuivant ait à fournir.

Il est à craindre, dira-t-on peut-être, que cette déclaration de déconfiture ne soit trop commodément obtenue et qu'elle ne devienne aux mains d'un créancier mal intentionné un véritable procédé de chantage.

Ces inconvénients ne seront pas fréquents avec la double mesure que nous établissons dans l'intérêt du débiteur.

_____

(1) Il y a déconfiture toutes les fois que l'insolvabilité devient manifeste. *En ce sens* : Suède (art. 2, § 1ᵉ). « *Il y a faillite, lorsqu'il sera pratiqué pour une autre créance une saisie s'étendant à tous les biens connus du débiteur.* — Danemark (art. 42) et Norwège (art. 3, 2ᵉ). « *Lorsqu'il est prouvé par des poursuites exercées contre le débiteur que ses biens sont insuffisants pour le paiement de ses dettes* ».

(2) Cette dernière présomption est empruntée à la loi anglaise de 1883, art. 4, § 1, *g*. On peut l'assimiler à la fuite ; le débiteur se dérobe réellement aux poursuites. — *En ce sens* : Danemark (art. 41), — Norwège (art. 2), — Suède (art. 2).

— La première consiste à ne jamais autoriser la déclaration de déconfiture sur simple requête (1). Il faudra toujours une assignation. Le prétendu insolvable — et, en cas de poursuites après décès, l'héritier bénéficiaire et le successible intéressé — seront appelés en cause, afin de discuter les allégations du poursuivant et de combattre la présomption sous le coup de laquelle il veut les placer.

La seconde est empruntée à la législation anglaise. Pour être demandeur à la faillite, il faut, en Angleterre, être créancier pour 50 livres st. au moins, ou s'adjoindre un second créancier pour parfaire cette somme, si la prétention du premier ne l'atteint pas (2). — Voilà une idée à retenir. La faillite peut entraîner des conséquences graves ; c'est une procédure qu'il ne faut pas mettre trop facilement en jeu, surtout en matière civile. Nous poserons donc la règle suivante : Le poursuivant ne peut demander la mise en déconfiture de son débiteur que s'il est créancier pour la somme de 2.000 francs au moins, en capital. S'il ne l'est pas, il doit s'adjoindre un autre créancier pour parfaire la somme de 2.000 francs ; ou bien deux ou trois autres. — Il suffit dans ce dernier cas que la somme totale réclamée par ces trois ou quatre créanciers s'élève à 1.500 francs. C'est un excellent moyen, à notre avis, d'éviter les déclarations de faillite pour des sommes trop minimes et de rendre presque impossibles les demandes purement vexatoires.

---

(1) On admet, au commerce, que le tribunal prononce la faillite sur simple requête ; cela est tout naturel, puisqu'il pourrait la déclarer d'office. — Ici, il n'y a plus la même raison de faire exception aux principes et de ne pas exiger une assignation. En ce sens : Pascaud, *op. cit.*, p. 481.

(2) Loi anglaise de 1883, art. 6, § 1. *Un créancier n'aura qualité pour présenter une demande de déclaration de faillite contre un débiteur que si les conditions suivantes se trouvent réunies : a) Si la dette du débiteur envers le créancier demandeur ou, si dans le cas d'une demande commune formée par deux ou plusieurs créanciers, le total des dettes dues aux divers créanciers demandeurs se monte à 50 livr. st. etc.*

Le tribunal civil du domicile du débiteur constatera la déconfiture et son jugement présentera tous les caractères du jugement déclaratif de faillite. Comme ce dernier, il sera opposable à tout le monde et rendu public par des affiches et des insertions dans les journaux (1).

SECTION 2. — CONSÉQUENCES DE LA FAILLITE CIVILE

Toutes les règles de la faillite civile se grouperaient facilement — soit d'après leur but, soit d'après leurs résultats. On risquerait seulement de tomber dans des redites ; car une même disposition a parfois plusieurs effets. Le dessaisissement, par exemple, empêche le débiteur, et de dissiper son patrimoine, et d'avantager tel ou tel de ses créanciers. Nous préférons donc étudier successivement et sans ordre apparent :

§ 1. — *Les pénalités et déchéances.*
§ 2. — *Le dessaisissement.*
§ 3. — *Les nullités spéciales.*
§ 4. — *L'organisation de la liquidation.*
§ 5. — *Les Solutions de la faillite civile et en particulier le concordat.*

§ 1. — *Pénalités et déchéances*

La première idée du législateur a été de punir les insolvables comme des criminels. Il comptait ainsi inspirer aux prodigues et aux téméraires une crainte qui serait pour eux le commencement de la sagesse. En Angleterre, en France et dans presque tous les pays, les premières lois sur

---

(1) Le même jugement ou un jugement postérieur constatera la date où l'insolvabilité a commencé : date importante pour fixer le point de départ de la période suspecte. — Pour les voies de recours possibles contre ce jugement, nous renvoyons aux règles du code de commerce, art. 580-582, C. Com.

les faillites ont été exclusivement pénales (1). Aujourd'hui encore nous trouvons partout certaines mesures d'intimidation : ce sont, pour l'insolvable malheureux, des incapacités et des déchéances, et pour l'imprudent ou le coupable, les peines de la banqueroute. — Conviendrait-il de transporter à l'insolvabilité civile ces dispositions rigoureuses ? Faudrait-il, en d'autres termes, attacher à l'état de déconfiture constaté certaines déchéances politiques ou civiles et frapper de peines correctionnelles ou criminelles l'insolvable de mauvaise foi ?

La question est complexe et doit être étudiée divisément. Commençons par les peines de la banqueroute. Elles ont un fondement bien simple et très juste (2). Le législateur considère comme un délit le fait de dépouiller ses créanciers par des négligences graves; il y voit un crime, si l'insolvable s'est livré a des dilapidations ou à des détournements caractérisés. — Tout débiteur, qu'il soit commerçant ou qu'il ne le soit pas; peut se rendre coupable de ce délit ou de ce crime. Pourquoi frapper le commerçant et laisser impuni le débiteur civil ? Nous n'en voyons pas la raison; ils sont l'un et l'autre coupables et doivent tous les deux tomber sous le coup de la loi pénale.

Il importe donc de généraliser la banqueroute (3) et de

---

(1) En France, dès le 16e siècle, des dispositions pénales avaient été prises contre les banqueroutiers. Elles étaient extrêmement sévères. Les banqueroutiers, c'est-à-dire tous ceux qui faisaient frauduleusement tort à leurs créanciers étaient considérés comme des voleurs et *exemplairement punis de mort.* — La plus ancienne loi générale est l'ordonnance de François Ier, signée à Lyon, le 10 octobre 1536. Il y eut ensuite l'ordonnance d'Orléans de 1560, dont l'art. 143 est ainsi conçu : *Tous banqueroutiers et qui feront faillite en fraude, seront punis extraordinairement et capitalement.*

L'édit de Henri IV de 1609, puis, sous Louis XIII, le code Michaud de 1629 (art 153), et enfin l'ordonnance de 1673, maintiennent la peine de mort.

(2) Ducos de la Haille, *op. cit.,* p. 235.

(3) Il faut cependant faire une réserve au point de vue des éléments de l'infraction; les commerçants sont obligés par la loi à tenir des livres; les

la déclarer applicable à tous les insolvables de mauvaise foi. Cette extension, réalisée par les législations qui organisent la déconfiture (1), réclamée en 1883 par le comité central des chambres Syndicales de Paris, serait d'une incon-

non-commerçants ne sont pas et ne peuvent pas être en l'état actuel des choses, soumis à la même obligation. — L'absence de ces livres ou l'irrégularité dans leur tenue ne saurait constituer à leur égard un délit. Il subsisterait donc au point de vue pénal, une certaine différence entre la banqueroute civile et la banqueroute commerciale. — Ducos de la Haille, *op, cit.,* p. 236.

En ce sens : Loi all. de 1877 (art. 210 et 211).

(1) Sans parler de la loi allemande de 1877 qui étend la banqueroute comme la faillite, à tous les débiteurs (III, § 209-216) ; ni de la loi anglaise de 1883 qui pour tous les insolvables de mauvaise foi renvoie au « *Debtors act* » de 1869 (art. 11 et 12). — Loi de 1883 (art. 163-167) (elle a d'ailleurs été complétée sur ce point par une loi du 10 août 1890) — nous devons dire un mot des législations autrichienne et espagnole.

1° Le code pénal autrichien donne d'abord une définition générale de la fraude (art. 176), et pose le principe que toute fraude devient un délit, soit par l'importance du préjudice causé, soit par la nature même du fait (art. 177). Les cas dans lesquels la fraude devient un délit par la nature seule du fait sont aux termes de l'article 178 : « 6e *Si quelqu'un, par prodigalité, s'est rendu inhabile à payer ses dettes, ou a cherché à soutenir son crédit par des manœuvres frauduleuses, ou a altéré le véritable état de la masse à l'aide de créanciers fictifs, ou par d'autres entreprises frauduleuses, ou en cachant une partie de sa fortune.* (Tad. V. Foucher.)

2° En Espagne, il y a lieu à la *qualification du Concurso,* comme de la *Quiebra.* — Parmi les insolvabilités qui font encourir des peines, on distingue :

1° L'*Insolvabilité coupable* (art. 888 et 889 nouveau code). Elle répond assez exactement à notre banqueroute simple. — La peine est la prison correctionnelle ; pour le commerçant, elle oscille entre 1 mois et 4 ans 2 mois (538 C. pénal) ; pour le non-commerçant « *concursado* », elle ne peut pas dépasser 2 ans 4 mois (542 C. pénal) ;

2° L'*Insolvabilité frauduleuse* qui correspond à peu près à notre banqueroute frauduleuse, et qui emprunte des peines déterminées par l'art. 537 C. pénal.

3° L'*Alzamiento* expression intraduisible qui implique soustraction frauduleuse d'actif avec fuite du failli. La peine est du « *presidio mayor* » (12 ans au plus) pour le commerçant ; et du « *presidio correctional* » temps maximum (10 ans) pour le non-commerçant (536 C. pénal).

testable utilité (1). Elle rendrait plus rares les insolvabilités civiles et comblerait dans nos lois la lacune créée en
1867 par l'abolition de la contrainte par corps.

Mais que décider pour l'insolvable simplement malheureux ? convient-il de lui appliquer les déchéances qui sont
les conséquences de la mise en faillite ou en liquidation
judiciaire ? — Parmi ces incapacités, il en est qui sont
proprement commerciales et resteront forcément particulières aux commerçants (2); mais il en est d'autres qui peuvent frapper tous les débiteurs. Ainsi le failli n'est ni électeur ni éligible aux assemblées politiques. Il ne peut plus
être juré ni témoin dans un acte notarié, sauf dans un
testament; il ne jouit plus des droits attachés à la qualité

---

(1) Le Comité central des chambres syndicales de Paris demandait, dans
la séance du 22 mars 1883, à ce qu'on soumit le non-commerçant à des
peines correctionnelles (art. 402, C. pénal), toutes les fois qu'il serait établi
par un ou plusieurs créanciers que le débiteur a usé de manœuvres frauduleuses pour tromper le public sur sa situation pécuniaire et en outre dans
les cas suivants :

1º S'il a tenu sa maison pendant un certain nombre d'années sur un pied
de dépenses exagérées relativement à ses ressources actuelles ou ses espérances fondées d'avenir ;

2º S'il a consommé de fortes sommes soit au jeu ou en paris, soit dans
des opérations de pur hasard sur titres ou sur marchandises;

3º Si dans l'intention de retarder la suspension de ses paiemeuts il a créé,
endossé ou négocié des billets ou lettres de change sans cause réelle, ou
s'est livré à des emprunts ruineux ;

4º Si dans la même intention il a fait des achats pour consigner ou mettre
en gage des marchandises achetées ou pour les revendre au-dessous du
cours;

5º Si après la cessation des paiements, il a payé un créancier ou lui a fait
un avantage secret aux dépens de la masse.

Dans le même sens : Garraud, *op. cit.*, p. 265. — Laurent. *Avant-projet 4*,
titre 3, art. 20. — Pascaud, *op. cit.* (*Revue générale*, 1893, p. 481.)

(2) C'est ainsi que le failli n'est ni électeur, ni éligible aux tribunaux de
commerce, aux conseils des prudhommes, aux Chambres de commerce, aux
Chambres consultatives des arts et manufactures. Il ne peut être ni agent de
change, ni courtier privilégié, ni porté sur la liste des courtiers de marchandises inscrits. Il ne peut se présenter à la Bourse (C. com. 613) et sa signature n'est pas admise à l'escompte de la Banque de France.

de membre de la Légion d'Honneur ou de décoré de la Médaille Militaire.

Devrait-il en être de même pour le déconfit ? — Une distinction s'impose. Nous reconnaîtrons à l'insolvable la qualité d'électeur ; et voici pourquoi. D'après nos principes constitutionnels, la faculté de voter est un droit qui appartient à chaque citoyen et dont il ne peut être dépouillé qu'à titre de peine. Toute peine suppose une ;faute, et nous ne pouvons pas trouver de faute à la charge de celui qui a fait de mauvaises affaires et qui, par hypothèse, a été victime des événements (1).

Nous étendrons au contraire au déconfit les autres incapacités signalées plus haut (2). ʼ— La différence n'échappera à personne. Pour être investi d'un mandat électif et s'occuper des affaires publiques ; pour être chargé d'une mission aussi délicate que celle de juger ses semblables ou pour avoir l'honneur de porter le ruban rouge et la médaille militaire, il ne suffit pas de n'avoir commis aucun délit ; il faut être à l'abri de tout reproche et même de tout soupçon. Ce ne sera pas le cas du déconfit, et, s'il peut, à notre avis, exercer son droit d'électeur, il ne saurait revendiquer des fonctions ou des prérogatives qui ne peuvent appartenir qu'à des citoyens d'élite (3).

---

(1) Nous imiterons sur ce point la procédure de la liquidation judiciaire (art. 21, loi du 4 mars 1889).

(2) M. Garraud étendrait aux insolvables civils les incapacités et déchéances du Code de commerce (op. cit., p. 267). S'il y a, dit-il, entre le commerçant et le non-commerçant raison de distinguer, c'est plutôt en faveur de celui qui est exposé à se laisser entraîner par les nécessités de sa profession dans des opérations dont il ne peut calculer la portée.

Nous le reconnaissons, mais nous n'admettons pas la déchéance du droit de vote, parce qu'elle nous paraît beaucoup trop sévère et injustifiée, même au commerce.

(3) Presque toutes les législations qui organisent l'insolvabilité civile attachent à cet état certaines déchéances.

La loi anglaise de 1883, énumère ainsi les *disqualifications* encourues par

Tel est l'ensemble des mesures d'intimidation dont il serait nécessaire d'entourer la faillite civile : les peines de la banqueroute simple ou frauduleuse pour le déconfit reconnu coupable, et pour tous, l'inéligibilité aux assemblées politiques et certaines incapacités.

L'insolvable pourrait être relevé de ces déchéances en obtenant sa réhabilitation aux mêmes conditions et dans les mêmes formes que le commerçant failli (1).

---

tout failli, commerçant ou non : « *Le débiteur déclaré en faillite, sera conformément aux dispositions de la présente loi frappé de l'incapacité :*

a) De siéger ou de voter à la Chambre des Lords...

b) D'être élu, de siéger ou de voter à la Chambre des Communes...

c) D'être nommé juge de paix ou d'agir en cette qualité ; *d*) d'être élu ou d'exercer les fonctions de maire, d'alderman ou de membre d'un conseil municipal ; *e*) d'être élu aux fonctions de gardien des pauvres, de membre d'un conseil sanitaire ou d'un bureau d'école primaire de l'Etat, d'un bureau des grandes routes, d'un bureau de sépulture ou d'un comité paroissial (art. 32, loi de 1883).

Ces incapacités cesseront si la déclaration de faillite est annulée ou quand le failli obtiendra de la Cour sa décharge avec un certificat attestant que la faillite est provenue de malheurs inévitables, sans qu'il y ait eu mauvaise conduite de sa part.

— La loi allemande entraîne aussi certaines incapacités politiques ; mais elles finissent par la cessation de la faillite et indépendamment de toute réhabilitation.

— La loi autrichienne se rattache aux mêmes principes en matière civile : le concours entraîne depuis 1868, des incapacités qui disparaissent après sa clôture. Il n'en est pas de même en matière commerciale ; le failli ne redevient capable qu'après réhabilitation.

— En Espagne, les incapacités entraînées par la déclaration de *Concurso* ne disparaissent que par la réhabilitation ; celle-ci, il est vrai, peut être prononcée par la décision judiciaire qui termine la procédure sans qu'il soit besoin d'une instance spéciale.

(1) La loi du 5 août 1899, art. 10, admet la réhabilitation de plein droit, au bout de 10 ou 15 ans, pour les personnes qui ont subi certaines condamnations. Nous n'étendrons pas cette disposition aux déchéances résultant de la faillite civile. Le législateur de 1899 a voulu faciliter le relèvement du condamné en effaçant après un certain temps la condamnation portée sur son casier judiciaire. Les mêmes raisons ne se présentent pas ici.

Voir le projet déposé sur le bureau du Sénat le 4 décembre 1899 par M. Monis, garde des Sceaux, dans le but de modifier la loi du 5 août 1899. (J. O. Doc. Parl. Sénat 1er mars 1900)

§ 2. — Dessaisissement. Suspension du droit de poursuite des créanciers

Ce sont les traits essentiels de toute procédure collective.

Le failli n'est pas un incapable, mais, par l'effet du dessaisissement, il se trouve dans l'impossibilité de conclure des actes de disposition ou même de simple administration opposables à ses créanciers (1). Dans toutes les législations d'Europe, la faillite produit ce résultat : elle dépouille le débiteur de la direction de ses biens et porte nullité de ses actes à venir au regard de la masse.

Il ne suffit pas, en effet, de faire révoquer les actes passés par l'insolvable à la veille de sa ruine et de reconstituer ainsi son patrimoine ; il faut aussi assurer la conservation des biens qui se trouvent entre ses mains et de ceux qui y reviennent à la suite des révocations prononcées. De plus la faillite est avant tout une procédure de liquidation. Cette opération n'est possible, que si la consistance des deux masses est fixée d'une façon définitive ; l'actif ne doit plus diminuer, ni le passif, augmenter au gré du failli. Voilà pourquoi toutes les législations admettent le dessaisissement. — Nous l'étendrons à la déconfiture organisée, parce que les mêmes raisons se présentent avec toute leur force en cas d'insolvabilité civile (2).

---

(1) L'idée du dessaisissement du failli a été introduite par le Code de com. de 1807 ; elle n'existait pas dans l'ordonnance de 1673, qui était bien défectueuse sur ce point.

Cet effet de la faillite est admis partout : Loi belge, art. 444 ; — loi allemande de 1877, art. 5 et 6 ; — loi autrichienne de 1868, art. 1 et 3. — Code de com. italien, art. 699 ; — espagnol, art. 878. — Loi fédérale suisse, art. 197 et suiv. — En Angleterre, la loi de 1883, art. 20, admet même que les biens du failli deviennent partageables entre ses créanciers et que la propriété en passe au syndic : c'est une véritable expropriation.

(2) En ce sens, tous les auteurs partisans d'une organisation de la décon-

Nous apporterons cependant à la disposition de la loi commerciale une légère modification. Le point de départ du dessaisissement est, aux termes de l'art. 443 C. com. le jour du jugement de faillite. La faillite d'un négociant est un événement qui sera bien vite connu dans le monde du commerce. Une déconfiture passera plus inaperçue. N'est-il pas à craindre alors que bien des tiers traitent avec l'insolvable sans connaître sa situation et soient ainsi victimes de leur ignorance (1). Pour parer à ce danger, qui est sérieux, nous retarderons le dessaisissement, à l'exemple de la loi autrichienne, jusqu'au jour où le jugement de faillite civile a été porté à la connaissance des tiers par l'accomplissement des mesures de publicité requises. Toutefois il ne faudrait pas tomber dans un excès opposé et porter trop loin du jugement le point de départ du dessaisissement. Nous obligerons donc l'avoué qui a obtenu la déclaration de déconfiture, à faire accomplir sous sa responsabilité personnelle, dans la huitaine du jugement, les formalités de publicité nécessaires.

Le patrimoine du failli ne peut pas rester sans administrateur. Le débiteur dessaisi est remplacé par un tiers — syndic ou liquidateur, peu importe le nom — qui est chargé de procéder à la liquidation dans l'intérêt des

---

fiture : Valette; Langlois ; Garraud, *op. cit.*, p. 262. — Laurent, *op. cit.*, art. 2. — Pascaud, *op. cit.*, p. 481.

En ce sens aussi toutes les législations qui organisent la déconfiture. — En Espagne, l'art. 1914, C. civil, porte que la *Déclaration de Concurso* rend le débiteur inhabile à l'administration de ses biens et à toute autre administration dont il serait investi par la loi.

Les lois autrichienne, hongroise, suédoise, danoise, norwégienne ne distinguent pas sur ce point entre la faillite civile et la faillite commerciale.

(1) Certaines législations font partir le dessaisissement d'une époque antérieure au jugement de faillite. Il remonte à la date de la cessation des paiements d'après le code de commerce espagnol (art. 878), ou au jour du dépôt de bilan, (loi danoise, art. 14).

En Autriche, au contraire, le dessaisissement ne part que de la publication du jugement déclaratif (art. 2 et 69). — Thaller, *op. cit.*, I, p. 335.

créanciers. Doit-on laisser à ces derniers la faculté de poursuivre ? non, ce serait inutile, puisqu'ils sont représentés dans la procédure. Les difficultés et les frais auxquels donneraient lieu ces poursuites, seraient de plus un obstacle sérieux à une liquidation avantageuse. Aussi le jugement de déconfiture aura-t-il pour effet de paralyser l'action des créanciers (1).

La liquidation judiciaire introduite par la loi du 4 mars 1889 n'entraine pas, comme la faillite, dessaisissement du débiteur. Elle a seulement pour effet de placer à côté de lui un liquidateur, avec l'assistance duquel, selon l'expression de l'art. 6 de la loi, l'insolvable administre et dispose de ses biens à peu près comme s'il n'avait jamais été mis en liquidation judiciaire (2).

Il ne saurait être question de transporter dans la faillite civile un pareil système qui laisse au débiteur une liberté trop considérable. Aucune considération ne peut le justifier. L'excusabilité de l'insolvable doit entraîner un adoucissement dans les déchéances encourues, mais elle ne

---

(1) Tous les auteurs cités plus haut sont d'accord pour étendre à la déconfiture organisée cet effet de la faillite — l'un des traits essentiels de toute organisation collective et l'une des conséquences les plus certaines du dessaisissement du débiteur.

Il faut signaler aussi deux dispositions spéciales qui s'efforcent de maintenir l'égalité entre les créanciers.

Il résulte de l'art. 448, 1º al. C. com. par *a contrario* que les droits d'hypothèque ou de privilège, même valablement acquis, ne peuvent plus être inscrits après le jugement de faillite. — C'est une déchéance assez dure; mais le créancier est coupable de négligence et il y a un intérêt supérieur à ce que la situation de chacun soit nettement déterminée à partir de l'ouverture de la faillite.

Dans le même but, l'art. 445 C. com. attribue au jugement déclaratif, l'effet d'arrêter, à l'égard de la masse, les intérêts de toutes créances.

(2) Voir Lambert : *Examen critique et réforme de la liquidation judiciaire*, thèse 1898.

peut pas modifier la liquidation du patrimoine qui est établie dans l'intérêt des créanciers.

§ 3. — *Système de nullités spéciales*

Nous connaissons l'action paulienne et les besoins auxquels elle répond. La loi n'a pas voulu que les créanciers fussent absolument désarmés en présence d'un débiteur qui dissipe leur gage ; elle leur a donné le moyen de faire tomber les actes frauduleux et préjudiciables à leurs intérêts, passés par leur débiteur. Elle est allée plus loin en matière commerciale et a organisé dans les articles 446, 447 et 448 C. commerce un système de nullités spéciales, dont nous devons rappeler brièvement l'économie (1).

Entre l'époque où le commerçant jouit de la pleine faculté de disposer de ses biens et le moment où il est dessaisi s'écoule un laps de temps plus ou moins long qu'on appelle la période suspecte. Il va du jour de la cessation des paiements à celui du jugement déclaratif.

Pour déterminer le sort des actes passés par le failli, il faut d'abord se préoccuper de leur date. Ceux qui se placent antérieurement à la période suspecte restent soumis au droit commun : les autres tombent, suivant leur nature sous le coup de l'article 446 ou de l'art. 447 C. com. Les dispositions à titre gratuit (2), les conventions équivoques

---

(1) L'art. 448 C. com. contient une disposition particulière aux inscriptions prises depuis l'époque de la cessation de paiements, ou dans les dix jours qui précèdent. Elles pourront être déclarées nulles, s'il s'est écoulé plus de 15 jours entre la date de l'acte constitutif de l'hypothèque ou du privilège et celle de l'inscription. — Nous ne visons au texte que les art. 446 et 447 ; c'est uniquement pour ne pas surcharger de détails l'explication du système de nullités ; mais nous étendrons aussi à la faillite civile la disposition de l'art. 448, C. commerce.

(2) L'article 446 énumère limitativement :

« Tout actes translatifs de propriétés mobilières ou immobilières à titre gratuit ; tous paiements, soit en espèces, soit par transport, vente, compensation ou autrement, pour dettes non échues, et pour dettes échues, tous

ou qui trahissent la gêne sont, aux termes de l'art. 446, *nulles et sans effet relativement à la masse.* Les actes onéreux au contraire, y compris les paiements de dettes échues ne sont pas nuls de plein droit mais simplement annulables, si le tiers qui a traité avec le commerçant avait connaissance de l'état de ruine de celui-ci (1).

Tel est très sommairement indiqué le système des nullités facultatives du code de commerce (2). Qu'il protège plus utilement que l'action paulienne, la masse des créanciers, cela est de toute évidence. Il s'applique à des actes que le droit commun n'aurait jamais permis d'atteindre — les paiements de dettes échues par exemple — et dispense les intéressés d'une preuve toujours difficile à fournir : celle de l'intention frauduleuse chez le tiers contractant. Le législateur ne doit pas cependant se laisser absorber par l'intérêt des créanciers et perdre de vue les droits des tiers qui traitent de bonne foi avec le futur failli. Les protège-t-il suffisamment ? Certains auteurs ne l'ont pas pensé. Dans une étude de législation comparée (3), le professeur italien Milone s'élevait avec force contre ce système de nullités, utiles mais manifestement injustes.

---

paiements faits autrement qu'en espèces ou effets de commerce ; toute hypothèque conventionnelle ou judiciaire et tous droits d'antichrèse ou de nantissement constitués sur les biens du débiteur pour dettes antérieurement contractées. »

Pour tous ces actes le tribunal n'a pas à examiner les circonstances dans lesquelles ils sont intervenus, la bonne ou la mauvaise foi du failli ; il doit prononcer la nullité lorsqu'ils se placent dans la période suspecte.

(1) Dans l'ordonnance de 1673 sur le commerce, il n'y avait pas de système particulier de nullités. — Une déclaration royale de 1702 généralisa la disposition du règlement de Lyon de 1667 (art. 13). La nullité des actes accomplis par le débiteur, rétroagissait au dixième jour précédant la faillite notoire.

(2) Pour les actes visés par l'art. 446, la période suspecte comprend de plus les 10 jours qui précèdent la cessation des paiements. Voir aussi art. 448.

(3) Milone, *op. cit. Archiv. Giuridic.* 1876, p. 200 — et aussi Garraud, *op. cit.*, p. 263.

Malgré ces critiques, toutes les nations européennes possèdent aujourd'hui un système particulier de nullités en cas de faillite (1). L'Autriche a longtemps fait exception; mais la loi du 16 mars 1884 est venue compléter celle du 25 décembre 1868 qui se bornait à renvoyer aux règles du code civil sur l'action paulienne.

Il n'est pas difficile de justifier ces dispositions qui répondent à une nécessité et sont dictées par l'expérience. Voici un débiteur dont l'insolvabilité est sur le point d'être déclarée en justice. Bien souvent il cherchera à mettre son avoir à l'abri des poursuites; toujours il s'efforcera de désintéresser les créanciers les plus ardents et les plus intraitables afin de reculer aussi loin que possible l'heure de sa faillite. De là, dans les jours précédant cet événement, une série d'opérations simulées et frauduleuses, que l'on peut présumer telles parce que la nature de l'acte et l'époque à laquelle il est passé permettent de le faire. De là aussi des paiements réels, des transactions, des concessions de gage ou de sûretés particulières, qui, sans être frauduleux, peuvent être annulés, parce que leur validation rendrait impossible le maintien de l'égalité entre les ayants-droit.

La situation est-elle spéciale au commerce ? Evidemment non. Il suffit pour s'en convaincre de jeter un coup

---

(1) Voir sur ce point : Loi anglaise de 1883, art. 45 à 50; — Loi allemande, art. 22 à 34; — Loi fédérale suisse, titre X, *De l'action révocatoire*, art. 285 à 292; — Loi hollandaise de 1893, art. 42 à 51; — Code de commerce belge, art. 445 à 449, — italien, 707 à 711, — espagnol, art. 879 à 881.

En Espagne, les effets rétroactifs que le Code de commerce donne à la *Quiebra* ne sont pas étendus par le Code de procédure au *Concurso* des simples particuliers.

Loi autrichienne du 16 mars 1884 (*An. Lég. Étr.*, tome 14, p. 289). — Il y a trois chefs de nullité que l'exposé des motifs indique ainsi : L'entente frauduleuse des contractants, la gratuité des actes, l'imminence de la faillite permettent d'invoquer rétroactivement le principe du dessaisissement du failli. — Dans le premier cas, l'action dure dix ans; dans le second, un an; dans le troisième, un an ou six mois, suivant la nature de l'acte.

d'œil sur ce qui se passe dans la pratique; nous trouvons les mêmes dangers de fraude; nous rencontrons les mêmes sollicitations, les mêmes efforts de la part des créanciers dans le but d'obtenir amiablement une sûreté particulière ou un paiement anticipé, ou de se créer une situation privilégiée au moyen de l'hypothèque judiciaire. Il ne faut pas, sous prétexte de sauvegarder les droits des tiers de bonne foi, autoriser une pareille course au clocher; il ne faut pas non plus qu'à la veille de sa ruine le débiteur puisse faire un choix entre les intéressés et rembourser ceux qui ont ses préférences. Voilà pourquoi nous ne suivrons pas l'exemple de la loi espagnole qui n'applique pas au *Concurso* les nullités admises dans la *Quiebra* commerciale : nous admettrons au contraire comme complément de l'action paulienne un système de nullités analogue à celui des articles 446, 447 et 448 C. commerce (1).

Quelle sera alors la durée de la période suspecte? Quel en sera le point de départ? — Sur cette question les législations étrangères ont adopté des solutions assez variées (2). Les unes font partir le délai suspect du jour de la

---

(1) *En ce sens :* Thaller, *op. cit.*, I, p. 185. — Laurent. *Av. Proj.*, IV, III, art. 6. — Les actes antérieurs au jugement pourront être annulés sur la demande du curateur s'ils ont été faits au préjudice des créanciers. — S'il s'agit d'un acte à titre onéreux, le demandeur devra prouver que l'insolvabilité était notoire lors de l'acte. — Quant aux actes à titre gratuit, il suffira de prouver que le débiteur avait connaissance de son insolvabilité.

En sens contraire : Garraud, *op. cit.*, p. 263. — De Montluc, *op. cit.*, p. 597.

(2) La période suspecte est loin de s'entendre dans tous les pays de la même manière. En France, nous le savons, la durée en varie avec la date de la cessation des paiements que détermine librement le tribunal. — Dans d'autres pays, au contraire (Autriche, Suisse), la loi même fixe pour tous les cas le délai dans lequel doit avoir été fait un acte avant la déclaration de faillite pour être frappé de nullité. — En outre, selon les Etats, ou il y a un délai unique qui est le même pour tous les actes, ou il y a des délais variant avec la nature des actes dont il s'agit; ils sont plus longs pour les actes particulièrement nuisibles aux créanciers et présentant des dangers de fraude. — Lyon-Caen et Renault, *op. cit.*, p. 259, n° 313.

déclaration de faillite et fixent pour tous les cas un laps de temps uniforme; c'est ainsi que la loi fédérale suisse considère comme annulables, sous certaines conditions, les actes passés dans les six mois précédant la saisie ou la faillite. Nous préférons la solution française qui avance ou recule le point de départ de la période suspecte avec la date de la cessation des paiements fixée par le tribunal. — Suivant les cas, elle peut durer quelques jours ou comprendre au contraire l'espace de plusieurs années.

Le système français a, croyons-nous, un grand avantage : celui de s'adapter aussi exactement que possible à chaque situation de fait; mais il présente l'inconvénient de faire parfois remonter beaucoup trop haut dans le passé la période suspecte, et d'atteindre ainsi des actes que l'intéressé devait depuis longtemps considérer comme inattaquables. Nous reconnaîtrons donc au juge de la déconfiture le droit de fixer pour chaque espèce la durée du temps suspect. Il irait du jour où l'insolvabilité a commencé à celui où elle a été judiciairement reconnue (1). Mais, à l'exemple de certaines législations étrangères et pour sauvegarder l'intérêt des tiers de bonne foi, il y aura une limite que la période suspecte ne pourra dépasser : elle ne remontera jamais au-delà d'une année à partir du jugement de faillite civile (2).

---

(1) A l'exemple de l'article 446 C. com., on pourrait même ajouter, pour certains actes particulièrement graves, les dix jours qui précèdent cet événement.

(2) Cette question a souvent été discutée. — Le projet de loi sur la réforme des faillites, élaboré en Conseil d'Etat, en 1883, disposait que la cessation des paiements ne pouvait être fixée à plus d'une année en arrière (art. 447). — La commission de la Chambre des Députés repoussa cette innovation qui lui parut de nature à favoriser des spéculations frauduleuses. (*Rapport* Laroze, p. 61).

Parmi les législations étrangères, citons la loi belge : d'après l'art. 442 al. 3 C. com., l'époque de la cessation des paiements ne peut être fixée à une date de plus de six mois antérieure au jugement déclaratif.

Le Code italien fixe le délai maximum à trois ans (704 al. 3).

Sous cette seule réserve, nous étendrons à la déconfiture organisée les dispositions des articles 446, 447 et 448 C. commerce.

Les résultats de cette extension ne pourront manquer d'être excellents. — Non seulement ces nullités constitueront une sanction énergique du droit de gage des créanciers; mais, de plus, elles décourageront les tentatives de ces derniers en vue d'obtenir une situation de faveur et paralyseront à peu près complètement les funestes effets de l'hypothèque judiciaire.

§ 4. — *Organisation de la liquidation collective*

A la suite du jugement de déconfiture et comme conséquence du dessaisissement, une procédure de liquidation collective est ouverte, mais comment en régler la marche? à qui en confier la direction? Voilà des questions délicates qui ont porté certains auteurs à repousser toute la théorie de la faillite civile. « Où trouver assez de syndics pour « toutes ces liquidations? s'écriait M. de Vareilles-Som- « mières, où trouver assez de juges commissaires pour les « diriger et les surveiller (1)? »

Il ne nous paraît pas impossible de répondre aux objections du savant professeur; et nous allons indiquer les grandes lignes, non pas d'une organisation idéale, mais,

---

D'après l'art. 26 de la loi allemande de 1877, les actes faits antérieurement aux six mois qui auront précédé l'ouverture de la faillite ne pourront être attaqués pour le motif que la cessation de paiements était connue.

Il existe cependant dans la loi allemande des dispositions spéciales permettant, en cas de faillite, de faire tomber des actes bien antérieurs, soit en raison de leur nature, soit en raison de la qualité de la personne avec laquelle ils ont été passés (art. 25). — Sont contestables : 1o les dispositions gratuites faites par le failli dans l'année avant l'ouverture de la faillite; 2o les dispositions gratuites prises par le failli dans les *deux dernières années*, en faveur de son conjoint.

(1) De Vareilles-Sommières. *De l'Hypothèque judiciaire.* Conclusion.

tout au moins, d'une procédure de liquidation suffisamment protectrice des droits de chacun.

Ce qui frappe dans la loi française des faillites, et ce qui, au premier abord, peut séduire certains auteurs, c'est l'uniformité qui y règne. Qu'il s'agisse d'un petit débitant dont le passif s'élève à peine à quelques milliers de francs, ou d'un commerçant qui doit plusieurs millions ; peu importe ! la liquidation s'opèrera toujours de la même manière et avec le même luxe de formes. — En sacrifiant à ce besoin d'uniformité, le législateur aboutit fatalement à des résultats peu satisfaisants. En effet, prend-il pour type une faillite peu considérable ; il est amené à supprimer des mesures de protection, inutiles pour celle-là, mais nécessaires pour des faillites plus importantes. — Si, au contraire, il s'attache à ces dernières, il ne néglige aucune précaution. — Tout paraît aller pour le mieux, mais il faut prendre garde à un point très important : c'est que toutes les mesures de protection, toutes les formes légales coûtent fort cher. Elles arrivent souvent dans les petites faillites à absorber le plus clair de l'actif. On ne peut pas organiser pour toutes les insolvabilités une procédure de liquidation identique, tel est le principe que nous empruntons à la loi anglaise (1) et qui nous paraît répondre à une idée très juste. Nous distinguerons en conséquence les déconfitures minimes et les déconfitures importantes.

Les premières seront celles dont l'actif, connu au jour

---

(1) La loi de 1883 qualifie de *Small bankruptcies* (petites faillites) celles dont l'actif ne semble pas dépasser 300 livres sterling, soit 7,500 francs.

Le titre VII de la loi leur est consacré : Art. 121. « Lorsqu'une demande en déclaration de faillite est formée par un débiteur ou contre lui, si la Cour constate par un *affidavit* ou d'une autre manière que l'actif du failli ne dépassera pas vraisemblablement une valeur de 300 liv. st. ou si le séquestre officiel indique cette circonstance dans son rapport à la Cour, celle-ci peut ordonner que les biens du failli seront soumis à une administration sommaire. — Suivent certaines modifications.

du jugement déclaratif, est inférieur à vingt mille francs.
L'essentiel dans ces procédures sera d'aller vite et d'écono-
miser les frais. Pour les secondes, au contraire, la procédure sera plus lente et entourée de mesures de protection
plus nombreuses. — Au tribunal qui prononce la faillite
civile, il appartient de la qualifier, et aucune voie de
recours n'est possible contre sa décision (1).

1º *Organisation des déconfitures minimes*

Il est une classe d'officiers ministériels qui, par leur
profession comme par leur honorabilité, paraissent tout
désignés pour diriger ces procédures : ce sont les notaires.
Ils présentent des garanties sérieuses et sont familiarisés
avec les actes de liquidation.

Le jugement de faillite civile choisira donc un liquidateur parmi les notaires du canton du domicile de l'insolvable et déléguera au juge de paix les fonctions de juge
commissaire (2).

Dès sa nomination, le notaire prend toutes les mesures
conservatoires, fait apposer les scellés, dresser un inventaire sur papier libre et demande au débiteur un état de
ses biens et de ses dettes, état que celui-ci est tenu de
fournir. — Par une annonce dans les journaux de l'arrondissement, il invite les créanciers inconnus du déconfit à
se faire connaître dans un délai de quinzaine. Quant aux
créanciers connus, il leur adresse, par lettre recommandée une sommation de produire leurs titres, (3) toujours

---

(1) Nous n'admettons pas de voie de recours contre cette décision, parce
qu'il importe que le débiteur ne puisse pas, par un appel vexatoire, retarder
trop longtemps l'ouverture de la liquidation. — Mais il est bien évident que
des voies de recours seront possibles contre la décision qui prononce la
faillite... ·

(2) En Allemagne, le juge du concours est l'*Amtsrichter,* qui correspond à
peu près à notre juge de paix (art. 64 loi allemande).

(3) Nous voulons parler d'une lettre recommandée avec avis de réception
remis à l'expéditeur par les soins de la poste. — Le liquidateur aura ainsi la

dans le même délai de quinzaine à partir du jour de la réception de la lettre. A l'expiration de la quinzaine, il vérifie avec l'insolvable, et sous le contrôle du juge de paix, les créances produites, et signifie à chacun des créanciers produisants — toujours par lettre recommandée — l'état des créances provisoirement admises. Par la même lettre, chaque intéressé est averti qu'il a un délai de huitaine à partir du jour de la réception de l'état pour y former un contredit (1).

Les contredits (2), s'il en est fait, seront vidés par le juge de paix, avec appel possible devant le tribunal civil statuant comme en matière sommaire. Puis les créanciers admis et l'insolvable seront convoqués par les soins du notaire à une assemblée présidée par le juge de paix. Le liquidateur lira un rapport sur la déconfiture du débiteur, ses causes, le montant du dividende probable. Le déconfit aura ensuite la parole pour faire des offres de concordat, qui sera voté aux mêmes majorités que le concordat commercial, mais qui ne sera pas libératoire. L'homologation en sera demandée au tribunal civil qui statuera après avis du juge de paix.

Le greffier transmettra dans les 3 jours au Parquet du

---

certitude que la sommation a touché l'intéressé ; il connaîtra aussi la date où la sommation a été remise et pourra déterminer d'une manière précise le point de départ du délai de quinzaine.

(1) Il serait assez simple d'adresser à chaque créancier une sorte de formulaire imprimé, lui expliquant très clairement la marche de la liquidation et lui rappelant ce qu'il a à faire pour sauvegarder ses intérêts.

L'instruction primaire étant assez développée, la plupart des créanciers pourraient eux-mêmes faire valoir leurs droits dans une petite déconfiture sans avoir besoin d'un homme d'affaires.

(2) Les contredits seraient formés par une déclaration signée du créancier au greffe de la justice de paix. — On pourrait admettre, comme équivalente, une protestation écrite et signée, adressée au Greffier de la justice de paix par lettre recommandée. — Dans tous les cas, l'avis envoyé par le notaire liquidateur rappellerait au créancier ce qu'il doit faire pour former valablement un contredit.

tribunal de première instance, une copie du procès-verbal de l'assemblée des créanciers, à laquelle sera joint le rapport du notaire liquidateur (1).

Si le concordat est impossible parce que l'insolvable a commis des actes de fraude, s'il n'est pas voté ou s'il n'est pas homologué, les biens sont vendus par les soins du liquidateur. Un état de collocation provisoire, dressé par le notaire est signifié aux ayants-droit, qui ont huit jours pour protester.

Après l'expiration du délai de huitaine ou après le jugement de la protestation, le juge de paix rend une ordonnance de clôture (2) et fait remettre à chacun des créanciers un bordereau de collocation qui sera payé par la Caisse des dépôts et consignations à laquelle les fonds ont préalablement été versés.

L'ordonnance (3) porte aussi taxe des honoraires du notaire liquidateur et décharge celui-ci de toute responsabilité.

Voilà un essai d'organisation qui contient, nous le savons, bien des imperfections et bien des lacunes. Si nous l'avons écrit, c'est uniquement pour indiquer quelle devrait être, selon nous, l'aspect général d'une déconfiture minime (4). — Ces sortes de liquidation auraient lieu,

---

(1) La surveillance du Parquet s'exercera d'abord, au moment de la déclaration de déconfiture, puisque celle-ci aura lieu devant le Tribunal de 1re instance ; il sera renseigné ensuite par les rapports du juge de paix, enfin par le procès-verbal de l'assemblée des créanciers et le rapport du liquidateur.

(2) La protestation contre l'état de collocation provisoire serait jugée en premier ressort par le juge de paix, et en appel par le Tribunal civil — statuant comme en matière sommaire.

(3) Comme solution il pourrait y avoir aussi le Concordat par abandon d'actif, sorte de cession de biens, qui devrait être consentie par la même majorité qu'en matière commerciale.

Le juge de paix pourrait aussi prononcer, s'il y avait lieu, la clôture des opérations pour insuffisance de l'actif.

(4) L'idée de distinguer les petites déconfitures des déconfitures importantes a été admise par M. Pascaud. (*Rev. Gén. de Dr.*, 1893, p. 481). —

presque toutes, dans les campagnes ; pour les mener à
bonne fin, le notaire du pays est bien mieux placé qu'un
juriste de la ville. Nous croyons aussi que la surveillance
du juge de paix serait beaucoup plus efficace que celle
d'un juge du tribunal de première instance.

2o Organisation des déconfitures importantes

Cette question nous retiendra moins longtemps parce
que nous pouvons ici sans inconvénients profiter de l'orga-
sation commerciale. Les règles de la faillite sur la vérification des créances et les assemblées de créanciers passe-
ront dans la déconfiture et l'administration en sera aussi
confiée à un syndic nommé par le Tribunal (1).

La difficulté est de savoir comment il faut choisir ce
liquidateur et quelles garanties on doit exiger de lui. —
Le prendrons-nous parmi les hommes d'affaires qui remplissent ce rôle auprès des tribunaux de commerce ? Non,
car nous connaissons trop les justes critiques qui leur sont
adressées (2). Le juge civil, dira-t-on peut-être, exercera
sur la gestion du syndic une surveillance plus effective que
le juge consulaire ; ce contrôle n'en restera pas moins
assez illusoire, puisque le magistrat ne peut pas se tenir
au courant de toutes les affaires et n'en voit jamais que ce
que le syndic veut bien lui montrer.

Nous préférons confier l'administration des faillites civiles aux avoués de première instance. Leur habitude des
affaires, leur organisation professionnelle et le contrôle de

---

Quelques auteurs ont parfois réclamé la compétence du juge de paix pour
la surveillance de certaines faillites. (Voir en ce sens : *Econ. Franç.*, 1882,
II, p. 268.)

(1) Toutes les législations admettent la nomination d'un tiers chargé
d'administrer ; mais les unes le font nommer par les créanciers, les autres
par le tribunal. — Voir sur ce point Lyon-Caen et Renault. *Traité des
faillites*, I, nos 432 et 433, p. 369.

(2) Voir l'article déjà cité de Leroy-Beaulieu. *L'Econ. Franç.* 1893, I, 321.

leurs chambres de discipline présentent des garanties de bonne gestion (1). Il est à craindre cependant, que même avec ces honorables officiers ministériels, les mêmes dangers se représentent; et voici pourquoi. — Tant que les syndics percevront des honoraires sur les opérations des faillites, les procédures seront assez imparfaites, parce que l'intérêt de ceux qui les dirigent est de les faire traîner en longueur afin d'augmenter les frais. Le seul moyen d'arriver à une liquidation meilleure est de faire du syndic un fonctionnaire touchant des appointements fixes et ne prélevant rien pour lui sur les opérations des faillites. L'expérience a parfaitement réussi en Angleterre où l'*Official receiver* est un fonctionnaire du *Board of Trades;* et en Suisse où le *Préposé aux faillites* est un employé cantonal. Dans ces pays on a vu à la suite de ces réformes les liquidations les plus compliquées se simplifier comme par enchantement et les frais diminuer de plus de moitié (2).

Nous devons enfin signaler une innovation de la loi roumaine des faillites en date du 20 juin 1895 (3). La première, à notre connaissance, cette loi a créé le syndic-magistrat. Des juges sont institués auprès de chaque tribunal, avec mission d'administrer les. faillites. « *Les syndics*

---

(1) Nous ne ferons d'ailleurs que confirmer leur compétence. — C'est bien eux qui dirigent aujourd'hui les ordres et les contributions; nous avons vu que ces procédures sont les seules solutions possibles d'une insolvabilité civile. — Voir le règlement établi par la Chambre des avoués du tribunal civil de Lyon pour les séquestres et administrations provisoires (cité 1re partie, p. 55). — Ce document renferme, à notre avis, des idées excellentes dont le législateur ferait bien de profiter.

(2) Pour la loi fédérale suisse, voir 2e partie, p. 139 et 153.

(3) Voir pour la loi roumaine des faillites un article de Flaischlen : La nouvelle législation roumaine sur les faillites dans *Revue de Dr. International,* 1896, p. 177 et suiv.

Les articles 968, 969 et 970 de la loi ont trait à la perception des frais par l'Etat.

sont nommés par décret royal, dit l'article 728; *ils font partie des corps judiciaires; ils sont assimilés aux juges des tribunaux; ils sont soumis aux mêmes conditions d'admissibilité et jouissent des mêmes droits, rang et avantages.*

Réclamerons-nous, pour gérer les faillites civiles, la création de fonctionnaires nouveaux? (1) Nous n'osons pas aller jusque-là et nous confions cette mission aux avoués de première instance. Il faut bien reconnaître cependant que le système roumain assure la liquidation la plus équitable et la plus économique. Pour recouvrer les appointements qu'il paye aux juges syndics, l'Etat prélève sur les actifs des faillites une taxe proportionnelle qui ne doit pas dépasser 3 °/₀ ni 20,000 francs pour la même faillite. Voilà des frais assez minimes à côté des honoraires que s'octroient généreusement nos Syndics!

§ 5. — *Solutions et en particulier le Concordat de majorité*

Pour la déconfiture organisée, comme pour la faillite,

---

(1) Nous devons signaler un système original qui a été développé par M. Gustave Rousset, conseiller honoraire à la cour d'Aix. (*Réforme du régime des faillites. Diminution des faillites et augmentation des dividendes.* Paris 1895)

Cet auteur propose de créer une *Administration centrale des faillites.* Annexée à la Banque de France, mais indépendante d'elle, elle aurait 340 employés, touchant 2.200 000 francs d'appointements. — Cette *Administration* liquiderait gratuitement, à l'aide de ses fonctionnaires, toutes les faillites et liquidations judiciaires.

Nous trouvons aussi dans l'ouvrage de M. Rousset une autre idée intéressante, mais d'une réalisation bien délicate.

Le seul moyen de rendre les liquidations plus simples, plus expéditives et plus économiques est, selon le distingué magistrat, de réduire toutes les faillites à l'unité de créancier. — A cet effet, l'*Administration centrale* offrirait à chaque créancier non seulement le paiement du dividende produit par la liquidation, mais de plus un avantage égal à 6 0/0 du reliquat impayé de l'actif.

Tous les créanciers accepteraient probablement les propositions de l'*Administration* qui deviendrait ainsi cessionnaire unique de toutes les créances d'une faillite donnée.

La dépense annuelle, nécessitée par cette organisation, s'élèverait à la somme de 24 millions, qui seraient demandés à l'impôt des Patentes.

la solution normale sera l'union des créanciers. Les biens
seront vendus par les soins du syndic et les deniers répar-
tis entre les créanciers admis. — Exceptionnellement il
pourra y avoir clôture pour insuffisance de l'actif.

La question la plus délicate est celle de savoir si le
déconfit aura le droit d'obtenir un concordat de majorité (1). Beaucoup d'auteurs, même parmi les partisans
de la faillite civile, sont hostiles à cette mesure.

« Quel serait en matière civile l'objet d'un concordat ?
« écrivait Fournier-Verneuil (2). Un atermoiement ? une
« remise de dette ? Ce sont là des opérations sages dans le
« commerce parce que les valeurs commerciales d'une
« maison en faillite sont d'une nature toute particulière :
« exploitées par le débiteur elles peuvent produire deux ou
« trois fois plus qu'administrées par les créanciers unis. —
« Mais relativement à un particulier, à un non-commer-
« çant il n'en est pas de même. Dès qu'il y a saisie de ses
« immeubles, de ses créances, les créanciers n'ont que des
« rigueurs à exercer : toute miséricorde leur serait pré-
« judiciable ».

Le concordat, ajoute-t-on encore (3), est une œuvre de
pardon, mais peut-on excuser le non-commerçant devenu
insolvable ? Tant pis pour lui s'il s'est lancé dans la voie
des aventures ; il n'était pas obligé de le faire et n'avait
qu'à gouverner prudemment sa fortune. Pour lui, le concordat aurait toutes les apparences d'une prime délivrée
au gaspillage et au désordre.

----

(1) La question se pose et pour le concordat ordinaire ayant pour objet
une remise de dette ou un atermoiement — et pour le concordat par abandon d'actif.

(2) Fournier-Verneuil. *Dissertation* dans *Sirey*, 1811, 2, 273.

(3) Ces objections se trouvent reproduites dans Garraud, *op. cit.*, p. 264 :
« J'avoue, dit cet auteur, que je ne vois pas de raison suffisante pour étendre
en cas de déconfiture les règles du concordat par lequel une majorité de
créanciers sacrifie les droits d'une minorité qui résiste. »

Ces objections contiennent, à notre avis, une part
de vérité : il est exact de dire que les commerçants, obligés
par leur profession de faire appel au crédit, seront plus
souvent excusables; il est vrai aussi qu'ils se relèveront
plus facilement (1). Mais on va beaucoup trop loin quand
on prétend que les insolvables civils sont toujours indi-
gnes d'une telle faveur; comme s'il n'y avait parmi eux
que des oisifs ou des prodigues ! comme si l'on ne trouvait
pas des déconfitures, causées uniquement par le désir de
faire plus vite fortune et par les offres séduisantes de finan-
ciers sans scrupules ! Il suffit, pour en rencontrer des
exemples, de jeter les yeux sur ce qui se passe autour de
soi, ou de se rappeler les ruines causées, dans notre pays
par des catastrophes encore présentes à toutes les mé-
moires.

Nous n'insisterons pas sur ces considérations. Elles ne
sont pas décisives, parce que le concordat est bien autant
dans l'intérêt des créanciers que dans celui de l'insolvable. Remarquons-le en effet, les créanciers ne font pas du
sentiment, et s'ils votent une remise de dette ou un atermoiement, c'est parce qu'ils y ont avantage. Pour peu
qu'ils aient l'expérience des affaires, ils savent qu'un
arrangement leur procurera ordinairement un dividende
plus fort que la vente des biens. La procédure de l'union
est plus onéreuse et les frais diminuent nécessairement
l'actif à partager. Elle est plus longue et celui qui reçoit
1000 francs dans deux ou trois ans, au lieu de les toucher
de suite, en réalité reçoit moins (2). Enfin elle ne peut

---

(1) Toutes les critiques dirigées contre la faillite civile, comme contre le
concordat de majorité, présentent le même point faible : elles prouvent bien
que cette procédure ou cette faveur est *surtout* utile pour le commerce; —
cela, personne ne le conteste — mais elles ne peuvent pas établir que la
même organisation ou le même bénéfice n'auraient aucune utilité s'ils étaient
transportés en matière civile.

(2) Voir *en ce sens* Laurent, *op. cit.*, p. 415. — Thaller, *op. cit.*, I, p. 166.

distribuer aux créanciers que l'avoir du débiteur tel qu'il existe lors de la déclaration de faillite, tandis que le failli concordataire, replacé à la tête de ses affaires, peut se remettre dans une situation plus avantageuse et désintéresser complètement ses créanciers.

Pourquoi le concordat ne présenterait-il pas la même utilité dans une faillite civile ? Cette solution sera pour les créanciers la moins onéreuse et la plus rapide. Elle leur permettra, toujours de toucher un dividende plus élevé et quelquefois de percevoir le montant entier de leurs créances. Voyez par exemple un agriculteur tombé en déconfiture. Que les créanciers ne le dépouillent pas de tout son avoir; qu'ils laissent à ce malheureux le pécule indispensable à la continuation de son exploitation, et si le paysan fait quelques bonnes récoltes, ils seront peut-être intégralement remboursés (1).

Voilà les raisons qui nous feront admettre dans la faillite civile le principe du concordat de majorité. Peut-être trouvera-t-on cette mesure trop clémente, mais qui pourra s'en plaindre ? Les créanciers seraient mal venus à le faire

---

(1) Les législations européennes sont divisées sur ce point :

1º Ne font pas dépendre de la qualité de commerçant la possibilité d'un concordat de majorité : d'abord les pays qui opèrent entre la faillite et la déconfiture une assimilation complète (Allemagne, Angleterre, Pays-Bas) ; puis la Suède, la Hongrie (*Code hongrois* de 1882, art. 207), l'Espagne : il semble même que dans ce pays la faveur de la loi redouble quand le débiteur vivait hors des affaires. Le concordat est possible avant tout concours judiciaire et peut avoir pour but d'en conjurer l'ouverture (*Convenio de Quita y Espera, Enj. Civil* de 1881, art. 1130-1155); enfin la Suisse qui, dans les articles 293-316 de la loi fédérale de 1889, établit un concordat amiable, pour tous les débiteurs, même pour ceux qui ne sont pas inscrits au registre du commerce.

2º A l'inverse, réservent le concordat de majorité aux insolvables commerçants, d'abord les pays qui n'organisent pas pour la déconfiture de procédure collective — puis l'Autriche (art. 207-245), les Pays Scandinaves, le Danemark (art. 100), la Norwège (art. 60). Dans ce dernier pays, le concordat est possible pour les propriétaires de mines — qui ne sont cependant pas des commerçants.

puisqu'il dépend d'eux seuls de l'accorder ou de le refuser. Aussi personne ne proteste contre le concordat consenti à l'unanimité; mais on s'élève souvent contre cette oppression de certains intéressés par une majorité plus ou moins considérable. En exigeant l'unanimité, répondons-nous, n'arriverait-on pas à une solution beaucoup plus inique? — et peut-on tolérer, que, par son mauvais vouloir, un seul des créanciers mette obstacle à un arrangement utile à tous, et que tous les autres voudraient faire? — Depuis la déclaration de faillite, la situation est bien changée. Les créanciers n'agissent plus individuellement, ils sont réunis en une masse; ils ont des intérêts communs qu'ils sont appelés à sauvegarder. C'est pour veiller à ces intérêts communs qu'ils se réunissent en assemblée. Là, comme dans toutes les assemblées délibérantes, la décision prise à la majorité s'impose à tous. Admettre le contraire serait reconnaître à une minorité quelconque le droit de s'opposer à la volonté des autres.

Entre le concordat de la faillite et celui de la déconfiture il faut toutefois se garder d'opérer une assimilation complète et il convient de maintenir entre eux une différence essentielle. — Le premier emporte remise de dette. Au commerce, il est utile que le débiteur ne soit pas gêné dans ses mouvements par le poids de ses dettes anciennes et qu'il ait ses coudées franches pour se jeter à nouveau dans le courant des affaires. — Le même besoin ne se présente pas au civil. Il n'est pas nécessaire, il serait plutôt fâcheux d'attacher au concordat une pareille conséquence, car on risquerait fort d'enlever à la déconfiture tout caractère intimidant et de la rendre trop attrayante (1). Pour nous le

---

(1) Nous adoptons donc le système développé par Laurent, *Avant-projet IV*, III, art. 14 et 15 :

Art. 14. Les dispositions de la loi sur les faillites relatives au concordat sont applicables à la déconfiture.

concordat ne pourra jamais être qu'un contrat d'atermoiement. Moyennant le versement d'un acompte fixé par la majorité des créanciers, le débiteur jouira d'un délai indéfini pour le paiement du surplus de sa dette, à l'abri de nouvelles poursuites tant qu'il ne sera pas revenu à meilleure fortune.

Mais, dira-t-on peut-être, à quoi va servir ce concordat ainsi tronqué ? — Il permettra de liquider le patrimoine à meilleur compte et donnera à l'insolvable laborieux le moyen de se relever. — Voilà de bien précieux avantages !...

Il nous reste à dire un mot d'une question qui s'est posée en Suisse, mais qui n'est pas discutable en France (1). D'après la loi fédérale, la faillite et la saisie s'excluent l'une l'autre. Une personne inscrite au registre du commerce, par exemple, ne peut pas être poursuivie autrement que par voie de faillite. Cette procédure doit être mise en

---

Art. 15. Le débiteur n'est libéré que jusqu'à concurrence des sommes payées aux créanciers : ceux-ci conservent leurs droits contre lui, s'il revient à meilleure fortune.

Dans le même sens : Milone, article déjà cité. *Arch. Giurid*, 1876, 16, p. 169 et suiv.

(1) Voir sur ce point Oltramare. *Commentaire de la loi fédérale*, p. 35 et 36. Thaller, *op. cit.*, I, p. 200 : contre cette tendance législative on peut invoquer les considérations suivantes :

1º Il se peut que la résistance du débiteur ne tienne pas à un état précaire, mais à un malentendu sur le sens du titre ou à un sentiment regrettable. Il se peut que le créancier soit seul... que sa créance soit infime — l'emploi de la faillite ne se conçoit pas bien et devient un non-sens;

2º Il y aurait quelque dureté à obliger un créancier à suivre le chemin si long de la faillite quand une mesure plus simple le mettrait en mesure de se payer ;

3º La mise en faillite d'un homme laisse souvent l'opinion sévère à l'endroit de celui qui l'a provoquée. Tous les créanciers ne veulent pas encourir le reproche d'une mesure considérée par beaucoup comme odieuse.

Telles sont les raisons qui exigent le maintien des saisies, à côté de la faillite civile. (Thaller, *op. cit.*, I, p. 200).

mouvement, même pour lui réclamer une somme peu importante.

Il ne saurait en être ainsi chez nous. La procédure de liquidation collective, organisée pour tous, ne supprimera pas les saisies. Elle viendra simplement s'ajouter aux modes d'exécution dont le créancier dispose déjà.

Telles sont les grandes lignes de la réforme que nous appelons de tous nos vœux. Elle ne modifie aucun principe de droit ; elle a seulement pour but de combler une lacune et d'assurer le respect des droits des créanciers. En présence d'un débiteur insolvable, ceux-ci ne se trouveront plus désarmés. Ils feront déclarer la faillite civile et mettront ainsi l'insolvable dans l'impossibilité de dissiper ses biens ou d'avantager l'un d'entre eux au détriment des autres. Grâce à l'organisation collective qui suivra, ils pourront enfin sauver les débris de leur gage, plus rapidement et à meilleur compte qu'avec le système de la déconfiture actuelle.

Vu :

Grenoble, le 7 avril 1900.

Le Doyen, Président de la Thèse,
CH. TARTARI.

Vu et permis d'imprimer :

Grenoble, le 7 avril 1900.

Le Recteur, Président du Conseil de l'Université,
E. BOIRAC.

TABLE DES MATIÈRES

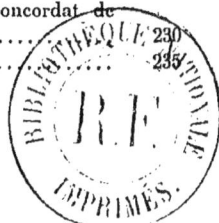

ERRATA

Page 31, ligne 17.

au lieu de : L'art. 444 C. commerce et 1188 C. civil...

lire : Les articles 444 C. commerce et 1188 C. civil...

Page 69, ligne 19.

au lieu de : Pendant un mois on n'entend pas son nom...

lire : Pendant un mois on n'entend que son nom...

Page 133, la note (4) se rapporte à la phrase :

Entre les nombreuses législations de la Suisse existaient encore bien d'autres différences...

Page 145, note 1.

au lieu de : Cette mesure...

lire : Cette menace...

Page 149, section 3.

au lieu de : Appréciation pratique...

lire : Appréciation critique...

Page 160, ligne 22.

au lieu de : et obtenir...

lire : et d'obtenir...

Page 184, ligne 1.

au lieu de : ou devrait-on maintenir...

lire : ou devrait-on étendre...

Page 204, avant-dernière ligne.

au lieu de : où la conduite du débiteur manifeste son insolvabilité...

lire : où la conduite du débiteur rend manifeste son insolvabilité...